湛庐CHEERS

与最聪明的人共同进化

HERE COMES EVERYBODY

把产品直接卖给消费者

[加]劳伦斯·英格拉西亚 著
Lawrence Ingrassia
汤文静 译

DTC 创造品牌奇迹

Billion Dollar Brand Club

How Dollar Shave Club, Warby Parker, and Other Disruptors Are Remaking What We Buy

天津出版传媒集团
天津科学技术出版社

上架指导：企业管理 / 市场营销

天津市版权登记号：图字 02-2020-212 号

图书在版编目（CIP）数据

DTC 创造品牌奇迹 / (加) 劳伦斯 · 英格拉西亚著；汤文静译 . -- 天津 : 天津科学技术出版社 , 2021.4
书名原文 : Billion Dollar Brand Club
ISBN 978-7-5576-8931-5

Ⅰ . ① D… Ⅱ . ①劳… ②汤… Ⅲ . ①企业管理－市场营销－研究 Ⅳ . ① F274

中国版本图书馆 CIP 数据核字 (2021) 第 060243 号

DTC 创造品牌奇迹
DTC CHUANGZAO PINPAI QIJI
责任编辑：刘　鸫
责任印制：兰　毅

出　　版：天津出版传媒集团 / 天津科学技术出版社

地　　址：天津市西康路 35 号
邮　　编：300051
电　　话：(022) 23332377 (编辑部)
网　　址：www.tjkjcbs.com.cn
发　　行：新华书店经销
印　　刷：天津中印联印务有限公司

开本 710 × 965　1/16　印张 19.5　字数 276 000
2021年4月第1版第1次印刷
定价：89.90元

很长时间以来，品牌商触达消费者，要么通过“前店后场”的方式，要么通过中间商帮忙分销产品，两种方式各有利弊。“前店后场”的模式可以直接触达消费者，但缺点也显而易见，没有中间商的帮助，企业很难做大，小而美已经是最优选择。相对于“前店后场”的生产和销售模式，生产商通过中间渠道，可以更平稳、更高效地为更广大的消费者提供商品，同时产品也有机会成为全国乃至全世界知名品牌，但是对于消费者的个性化需求却难以满足。

然而技术变革，尤其是互联网技术的出现，却悄然改变了这种情况。今天品牌在直接销售产品或触达消费者的同时，也有机会成为全国乃至全球知名品牌，更多直接触达消费者的品牌营销商业模式出现，既满足了企业规模化发展的需求，又让品牌商更直接地了解并满足消费者的个性化需求。当规模化的障碍去除时，新的商业模式——DTC 模式就应运而生了。《DTC 创造品牌奇迹》一书详细阐述了这种新的品牌成长模式，从供应链、营销、连接顾客、产品定位等多个角度进行了系统化研究和论述，对今天中国的新消费品牌来说，具有很大的启发意义。我们也期待更多消费者品牌出现，满足中国消费者日益升级的消费需求。

彭建真

中国连锁经营协会秘书长

近几年，消费市场发生了重要的变化。随着流量碎片化、媒介碎片化、供应链生产制造的超级化，大量重视体验和创新的新消费品牌正在崛起，从已经成功的巨头手中抢占了大量的市场份额。它们是怎么做到的？《DTC 创造品牌奇迹》给出了答案。这本书深度研究了十几个撼动传统行业巨头、价值超过 10 亿美元的新品牌，一语道破它们的赢家策略——直接面向消费者，结合线上与线下，打造超出预期的全渠道体验，不断地巩固与消费者的直接连接，这也和来伊份的品牌理念非常契合。《DTC 创造品牌奇迹》是一本可以启发我们思考和行动的好书！

施永雷

上海来伊份股份有限公司创始人

与其说 DTC 是一种新的商业模式，倒不如说是新的技术使现在基于分销的商业模式回归本源。人类最古老的商业模式就是“前店后厂”，只不过后来随着生产能力的增强，商人要把产品卖到更远的地方，由此才出现了贸易，也逐渐形成了现有的“生产—分销—零售”商品流通模式。而随着信息技术、数字技术及现代物流技术的出现，人和人之间的连接已经跨越了时空的限制，物流网络几乎覆盖了人类社会的每一个角落。当“前店”可以触达无限空间，“物流”也可以触达无限空间时，DTC 模式就应运而生了。本书展现了很多成功的 DTC 品牌，特别是对 DTC 运营模式与现代技术的结合阐述、分析得很清楚，对于中国正在开展的新零售运动将有很大的帮助。

杨德宏

杭州米雅信息科技有限公司董事长

这本书的作者劳伦斯·英格拉西亚曾任《纽约时报》执行副主编、《华尔街日报》波士顿分社和伦敦分社的高级编辑、《洛杉矶时报》执行主编，在他指导下发布的报道曾五次获得普利策奖以及乔治·波尔克奖和杰拉尔德·勒布奖。在这本书中，英格拉西亚给我们讲述了一个又一个鲜活的新兴公司案例。他不是在给我们讲道理，而是在给我们讲故事，讲一些看似不太可能发生的故事、创新的故事、与巨人较量的故事、逆境中成功的故事。但是，在每个故事之后，他都会给我们总结当时的场景和竞争策略。

在我阅读它的时候，这本书不断地引发我的共鸣和思考。作者虽然讲的是 to C（面向消费者）的故事，但是这些故事跟我所熟悉的 to B（面向企业）的工作都是相关的。我记得德鲁克曾经说过一句话，企业要做的事情就是两件：一是营销，二是创新。这本书在营销和创新方面都给我们带来了很多的启示，比如说如何打造品牌、如何跟客户建立新的关系、为什么连接比品牌更重要。我不断在想，我们所做的 to B 工作，特别是大客户营销工作，就是一个 DTC 工作，是直接面向客户进行销售。所以，每个人都要注意打造自己的个人品牌、公司品牌，要学会新的营销方式，要不断创新，要适应新的环境变化，要学会使用新的工具和技术，要有新的想法，要跟客户去建立新的连接，要给客户带来新的价值和内容，要考虑你的价值和内容如何抵达客户，如何与客户建立连接，等等。我对他在故事中谈到的“深入和多视角地了解客户需求”和很多进攻策略印象特别深刻，这些策略都是我们在现实工作和实践中可以借鉴的。

所以这本书对于做 to C 或 to B 业务的你，或对于创业或想改变的你，都是一本可读的好书，它能带给我们很多新的想法和认知，使我们对现实社会中的一些变化，特别是一些鲜活的成功案例有更进一步的了解和反思，所以我向大家推荐这本书。

张坚

中国惠普政府事业部原总经理，
思科中国区原副总裁

DTC 品牌的中国机会

翁怡诺

弘章资本创始人，

《新零售的未来》《新品牌的未来》作者

过去 3 年，中国消费市场发生了重要的变化，大量讲人设、重体验、很小众的新消费品牌正在崛起，成为投资机构投资的重点。放眼全球，DTC 品牌也在美国市场上演着类似的“火爆剧情”。DTC（Direct to Consumer）品牌，通常是指诞生于互联网，通过官网直接向消费者销售、寄送商品，中间不经过第三方渠道的品牌。由于砍掉了中间商，这些品牌的售价相对较低，性价比往往非常高。

中美 DTC 品牌概念比较和差异

中国新品牌的崛起和美国 DTC 品牌的兴起本质

上源于非常类似的背景。整体而言，渠道从过去集中式的大型卖场转向碎片化的小业态和多个移动互联网电商平台；媒介从过去权威的电视媒介转向非常碎片化的移动互联网内容平台和社交平台；而过去比较分散化的供应链生产体系转向越来越集中和强大的超级供应链工厂阶段，小型工厂被高成本和合规要求替代了。这三大商业要素的变化，使得新品牌的创业成本大大降低，创建新品牌的壁垒也在降低。传统、稳定的经销网络也因利润太低而转向那些受新兴人群喜爱的新品牌。

但是中美电商流量渠道的差异巨大，导致了美国 DTC 品牌往往将自己的官网作为沉淀消费者的主要渠道，而中国新品牌几乎没有依靠官网渠道进行实际销售，大部分都是借助某一个电商平台的流量红利实现销量快速增长的。美国 DTC 商业模式起源于沃比帕克（Warby Parker）电商平台，后来被大量初创企业效仿，现阶段 DTC 商业模式在欧美地区已形成了成熟的生态圈。下面以一些重要的 DTC 代表品牌的成长路径为例，比如，2012 年，男士剃须刀品牌——美元剃须俱乐部（Dollar Shave Club）成立。通过减少营销投入与销售渠道分成，美元剃须俱乐部实现产品的低价化，仅用 3 年时间就在美国剃须刀市场占据 51% 的市场份额。2014 年，床垫品牌——卡斯珀（Casper）成立，其营销方式为与照片墙（Instagram）、推特（Twitter）等社交平台上的 KOL（关键意见领袖）进行合作，由 KOL 在社交媒体上发布产品相关讨论内容以吸引消费者，从而提高产品销量。2014 年，美妆品牌丝华彩妆（Glossier）成立，该品牌主要在照片墙进行产品推广，无须花费大量营销费用，只要转发用户在照片墙上的帖子便可与他们达成互动，培育了忠实的粉丝群体。2015 年，Allbirds 羊毛鞋品牌成立，通过建立线下快闪店与社交媒体渠道等方式进行产品推广。目前全球消费品巨头宝洁、欧舒丹、家乐福、艾柏森等都在以收购或成立孵化器的形式进入 DTC 品牌领域。新孵化的 DTC 品牌正在逐渐抢占传统品牌的市场份额。

中国新品牌大部分都是通过抓住电商平台流量红利开始实现销量大幅度增长的，正在通过各种微信小程序和流量工具建立与消费者的直接连接，由此出现了私域流量的概念。私域流量区别于大型电商平台流量，指的是把会员用户通过数据化工具沉淀在品牌方手上。

中国新品牌崛起的未来展望

中国新品牌主要依托电商平台和社交平台触达消费者，未来极有可能进入DTC品牌自建微信小程序电商阶段。首先，无论是哪种新品牌要获得成长，都是以品类创新为基础的，都要通过新品类创新去解决一些传统产品的痛点，让消费者有更好的体验或高性价比。从这个角度说，各种产品定义都可能会有提升和更新的机会，都会有机会颠覆式创新。其次，营销和传播方式都将发生很大的变化，美国 DTC 品牌主要通过社交营销、内容营销将获客成本降至最低。美妆品牌丝华彩妆的调查数据显示，社交平台用户购买产品的意愿比普通消费者高 40%。企业通过社交平台的品牌推广，可初步提升消费者对于品牌的认知，再通过产品购买、数据分析与客户服务这三个阶段将消费者转化为终身价值用户（活跃用户）。中国类似的高转化率平台包括抖音、快手、小红书等内容驱动型流量平台。KOL、KOC（关键意见消费者）带货直播模式也是中国市场上方兴未艾的一大趋势。再次，DTC 商业模式下游服务提供商主要包含电商服务平台与数据分析平台，此类服务机构可帮助企业搭建 DTC 商业模式，并通过消费数据分析实现产品与内容共创。电商服务平台可为此类企业提供建立在线零售商店、品牌管理、创建电子商务网站及在线支付工具等服务。Shopify 是一家加拿大 SaaS[①] 公司，伴随 DTC 商业模式的诞

① SaaS 全拼是 Software-as-a-Service，意思是软件即服务。它是一种通过互联网提供软件服务的创新型软件应用模式。厂商将应用软件统一部署在自己的服务器上，用户通过互联网订购所需的应用软件服务，按订购服务的多少和时间长短支付费用。——编者注

生，Shopify 从单一的线上电商服务机构转型为全渠道生态系统服务机构。有赞是中国知名 SaaS 提供商，可为企业提供开设独立电商店铺所需的基础设施建设、微商城系统和完整的移动电商解决方案。宝尊是中国知名电子商务企业，可为企业提供以品牌电子商务为核心的全链路商业解决方案，包括店站运营、数字营销、IT 解决方案、仓储配送、客户服务等。最后是线上线下布局，DTC 商业模式愈加重视线下实体店，将线下实体店作为另一个购物者接触点，通过线下实体店进一步了解消费者行为，提升客户转换率。

《DTC 创造品牌奇迹》中的长期思考

《DTC 创造品牌奇迹》一书中所列举的大量美国 DTC 品牌的快速成长案例都是非常有启发性的。随着流量碎片化、媒介碎片化和供应链生产制造的超级化现象出现，各个发达市场都出现了类似的新品牌趋势，传统品牌积累的消费者信任基础在一定程度上受到了挑战，新品牌在非常短的时间内迅速成长，具备了一定的规模效应，而且其营销手法也在不断迭代之中。在中国新品牌实践中，流量红利和关于流量打法的讨论已经到了按照季度或半年的时间周期来迭代的程度。如今中国新品牌往往不再处于“品类即品牌”的阶段，而是从单一 SKU（库存保有单位）切入，快速扩展 SKU 多品类，甚至快速通过构建多品牌矩阵来扩大规模。

日光之下并无新事。所有的传统品牌在多年前的某一刻也都是新品牌，所有的新品牌站在未来的某一刻，可能也将被称为“传统大品牌”。

DTC 品牌如何撼动传统行业巨头

对有雄心壮志的企业家来说，世界比以往任何时候都要小。

2011 年我听说一家新的剃须刀公司诞生了，那时它还没有被取名为美元剃须俱乐部，我当时感到很不可思议。这家初创公司竟然准备与吉列竞争，吉列可是世界上最著名和最成功的消费品牌之一，它拥有出色的产品和广告，并且数十年来一直占据着最大的市场份额。

我曾在美国最有名的报纸担任财经记者多年，见识过很多商界故事。我心想："这是我听过的最愚蠢的商业创意之一。他们的战略是通过在线销售剃须刀和刀片与吉列竞争吗？这是真的吗？那怎么可能成功呢？”

5 年后，2016 年的一天清晨，我正开着车去上班，车载广播电台播报了一则令人惊讶的消息：联合利华以 10 亿美元的价格收购了美元剃须俱乐部。

我的大脑里马上跳出两个想法。

第一，我承认自己大错特错了。不仅是我，还有很多看似很聪明的人，包括许多风险投资公司，我们都嘲笑过美元剃须俱乐部的创意，风险投资公司拒绝了向美元剃须俱乐部和吉列的其他竞争对手投资的机会。吉列更是轻视和嘲笑了这些新贵们。

第二，我想知道这件事是怎么发生的，是什么使美元剃须俱乐部克服艰难险阻？就在几年前，没有人想到剃须刀市场会被一个初来者扰乱。但事实却是：吉列在美国的市场份额从 70%降至 50%左右。

我对此着了迷，于是开始进行一些研究。我很快意识到，虽然美元剃须俱乐部本身已经创造了一个了不起的故事，但站在更宏观的视角来看，它也只是一个更宏大的故事的一部分。我们正在经历的是一场消费者品牌革命，这场革命改变了全球消费者每天购买的东西以及购买方式。数百个新品牌正在网络上冉冉升起。它们属于五花八门的品类：剃须刀、眼镜、床垫、文胸、运动鞋、行李箱、化妆品、手表、洗发水、内衣、卫生棉条、电动牙刷、狗粮、维生素、助听器等，几乎无所不包。在与知名品牌的抗衡中，这些新品牌取得了成功。

怀疑和好奇心共同驱使我写下这本书。

当我进行更多研究时，我发现大多数创业者都有一些共同点，这让我为之着迷。其中一个共同点很明显：所有这些创业者都是敢于冒险的人，他们都很年轻，通常在二三十岁，他们有信心可以与一家企业巨头抗衡。另一个共同点令我很惊讶：一开始，许多人对他们将要销售的产品知之甚少。其实，这非但不是劣势，反而是优势，因为这使他们更容易跳出巢臼进行思考。他们不受制于做事必须循规蹈矩的传统观念。

我意识到也许最重要的是，所有这些初创公司都得益于技术的帮助。先进的技术已通过各种方式弱化了竞争环境，降低了进入门槛，使得现在发布新产品比 10 年或 15 年前更容易。传统零售店的货架数量有限，这意味着它们只能上架有限数量的品牌，新品牌很难出现在消费者面前。但是，互联网提供了无限的货架空间，借助技术在互联网上建立数字商店既便宜又容易。同样，物流方面的创新使品牌商能将大小不一的产品快速地运送到消费者家里，而不必承担高昂成本。一个新品牌不再需要在电视、广播或平面广告上花费大量资金。新品牌只需花少量费用，就可以通过在线广告，尤其是社交媒体营销，锁定潜在用户。美元剃须俱乐部的创始人创作了一则营销视频并将其发布在互联网上，这条视频的观看次数超过 2 500 万次，其中许多观众成了他们的用户。

决定这场消费者品牌革命成功的另一项关键因素是：各种优质商品制造地的亚洲国家，尤其是中国的崛起。

虽然一些新的 DTC 品牌会自己设计产品，但几乎没有一家建立了自己的生产工厂。相反，他们将生产外包给制造商，通常是中国的制造商。尽管早已存在这种合作制造的趋势，但在过去的 10 多年中，这种趋势大大加速。此外，随着时间的流逝，这些制造商变得更加高效，具备更综合、强大的能力。中国最好的工厂拥有自己的设计师和工程师，大大提高了按需制造产品的质量和耐用性。

远行行李箱（Away），成功的新兴 DTC 品牌之一，就是一个例子。这家初创公司的创始人提出了一种新的基本设计，即在硬壳行李箱里设置电池充电器，他们将这个设计介绍给中国的多家制造商寻求合作。最后他们选择了一家公司，对方对他们建议："我们可以按照您设计的方式制造行李箱。但是，轮子与行李箱箱体太近了。当机场的行李员把行李箱扔到行李推车上时，或者当它从行李箱坡道上滑下来时，轮子可能会被挤压进箱体外壳并使其破裂。因此，我们建议您移动轮子，使其离箱体外壳再远一点儿。"制造商还提出了一些其他类似的建议。这种情况可能在一两年前不会发生，因为大多数制造商没有足够的工程专业知识来帮助品牌商提高质量。

此外，对于美国企业家而言，在全球范围内寻找供应商，和与供应商建立伙伴关系变得前所未有的容易。由于淘宝和其他网站的兴起，一家初创公司的创始人可以上网查找并找到很多家制造商来生产任何东西。中国制造商具备先进的生产能力，因而通常可以按需生产相对少量的商品并获利，也愿意接受新的 DTC 品牌作为客户，而不是等到新品牌扩大规模可以下大订单时再合作。

当然，许多中国制造商并非只与国外企业签订合同并简单地制造产品，而是正在创建自己的品牌并将其直接在线销售给国外的消费者。其中一个例子是安克创新科技股份有限公司①，这家公司生产计算机配件，比如电缆、移动电源、插头、耳机和扬声器，然后在自己的官网和亚马逊上出售产品。安克公司由谷歌的一位前工程师创立，这位工程师辞去了美国的工作，并于

① 阳萌（Steven Yang）创建了湖南海翼电子商务有限公司，后来更名为安克创新科技股份有限公司，安克是其旗下品牌。——译者注

2011 年回到中国开始自己的业务，如今已获得了巨大的成功。许多其他中国公司也在采取相同的战略，并且每年在美国在线销售价值数十亿美元的各类消费品。

我在为写这本书做研究时，与数十位公司创始人进行了交谈，发现了一条可以供全世界企业家参考的明显的经验：无论是在中国、日本、美国或德国本土市场创办公司、创建品牌和销售产品，都比以往任何时候更容易，也更便宜。做任何事都不可能保证成功。但是，一个可以与曾经似乎无可匹敌的企业巨头竞争的世界，已经向具有进取心和创新精神的冒险者敞开了大门。

事实证明，对于一个有雄心壮志的企业家来说，世界比以往任何时候都要小。

测一测　你是否了解 DTC 品牌

1. DTC 品牌是指那些直接面向消费者的品牌，它们正在革新零售和消费品领域。

   A. 正确　　B. 不正确

2. 对于初创的 DTC 品牌来说，用创新的想法重新包装市场上已有的产品，向巨头忽略的地方发起进攻，是一种非常有效的方法。

   A. 正确　　B. 不正确

3. 对于初创的 DTC 品牌来说，只要价格足够低，即使产品质量不如传统行业巨头，也有可能获得消费者的青睐。

   A. 正确　　B. 不正确

4. DTC 企业的创始人必须非常了解自己想要销售的产品，否则就不可能成功。

   A. 正确　　B. 不正确

5. 在创办 DTC 企业的初期选择供应商的时候，你只需要选择能满足初期销售需求的小供应商；在后续销量增加时，再更换更大的供应商。

   A. 正确　　B. 不正确

6. 很多 DTC 品牌开始开设门店，是因为它们希望能够有更多的销售渠道。

   A. 正确　　B. 不正确

7. “先试再买”模式只适合剃须刀、文胸、隐形眼镜这些“小个头”的商品，对于床垫这样的“大家伙”是不合适的。

   A. 正确　　B. 不正确

8. DTC 品牌营销的目的应该是与顾客建立连接，而不只是向顾客推销产品。

   A. 正确　　B. 不正确

扫码下载“湛庐阅读”App，
获取测试题答案及解析。

BILLION DOLLAR BRAND CLUB

目录

推荐序 DTC 品牌的中国机会 _V

翁怡诺
弘章资本创始人，
《新零售的未来》《新品牌的未来》作者

中文版序 DTC 品牌如何撼动传统行业巨头 _IX

测一测 你是否了解 DTC 品牌 _XIV

第 1 章 从巨头的盲区崛起，优势即弱点：美元剃须俱乐部 _001

既有的产品 + 创新的想法，向吉列宣战 007

品质与细节，吉列的傲慢之源 015

如果足够颠覆，创业公司就可以乘风破浪 018

第 2 章 逆势投资，寻找颠覆行业的人：先行者创投公司 _029

孤注一掷，只投资电子商务领域 032

纯数字品牌的创新之路 039
寻找不只是简单销售产品的品牌 045

第 3 章 **全球供应链，总能找到最合适的制造商：**
哈勃隐形眼镜 _055

找到供应商容易，找到合适的供应商很难 061
供应链优势，就是企业的竞争优势 062

第 4 章 **打造极致的产品，用免费赢得信任：**
三爱文胸 _073

用更好的产品打破品类壁垒 076
先试后买，减少信任隔阂 083

第 5 章 **数字化营销，定位最大可能的顾客群：**
安普世广告公司 _089

抓住关键字，定制化与个性化广告 093
营销预算多样化 101

第 6 章 **预测分析，算法总是正确的：**
虚拟发型屋染发剂 _109

用数据分析定位消费者 113
用消费者信心升级产品 116

第 7 章 **关注顾客，连接而不是推广：** 沃比帕克眼镜 _127

与顾客建立强连接 131

不断寻找建立连接的方法 136

第 8 章 **物流创新，让交付的每一个环节都更快：** 静快运与柔谐 _149

用技术重塑仓库运作方式 154

亚马逊的物流创新 159

静快运，开发自己的仓库机器人 162

柔谐，仓储世界的爱彼迎 167

第 9 章 **销售大战，从与自己竞争开始：** Tuft & Needle 床垫与卡斯珀床垫 _173

舒达席梦思的内部颠覆 183

什么才是最好的竞争方法 189

第 10 章 **重新定义产品，做人们真正想要的东西：** Eargo 助听器 _199

顾客不买单，是因为产品不够好 202

说服顾客购买其需要但不愿买的产品 209

第 11 章 **恰当定位，不做产品做品牌：** 拉丹行李箱与远行行李箱 _219

新进入者出现在行业需要新思维时 226

应对致命打击的正确方式 233

第 12 章 **新型门店，从线上走回线下：邻里百货** _239

获客方式的演变 245
实体零售必须不走寻常路 252

第 13 章 **拥抱亚马逊，建立品牌工厂：莫霍克集团** _261

去客户搜索产品的地方找客户 267
亚马逊的自有品牌战略 276

结 语 **品牌新世界** _283

品牌已死 286
品牌永生 288

BILLION DOLLAR BRAND CLUB

How Dollar Shave Club, Warby Parker, And Other Disruptors Are Remaking What We Buy

第 1 章

从巨头的盲区崛起，优势即弱点：美元剃须俱乐部

DTC成功路线图

译者导读

美元剃须俱乐部和其创始人迈克尔·迪宾（Michael Dubin）成功逆袭的故事，几乎已经成为美国这一轮新品牌浪潮史中最具传奇色彩的一个篇章。DTC品牌成长的过程并不都是一帆风顺的。美元剃须俱乐部属于早期DTC品牌中最成功的案例之一，从崭露头角到打下江山再到通过并购实现股份退出的整个过程，可以说是一气呵成，如行云流水，为后人提供了一份教科书级别的DTC成功路线图。随后涌现的很多品牌都或多或少地仿效了美元剃须俱乐部，这些模仿包括创新的订购模式、颠覆性的价格、病毒式传播的搞笑视频、击中消费者痛点的广告以及集中火力攻击竞争对手的弱点、用极低成本获取早期用户的关注、后期投放广告进行销售拉升、并购退出策略等。

这个故事中最精彩的部分无疑是美元剃须俱乐部在强大的竞争对手吉列的眼皮底下快速迅猛成长，彻底撼动和改变了整个行业，最终从市场份额中狠狠切走一大块“蛋糕”的那些情节。一个是籍籍无名的初生牛犊，一个是老谋深算的业界霸主，新手表现得稳、狠、准，十分老辣，霸主却笨拙可笑，犯了所有能犯的错误，这个过程堪比商战题材的连续剧，高潮迭起，精彩纷呈。可以说，这个故事最关键的部分可能不是迪宾做对了什么，而是吉列做错了什么，这部分也堪称大型垄断企业的负面“教科书”，为所有成熟品牌敲响了警钟。

此外，这个故事中还有一些值得我们关注和深思的地方：迪宾在公司发展和融资方面层层推进，尤其在融资上的策略可圈可点，他对于融资非常重视，极度努力，对于融资节奏和退出时机的把握也非常精准，丝毫不拖泥带水；他对于合作和竞争的态度也非常值得我们思考，对于供应商韩国公司多乐可（Dorco）和早期投资人，他“身段柔软”，懂得妥协，努力争取所有可以争取的力量，目标非常明确。在这些方面，迪宾可以说是天生的创业者。

2012 年 3 月 6 日，星期二，早上 6 点 15 分，迈克尔·迪宾醒来，快速地打开电脑，查看他昨晚临睡前上传的公司宣传视频。实际上这是一家鲜为人知的初创公司。然而，公司官网页面一片空白。

昨天晚上一切都还正常，现在网站却已经崩溃了，显示都是白屏。于是迪宾迅速跑进浴室冲澡，然后直奔他的小办公室。他的办公室位于一个创业孵化共享空间，那里有很多和他一样挣扎求生的创业者。

此时迪宾 33 岁，是一个不算成功，甚至可以称得上是失败的创业者。他曾经在时代公司（Time Inc.）的《体育画报儿童版》（*Sports Illustrated Kids*）负责数字营销工作，几年前，金融市场崩盘之后，他被解雇了。之后他申请了哥伦比亚大学、纽约大学、加州大学洛杉矶分校和其他一些大学的商学院，然而也被一一拒绝。于是，他灰头土脸地搬到了洛杉矶，借住在一位堂兄弟的公寓里，计划着下一步该干什么。

迪宾身材高大，风度翩翩，笑容亲切，个性好胜，他曾经边琢磨创业，边在纽约的一家剧院断断续续学习了 8 年的即兴表演。2006 年，迪宾还创办了一个面向旅行者的社交媒体网络，但还未真正起步就失败了。他妈妈后来在接受一位记者的采访时说："我家的地下室有一个角落被我叫作失败创业角，家里还有一堆东西是他说服我们买的，他说那些东西能够大卖，但最后什么生意也没做成。"

离开时代公司以后，迪宾运用自己掌握的营销技能为做圣诞节日装饰品生意的朋友提供了一些咨询服务。后来他去了洛杉矶的一家数字营销公司，为像福特公司这类知名大企业制作和上传促销广告视频。然而，不到一年，他就因为对老板提出的公司策略感到失望而离开。朋友们都担心他找不到一份他既满意又擅长的工作。现在迪宾正投身于他最大胆的一次冒险之中。在朋友眼里，他的这次冒险完全不切实际，或者说是异想天开。他创办了美元剃须俱乐部，并且想要成为打败歌利亚的大卫①。迪宾已经花了一年多的时间经营这家初创公司，但是很明显，生意进展缓慢。

2012 年 3 月 6 日早上发生的事情对于迪宾来说是一个转折点。当他从车库改装的住处赶到附近位于加利福尼亚州圣莫尼卡的办公室时，他得到的好消息是，那段他制作的时长 1 分钟 33 秒的宣传视频得到了病毒式传播，很多人已经看过视频了；坏消息则是因为访客过多，电脑服务器有时彻底宕机了，有时尚能运行但是视频播放非常卡顿。

管理美元剃须俱乐部网站的技术公司派了一位技术专家来解决问题，问题接连不断，技术专家一直搞不定。到了早上 10 点 30 分，技术公司的总经

① 歌利亚（Goliath）是传说中的一个巨人，所有人看到他都退避三舍，唯有大卫敢上前应战。此处的歌利亚指代剃须护理品牌巨头吉列。——编者注

理给迪宾和他的同事发了一封令人不安的邮件：“我们已经花了 3 个小时想让网站恢复稳定，但我们还需要更多时间才能做到。”然而，又过了几个小时，网站依然处于瘫痪状态。迪宾的一位同事给技术公司回复邮件，他在邮件中愤怒地咆哮道：“能麻烦你现在就来我们办公室吗？……现在都下午 2 点了，伙计们，网站还是崩溃的……我们无法接受。”

迪宾陷入了恐慌。一个星期前，他已经提前告诉了技术公司自己的视频可能会产生很多流量，敦促他们做好准备。现在令人担心的事还是发生了。网站时而可访问时而瘫痪，几乎没有顾客可以看到视频，也就不可能下订单。对于正在成长中的美元剃须俱乐部来说，这是一个灾难。迪宾历经失败，这本来是他最有可能成功的机会。他花了数月时间呕心沥血地制作和改写这段宣传视频，并且总共花了 4 500 美元，仅用一天就拍摄完成了。那时谁也没有料到这段充满幽默感的视频会轻松打败美国商业史上最垄断和最具传奇的消费品公司之一，也就是吉列。

尽管困难重重，但美元剃须俱乐部一往无前地迈向了成功，从它的巨人对手吉列手中夺走一大块儿市场份额，并逼得对手历史上第一次降低价格。更重要的是，在这个过程中，迪宾创建了一种颠覆性商业模式，21 世纪的创业者们将用这种商业模式与那些在过去的时代稳居霸主地位的消费品牌展开较量。

从绝大多数方面来看，美元剃须俱乐部的创始人迈克尔·迪宾和他的竞争对手——百年品牌吉列的创始人金·吉列（King Gillette）毫无相同之处。但是，他们其实都是那个时代的资本家精神的象征：在产品研发方面，他们改变了消费品牌的生产方式；在销售方面，他们改变了销售的方式和地点；或者更进一步说，他们改变了财富创造的方式。

金・吉列和他所在的 20 世纪初的很多企业家一样，是一个发明家。在当时的美国，随着工厂技艺日臻完善，企业结合营销手法，使新兴中产阶级对消费品日益增长的需求不断得到满足。谁制造的产品更好，谁就可以致富。李维・斯特劳斯（Levi Strauss）的成功在几十年前就充分证明了这一点。1870 年，斯特劳斯的公司开始卖牛仔裤，并采用了一位顾客的建议：在织物最容易撕裂的地方用铜铆钉加固。这项革新技术在当时是一项新发明。

金・吉列并不是第一个想出来用安全剃须刀来替换老式直形剃须刀这个主意的人。老式直形剃须刀使用一段时间后会变钝，需要用磨刀石磨锋利。吉列经过几年的琢磨、改进，发明了一个可以极大提高剃须刀安全性的方法。1901 年 12 月 3 日，他申请了一项发明专利，并得到批准。申请书中包含几页精巧绘制的图纸，上面画着剃须刀手柄和一个薄薄的可以丢弃的双刃钢制刀头。这种设计的安全剃须刀拥有双面切割的刀刃，因此刀头的使用时间会翻倍，可以进行贴面剃须而且会保护脸部不被割伤。从此顾客再也不必磨刀头了，因为用完就可以丢弃旧刀头，再轻松地换上新刀头。这也意味着每次顾客这么做，吉列公司就能再次销售刀头。

1903 年，吉列剃须刀投入生产，吉列公司卖掉了 51 把剃须刀和 168 个刀头。第二年，吉列剃须刀的口碑开始传播，吉列公司卖了 9 万把剃须刀和 1 500 万个刀头。吉列剃须刀从此成为消费品牌历史上最持久和最有标志性的产品。

迪宾可不是发明家，他没有专利权。但是如同吉列一样，他抓住了一个变革性的想法：科技具有改变实体商品世界的潜力，还能改变人们创造品牌的方式。迪宾意识到科技和全球化让商业竞技场上出现各种可能的模式。企业再也不需要用高昂的广告支出来吸引顾客的注意力并启动生意，以期打败已经成功的对手；也不需要设立一个成本很高的生产工厂；不需要花费几百万美元进行产品研发；甚至压根儿也不需要零售商来帮助企业卖产品。

聪明的初创公司抓住巨头的弱点，比如价格高、不够便利或者形象陈腐，依靠正确的策略、形象语言和产品定价几乎可以在一夜之间创造出一个全新的品牌。事实上，竞争的条件被颠覆了，新的参赛者可以大肆占领市场。这一切发生的背景是，一大批 20 多岁和 30 多岁的消费者进入市场。他们不像他们的父母，还没对任何品牌形成长期的喜好。他们过着“数字化生活”，习惯而且乐于在网上购物。他们在网上购买任何东西都变得越来越简单，而商家配送这些东西的速度也变得越来越快。

既有的产品 + 创新的想法，向吉列宣战

迪宾失去工作后，一直在寻找下一个机会。2010 年 12 月，他参加了一位朋友在贝弗利山庄举办的假日派对。在派对上，他和朋友的爸爸马克·莱文（Mark Levine）闲聊。莱文当时 56 岁，之前批发了一堆莫名其妙的各种各样的消费品，正发愁怎么卖掉，其中包括蛋糕切片机和杂牌剃须刀及刀头，总共大约有 25 万个两片装刀头套装。这些东西都放在附近的一个仓库里。莱文欠的仓库保管费越积越多，不过，他当时并不打算告诉迪宾这些，而是对迪宾说：“你熟悉互联网，能帮我在网上把它们卖掉吗？”

迪宾回答：“蛋糕切片机没戏，不过剃须刀也许可以。”

和莱文的谈话引起了迪宾的思考。他讨厌去商店买剃须刀。吉列最高级的刀头每盒卖 5 美元，贵得离谱。更要命的是，刀头很少陈列在商店的货架上，因为它们尺寸那么小很容易被偷，所以很多零售商就把刀头放在柜台后

面或者锁在抽屉里。这就导致了顾客购买刀头很麻烦，因为得让售货员帮忙拿才可以，迪宾知道很多男士和他的感受一样。

这次见面过去几周后，迪宾同意和莱文一起做生意，他投了 25 000 美元，这几乎是他当时所有的积蓄，意味着他可以在网上卖莱文的刀头存货。他计算了一下，假如把每个刀头的价格定在 1 美元，应该可以稳赚一笔，也许还能创建一家公司呢。美元剃须俱乐部就这样诞生了。

至 2011 年年中，迪宾已经建立了一个电子商务网站，卖了几个月的刀头，然而，他不得不支付 800 美元的过期仓库保管费才能拿到货。不过，顾客的反应却平淡无奇。绝大多数顾客只光顾一次，买几个刀头，然后就再也不买了。因此，他打算尝试一种按月订购模式，促进顾客复购。这一点非常关键，因为获客成本①是指为了带来每一个顾客，企业平均需要花在市场营销和广告上的钱，这个成本需要以顾客一定时期内消费产品的金额来平衡。

大概有 1 000 个顾客下单，这让迪宾对在网上卖刀头有了信心。他知道，要想成功，需要得到更多潜在顾客群体的关注。这些人是像他一样的年轻男士，他们不想花钱买昂贵的刀头，也不想像老派男人一样和吉列这种老品牌挂钩。

迪宾没有资金做广告，于是他想制作一段宣传视频，在网上发布。他写了一个剧本，邀请他在纽约即兴表演圈的朋友露西娅·阿尼埃洛（Lucia Aniello）合作。这位朋友当时在洛杉矶做导演。2011 年 10 月的一个星期六，早上 7 点 30 分，迪宾和几个他叫来出演的朋友在加迪纳（Gardena）一处不起眼儿的工业区的一座仓库里集合。仓库离洛杉矶机场不远，里面码放着很

① 获客成本（Customer Acquisition Cost，简称 CAC）。——译者注

多盒没有卖掉的刀头。他们下午 4 点就拍完收工回家了。

这段视频有点儿像即兴表演，看起来很随意，不太正式。不过这都是为了达到效果。每一个场景和每一段话都强调价格、品质和便利性。视频必须轻松好玩儿，让观众开怀大笑，他们才愿意分享给朋友。最初的剧本有 4 页，阿尼埃洛删减了一半。为了不让观众中途关掉视频，他们不想说任何废话。迪宾在视频中是主演。他在视频中说道："剃须刀是一个很特别的能唤起人们情感的东西。我想让人们告诉彼此，'记得吧，我们也说过剃须刀实在贵得离谱，这段视频说出了我们的心声。'"

迪宾知道问题在于那些潜在顾客可能会担心刀头的质量。每个人都想要一把便宜的剃须刀，但是都不想划破或者割坏自己的脸。与其回避这个问题，他决定不如用幽默直接面对。视频一开始他对着镜头介绍自己和公司："美元剃须俱乐部是干什么的？你花 1 美元，我们每个月把高品质的剃须刀送上门。是的，只花 1 美元！"

接着，15 秒之后，迪宾立刻解答了他知道观众会问的问题。"这刀头能用吗？我们的刀头不仅是能用，"他停顿了一下，随后蹦出了一句妙语，"而且非常好用！"为了强调这一点，他指了指一张用白色字体写着这句话的亮橙色海报。这句话是阿尼埃洛想出来的，当时他们琢磨着用什么办法能抓住观众的注意力。阿尼埃洛后来对一个记者说："我记得当时我刚说出这句话时迪宾的反应。他迟疑了半秒钟，然后如同神灵附体般激动地说，就这么干！"

迪宾在视频中也一直不停地取笑吉列（尽管没有直接说出"吉列"这个名字），让观众都牢牢记住吉列的产品有多贵。"你真的喜欢每个月花上 20 美元买一把名牌剃须刀吗？恐怕其中有 19 美元都给了品牌代言人罗杰·费德勒（Roger Federer），”他暗指吉列把很多钱都花在了广告形象大使身上，“还有，你觉得你需要 1 个振动手柄、1 个手电筒、1 个后刮刀和 10 个刀头吗？我们的祖辈可能一辈子就只用 1 个刀头，”最后，他下了结论，“停止再过每个月想不起来买刀头的日子吧，倒是可以好好考虑一下将我帮你省下的钱花在哪里。”这段视频以一句简洁、好记的口号结束：“省下时间，省下钱。”①

迪宾确信视频能爆红，如果这次真能成功的话，他还需要再融资。即使这段视频花费不多，公司也快没钱了。于是，他让朋友帮他和善思公司（Science Inc.）的联合创始人迈克尔·琼斯（Michael Jones）预约会面，善思公司是圣莫尼卡的一家风险投资孵化公司。琼斯也是一个成功的企业家，在决定用自己的经验帮助初创公司之前，他最后的身份是 Myspace 的总裁。如果琼斯看好迪宾的这个主意，他就会为他们提供种子资金来换取小部分股权，同时提供咨询和共享的办公空间，尽管办公空间基本上只包括一张桌子和网络。琼斯也会用自己的人脉去帮迪宾这样的创业者招募管理者，从不同的维度来帮他们运营公司。

2011 年秋天，琼斯接到迪宾的电话时，他不是特别感兴趣。他事后回忆说：“我有点怀疑剃须刀刀头这项生意能否成功。我的合伙人和我的看法一样。剃须刀是一项很难做的生意。毕竟吉列是独霸一方的巨头。而且迪宾实际上还没有做出点儿成绩。他是从别人那里买来的刀头。”

一开始会议进展不太顺利，琼斯一直追问迪宾生意的细节。虽然他的刀头比吉列的刀头便宜，而且订购模式听起来非常有趣，但是美元剃须俱乐部

① 原文是“Shave time. Shave money.”。“Shave”一语双关，除了指剃须外，还有节省的意思。——译者注

的网站看起来太业余了。琼斯说："我非常精通用网站界面与顾客进行交互，而他们的网站看上去很糟糕。"

琼斯正打算说"谢谢，但是算了吧"，这时候迪宾说他刚拍了一段很短的广告视频，想让琼斯看一下再决定。琼斯回忆说："我一看视频就被牢牢吸引住了，这玩意儿能够在视频网站上引起轰动，真正连接消费者。最后我告诉他，'我懂了。'这真是太妙了。"

没过多久，善思公司同意向美元剃须俱乐部投资 10 万美元。善思公司的首席财务官汤姆·戴尔（Tom Dare）给了迪宾一张支票，迪宾立即兴奋地跑到附近的银行提现，到了那儿才发现支票写错了，写成了 100 美元，闹了一个大笑话，迪宾立马红着脸跑回来，戴尔又给他重新写了一张支票。

可是 10 万美元只够雇用一个小团队和改进网站，迪宾需要进一步融资来支持运营和采购新的刀头。彼得·法姆（Peter Pham）是善思公司的联合创始人和琼斯的合伙人，他带着迪宾开始了和硅谷的风险投资家的频频会面。每个风险投资家一开始的反应仍然都是怀疑，剃须刀刀头？

法姆曾帮几十家创业公司成功融资，美元剃须俱乐部是其中最难融资的几家公司之一。那时正处在"把产品直接卖给消费者"这种商业模式的发展早期。男装公司 Bonobos 成立于 2007 年，眼镜初创公司沃比帕克是 2010 年成立的。此外就没有这类纯线上品牌企业了。

从 2012 年 1 月开始，法姆联系了大约 70 家风险投资机构，他和迪宾去了旧金山十几次，为了省钱总是住爱彼迎的短租房而不是酒店。他们碰到的一个问题是：硅谷的风险投资机构一提到颠覆创新，想到的就是谷歌这种公司，或者是推特、照片墙和阅后即焚（Snapchat）。他们很少会想起如销售衣服、眼镜或者剃须刀的线上商店。这些商业产品的市场基本上都被大型跨国公司占领了。法姆回忆道："美元剃须俱乐部不是科技公司，至少那时没有被看作科技公司，而硅谷投资者是科技投资人。"

即使他们成功预约了会面，绝大多数投资人也对迪宾的思路摸不着头脑。法姆说："风险投资家都有钱，他们搞不懂为什么人们要在剃须刀上省钱。他们不明白有一大批人是不能胡子拉碴地去上班的，军队或者企业的同事看到他们的胡茬会皱眉头，而他们却付不起每个月买吉列剃须刀的 20 美元。"

还有很多人不理解和吉列较量这个点子。法姆继续说："他们问，'如果吉列也这么做，也在网上提供低价订购服务，那该怎么办？'我说，'他们不会这么干的，因为他们不可能摆脱自己原有的那一套方法。他们不会降价，因为有下一季的盈利压力。他们也不想为了做线上销售而破坏和零售商的关系。'"

绝大部分风险投资家完全不感兴趣。但是有一些人就像迈克·琼斯一样，被迪宾拍的搞笑视频逗乐了。一个投资人同意赌上 25 万美元。绝大部分投资人投了 5 万美元，甚至 2.5 万美元，这对他们而言是微不足道的小钱，也反映了他们判断这桩生意实在很难成功。经过 7 个星期的恳求和游说之后，法姆和迪宾募集了 95 万美元，和他们的目标 100 万美元只差箭步之遥，已经足够重新启动美元剃须俱乐部了。

就在迪宾开始和法姆一起融资的当口，他还在试图解决另一个难题：采购更好的剃须刀和刀头。最初那一批货是马克·莱文很早以前买的并一直存在仓库里的，那是老式双刀头剃须刀，看起来不太好，可能留不住回头客。如果一个买家试了刀头后不喜欢，就很可能会取消预订而且再也不买了。迪宾需要找到一家品质优良的制造商提供顶级的四刀头和六刀头剃须刀，而且还可以把美元剃须俱乐部的名字印上去。

莱文认识一个人，这个人认识一些海外制造商并答应帮忙牵线：一是日本剃须刀公司 Kai；二是韩国公司多乐可。多乐可在圣迭戈有家分公司，离洛杉矶很近。于是，迪宾立即赶往圣迭戈见了多乐可公司的美国业务总裁肯・希尔（Ken Hill）。他是一位剃须刀行业的行家，约一年前刚成为多乐可公司美国分公司业务总裁。

算是帮老朋友一个忙，希尔同意见一下迪宾。就像硅谷那些风险投资家，他对迪宾及其宣讲没有什么反应。希尔回忆道："他穿着白裤子和休闲鞋就来见我了，很随意，看上去就像刚起床。我干这一行很多年了。我没看出来美元剃须俱乐部提供的这种订购方式有用。"不过，后来他说："好吧，迪宾，祝你好运。我们会卖给你刀头，你想买多少我就卖多少，只要你预先付清全款。"

美元剃须俱乐部的资金和产品终于全部到位了。但是迪宾得到的融资太少了，不够在媒体上发广告来吸引更多客户。迪宾希望引起轰动，决定暂时不宣布融资成功的消息，以便和宣传视频同一天发布。他还雇了一家公关公司，让他们悄悄泄露了一小部分视频的预告片。他选择在 3 月 6 日发布，那是在得克萨斯州奥斯汀召开的一年一度的西南偏南新媒体大会（South by Southwest Digital Media Conference）的第一天。如果参会人员喜欢这段视频，就会产生回声效应吸引其他人的关注。

迪宾的计划见效了。3 月 6 日早上视频刚发布，推特上就涌现几百条好评。

我不经常刮胡子，但是如果我要刮，我会选美元剃须俱乐部，就冲着他们那搞笑的视频。

棒棒的！我终于不用为剃个胡子去卖肾了。

瞧瞧这个！太有才了！来自创业公司 @ 美元剃须俱乐部

美元剃须俱乐部的那个广告片太酷了。

然而，美元剃须俱乐部和善思公司的人却处于焦虑之中。他们几周前请圣莫尼卡本地的一家小型技术公司来负责管理美元剃须俱乐部网站，此刻这家技术公司正遭受“围攻”。其联合创始人史蒂夫·拉肯比（Steve Lackenby）提醒迪宾，美元剃须俱乐部的网站平台架构很笨重，而且服务器无法支撑更多的流量。技术人员稍微做了些调整，这样拉肯比就不用在 3 月 6 日遭遇网站瘫痪的灾难。他说：“99% 的公司网站都不会出事，你的网站也会安安稳稳的，正常运转。”然后他开玩笑地模仿了一下安静环境下服务器发出的像蟋蟀鸣叫一样的声音。拉肯比和很多创业者合作过，后者都曾经对自己会获得的关注过度自信。拉肯比对迪宾说：“你可能预期会有成千上万的人光顾你的网站，但我有信心你的网站服务器一定会平安无事！’”

史蒂夫·拉肯比这次错得离谱了。巨大的访问量冲垮了网站，技术团队手忙脚乱熬了一夜，最终才使网站稳定下来应对这波巨大的访问量。

视频发布 48 小时后，美元剃须俱乐部拿到了远超预期的 1.2 万个订单，迪宾和他的 6 人小团队一直干到晚上才完成手贴快递单的工作，因为他们连一台自动打印机都没有。公司很快就没有存货了，他们只好给客户写邮件，苦苦哀求客户耐心等待。

品质与细节，吉列的傲慢之源

然而，在美国大陆另一边的吉列公司波士顿总部，管理层的反应只如同集体打了个哈欠：迪宾的视频挺搞笑的，但是只卖刀头？

吉列公司的一位前高管事后回忆当时的情形："他们的刀头质量根本就不过关。视频言过其实了。我们的顾客喜欢我们的产品，他们不会因为这种地摊货就放弃名牌产品的。如果他们的刀头和我们的刀头正面比拼一下，那一定会败得很惨。"另一个前高管轻蔑地说："他们提供的手柄也很笨重！"

事实上，吉列的研究人员已经测试过美元剃须俱乐部卖的刀头。吉列"养"着一个复杂的研发实验室，雇了几百名科学家，包括冶金学家、皮肤病学家、化学家和人体工学专家。公司每年花几百万美元检查公司刀头的质量，比如有多锋利、多长时间会变钝、什么情况下容易擦伤皮肤。当然也会检测竞争对手的刀头。

吉列从他们在刀头行业四通八达的信息源得知，美元剃须俱乐部并不生产刀头，他们从韩国的多乐可公司买刀头，再贴上自己的牌子。

韩国的多乐可公司成立于 1955 年，早期是一家刀具制造商，1962 年开始生产剃须刀和刀头。因为韩国直到 20 世纪 80 年代末期才开始进口，多乐可公司早先在本土市场不用和吉列竞争。多乐可只在韩国本土是排名第一的品牌，销售量占据大约 40% 的市场份额，而其销售量在亚洲和全球其他地区都与吉列的销售量相去甚远。

在和美元剃须俱乐部合作之前，多乐可已经在美国销售剃须刀几十年了，但是绝大多数的产品都不是自有品牌产品，而主要是一些便宜的零售贴牌产品，比如根据凯马特（Kmart）、7-Eleven 和奥乐齐（Aldi）这些零售商的订单进行生产的贴牌产品。实际上，在美元剃须俱乐部进入市场前，多乐可在美国的市场份额只占 1%，微不足道。

迈克·诺顿（Mike Norton）是吉列的前高管。他说："吉列比迈克尔·迪宾更了解多乐可的刀头。""我们的一对一测试证明，随便拿一个吉列的剃须刀都比他们的东西好。"其中包括吉列 Mach3 型号的产品，他说那款产品早在 1998 年就推出了。

由于吉列对品质和细节极度关注，它成为美国有史以来最具市场优势且优势保持时间最久的消费产品。自 20 世纪初石破天惊地推出了双锋可丢弃刀头并席卷市场后，吉列牢牢确立了作为大众剃须刀和刀头最佳选择的品牌地位，其中也有一部分成功的原因在于美国政府支持。第一次世界大战期间，美国军方为士兵订购了 350 万把吉列剃须刀和 3 600 万个吉列刀头。战争结束后，这些士兵带着吉列剃须刀返回家乡，大多数人自然购买吉列的刀头以匹配原有的剃须刀。

吉列不仅在研发和生产效率上很高明，还在市场营销上大放光彩。它是最早认识到体育营销潜力的消费品牌。1939 年，吉列买下了世界职业棒球系列赛的独家广播赞助权，之后销量大涨，后来吉列又赞助了世界职业棒球联赛长达几十年。几年后，吉列通过赞助马术比赛进一步加强了体育营销策略。在 1989 年的美国超级碗橄榄球赛上，吉列推出了它有史以来最著名的广告语"一个男人最好的模样"（The best a man can get）。

虽然时不时有竞争者出现，但很少会影响吉列的生意。20 世纪 60 年代早期英国的威尔金森·索德公司（Wilkinson Sword Co.）曾经以耐腐蚀和更能长时间保持锋利的不锈钢刀头抢占了先机。70 年代中期，法国的比克公司（Bic）在可抛剃须刀产品细分领域引领潮流。但是吉列的科学家在剃须方面的创新是最多的，他们拥有几千项专利，丢失的任何一丁点儿市场份额都能很快被夺回来。

毫无疑问，吉列所占的市场份额几十年来高达 70%，这个数字几乎意味着垄断，其他消费品从来没有这么高的市场份额。吉列几乎坚不可摧，每年在全球卖剃须刀和刀头的销售额高达 40 亿美元，一直享有 50% ～ 60% 的丰厚毛利率，因而消费品巨头宝洁公司于 2005 年以 550 亿美元收购了吉列。

舒适剃须刀公司（Schick）对美元剃须俱乐部的反应也和吉列差不多。这家公司常年排行第二，在美国市场一直被吉列甩得远远的。布拉德·哈里森（Brad Harrison）是当时舒适剃须刀公司的市场部负责人，他回忆道："迪宾的视频发布后，我的员工和我开玩笑说我们应该玩一个喝酒游戏，只要有人给我们转发一次这个视频，就闷一口。朋友啦，家人啦，我认识的每个人都转发给我，至少有 50 次吧。"

他们都认为迪宾的广告非常滑稽。哈里森说："我们上网把他们销售的各种型号的刀头都买了一把，寄给我们的实验室测试。这些产品相当蹩脚，撑不了多久就会坏掉。会有很多人因为迪宾的宣传视频尝试一下，但是他们不会成为回头客。用'蹩脚'这个词可能太过头了，但确实他们的产品和舒适或者吉列的产品是不能相提并论的。这玩意儿会过时的。"

如果足够颠覆，创业公司就可以乘风破浪

戴维·帕克曼（David Pakman）的反应不太一样。“我平时爱玩推特。我在位于纽约的办公室的桌子边浏览推特时，看到关于这个视频的信息病毒般地快速传播。”

帕克曼是文洛克风投（Venrock Associates）的合伙人。他的高级办公室位于 22 楼，从那里他可以俯瞰曼哈顿市中心第五大道。他停下手头儿所有的事情，尽管被网站加载速度太慢烦得抓狂，但还是重复看了五六次这段视频。他回忆道：“我记得我一边点击，一边笑出声来，一边琢磨着‘这些家伙真是又搞笑又聪明啊！’”

正像吉列公司那些人一样，帕克曼也好奇美元剃须俱乐部的刀头质量如何，于是他下了一个订单。东西收到后，他在家里测试了一下，认为吉列的产品要更好。他说：“我试了美元剃须俱乐部的刀头，觉得挺不错的，不过并不是那么棒。”

然而，帕克曼想到其中有一个关键问题，可能美元剃须俱乐部对绝大多数的人来说已经足够好了，特别是它的刀头价格只有吉列的一半。迪宾把 5 盒品质较低的老式双刀头定价为 4 美元，相当于每盒价格只有 80 美分；每盒有 4 副 4 刀头的，卖 6 美元；每盒有 4 副 6 刀头的，卖 9 美元。不管公司有没有名气，反正它的产品很便宜，而且你不用去商店等着售货员从柜台后面锁着的柜子里帮你拿出剃须刀，这家公司会每个月寄刀头给你。

价格和便利性，再加上能够吸引年轻男人的幽默广告，帕克曼的直觉是迪宾能成功。

帕克曼曾经也是一个互联网创业者，从 20 世纪 90 年代末开始给几家做音乐下载业务的公司提供服务。他的办公室墙上挂着一幅剪报。剪报是从《财富》杂志（*Fortune*）和《今日美国》杂志（*USA Today*）上剪下来的，内容是关于他之前创办的音乐公司的故事。在苹果 iTunes 杀进市场前，这家公司是领先市场的独立音乐线上零售商。

美元剃须俱乐部之所以引起他的注意，不仅仅是因为搞笑的视频，还是因为那时他正在寻找能够验证他的一个想法正确与否的公司，而美元剃须俱乐部恰好出现了。他说："我有一个独特的投资理念。最好的投资机会存在于潜在的创新之中，而这一创新还没有得到行业巨头的欣赏。如果足够颠覆，创业公司就可以乘风破浪，因为行业巨头需要花点时间才能意识到自己面对着一个大挑战并采取适应性行动。"

的确，美元剃须俱乐部没有创新的产品，但它拥有创新的主意。帕克曼看到了吉列的脆弱性，尽管它是市场上的垄断玩家，但其实正是因此而脆弱。它的优势反过来也是它的弱点：它太成功了，无法理解颠覆可能来自一家创业公司在网上销售质量还凑合的产品，这种颠覆可能带来对整个商业竞技场的撬动和游戏规则的改变。

帕克曼心想："吉列可以提供最好的剃须刀，但是美元剃须俱乐部提供的是最高的性价比。"降价对吉列是不可能的事情，因为它太自信了，甚至有点傲慢，而且反击太快或者太明显会降低它的利润。那样吉列的高管就不得不努力向宝洁的领导们解释利润是因何减少的，后者需要看到利润的持续增长才会觉得他们为了买下吉列花的几百亿美元是值得的。

帕克曼的直觉是对的。吉列内部也有些人觉得说不定迪宾确实可以做出点儿成绩。吉列一位名叫戴维·西尔维娅（David Sylvia）的管理者说："我差不多可以全部背出来那段视频中的话。我们中的一些人肯定躲在小隔间或者办公室里看了视频。”对大多数管理者而言，首要任务还是保护吉列这棵摇钱树。吉列管理层在讨论这家不起眼儿的竞争对手的会议上，从来没有提议降价计划或者任何认真地趁早碾碎它的计划。吉列的另外一位管理者在确信我们的采访不会泄露他的隐私后开始回忆：“我们觉得早晚会把他们赶出市场的。我们打算无视他们。他们没有资金背景。”

然而，因为迪宾得到了帕克曼的支持，这个情况很快改变。在看那段视频的几天，帕克曼找到了迪宾和善思公司的彼得·法姆。2012 年 6 月，在他拜访了迪宾几天之后，对迪宾的主意更有信心了，他想投资美元剃须俱乐部，把资金用于营销，利用早期的市场关注乘胜追击。帕克曼喜欢订购模式，而且早期的复购率数据很好。同时，他欣赏迪宾面向千禧一代用高明的营销方式打造一个生活方式品牌的愿景。

帕克曼最大的担忧不是来自吉列的竞争，而是美元剃须俱乐部早期那些知名的种子投资者，包括硅谷的凯鹏华盈风投和巴特利风投（Battery Ventures），他担心他们会决定投更多钱并把自己挤走。毕竟，美元剃须俱乐部的销售成绩比善思公司的联合创始人迈克尔·琼斯和彼得·法姆做梦想的还要好；视频在网站上线 3 个月之后，观看次数破了 475 万次。法姆说：“我们预计到 2012 年年底销售额可以达到 50 万美元，结果一个季度就完成了这个数字。”2012 年，美元剃须俱乐部的销售收入达到了 400 万美元。

让帕克曼吃惊的是，一些早期的风投基金竟然不打算再追加投资。帕克曼让文洛克风投加入，还有另外四家原先提供融资的风险投资基金一起凑了更多的资金，其中一些资金是法姆“哄骗”得到的。新的一轮 980 万美元的融资于 2012 年 11 月完成。这次的投资人中包括善思公司和上轮投资中份额最大的先行者创投公司（Forerunner Ventures）。柯尔丝滕·格林

（Kirsten Green）是先行者创投公司的创始人，她有零售业经验，预感电子商务会在创造新品牌上走出一条新路。她在美元剃须俱乐部的董事会担任董事，帕克曼也是董事之一，他后来领投了美元剃须俱乐部的另外一轮融资。前后 6 轮投资为美元剃须俱乐部总计融资 1.63 亿美元，最终用于市场营销和团队扩充上。随着美元剃须俱乐部销售额的上升，融资变得更容易了，但改善不大，法姆说："我们总共被拒绝了几百次吧。"事实上，2014 年年初，一些早期基金还把持有的股份卖给文洛克风投，套现走人了。"你们愿意买我们的股份吗？我们对这家公司的长期发展没有信心。"帕克曼还记得他们说的话。

其中一位拒绝了法姆的潜在投资者就是吉列。法姆找到了迪宾的这家对手，想通过联盟的方案让彼此受益。"吉列开了一家分公司做风投。当时，我打电话给他们的负责人想让他们投资。他说不感兴趣。他们太自信了。他们的态度就是，'我们犯得着这么做吗？我们拥有整个市场。'"

美元剃须俱乐部和多乐可公司的关系在早期也曾经陷入紧张。多乐可对于拿到新的订单当然感到高兴，但现在它需要用自己的钱投资来提高产能，并满足美元剃须俱乐部快速增长的订单需求。于是，2012 年秋天，在多乐可美国分公司业务总裁肯·希尔的建议下，他们坚持要获得美元剃须俱乐部的股份。

希尔回忆道："我们拿到了很多的杠杆（Leverage）[①]。迪宾没有其他的太多选择。他的种子用户群是基于他销售从多乐可公司买来的剃须刀建立起来的，在那时和其他任何人做生意对他而言都很难。多乐可公司的股东让希尔去谈，他们觉得这些股权价值不高。希尔不想透露多乐可究竟在美元剃须俱

① 杠杆在这里指股权投资时的分期、贷款或者折让等方式。——译者注

乐部持有多少股份，只肯暗示在 5% ～ 8%，然而成本是零。作为交易的一部分，多乐可和美元剃须俱乐部签了一份关于剃须刀和刀头的长期供货协议，期限至 2019 年。迪宾别无选择，只能顺从并把自己公司的股份让给多乐可。迪宾说："只能说，我知道供应链的重要性，所以想做成这个交易。"

吉列和舒适仍旧没有把美元剃须俱乐部的早期成功放在眼里，可有人不是这样看的。杰弗里·雷德（Jeffrey Raider），是线上眼镜公司沃比帕克的四位联合创始人之一，帮助别人开了一家模仿美元剃须俱乐部的公司，Harry's 剃须刀。2013 年，Harry's 剃须刀公司开始卖一家德国制造商生产的剃须刀和刀头，最终 Harry's 剃须刀公司买下了这家德国制造商，它追求的供应商策略和美元剃须俱乐部与多乐可的供应商关系不同。

剃须刀大战开始升温了。为了提升自身作为第一家 DTC 剃须刀品牌的优势，美元剃须俱乐部把大部分收入和从后续几轮融资中得到的几百万美元都投入市场营销中。2013 年，它成为第一家意识到社交媒体广告威力的消费品公司。它找初创数字化营销公司安普世（Ampush）合作，安普世位于旧金山，专门用人口统计学的方法做社交媒体用户分析，以定位像美元剃须俱乐部的客户这样的目标人群，这种技术不久就被几乎所有其他本土数字化品牌所应用。

2015 年，美元剃须俱乐部为了从吉列手中抢夺更多的生意，除了原有的病毒式视频广告和社交媒体营销外，开始加大电视广告投放力度，一个月要花费几百万美元。它后期广告的流传程度都无法赶超第一个视频，那段视频在网站上的观看次数超过 2 600 万次。但是绝大部分广告仍然保持了迪宾嬉皮笑脸的样子和神气活现的幽默感，对其他剃须刀品牌（如吉列）高昂价格的极力嘲讽以及人们在商店购买这些刀头的挫败感。其中一条广告有一个场景，一位穿得像保镖一样的严厉的售货员盘问、戏弄一位顾客，而这位顾客只不过说他想要从锁着的柜子里“拿”一些刀头。迪宾在很多广告中都客串演出，他的多次出现提醒了人们，“耶，就是这个家伙运营的那家公司发布了《我们的刀头实在太棒了》的搞笑视频。”

2015 年，美元剃须俱乐部的年销售额从两年前的 2 000 万美元达到了 1.53 亿美元。2016 年，这家几年前还籍籍无名的公司控制了美国剃须刀和刀头市场 8% 的份额（按销售收入计算），迪宾声称按销售量计算它占据的市场份额是这个数字的两倍，因为它的刀头更便宜。而吉列的市场份额同期从 67% 直线下降到 54%。吉列的高管们应当十分后悔。

2016 年美国超级碗橄榄球联赛期间，迪宾花了几百万美元制作了一条 30 秒的广告，向外界发出了信号：美元剃须俱乐部不再是一个小小的追随者了。美元剃须俱乐部的很多董事都担心这么做是不是在浪费钱，但迪宾坚持说：“在广告界，超级碗是大品牌的竞技场，我们从此将备受重视。”

尽管吉列的市场份额一直在下降，但是它的反应却不温不火。它尝试过拍短视频广告应战，却被大家嘲笑是对美元剃须俱乐部的拙劣反击。2014 年，它引入了模仿版的“我们的剃须俱乐部”（Our Shave Club），但是为了避免惹恼帮它销售产品的零售商，它要求顾客通过一家“首选零售商”去注册，而不是直接在吉列的网站注册。吉列的前管理者迈克·诺顿解释说：“我们永远不想被沃尔玛打电话叫过去，告诉我们‘等等，你们在直接卖剃须刀给顾客？你们要么让我们帮你们卖，要么就收拾东西滚出去。’这么干有风险，而回报还不够大。”这个说法也验证了 2012 年彼得·法姆关于吉列面对迪宾的挑战将陷入两难窘境的预判。

吉列仍旧固执地拒绝降价。在一条广告中，吉列可笑地声称它的刀头比“其他剃须俱乐部”便宜 50%。这怎么可能？好吧，这大概是在宣称吉列刀头能使用一个月，而其他竞争者的刀头只能使用一周吧。

于是，美元剃须俱乐部继续针对你“所不需要的剃须科技”下锤，贬低吉列剃须刀那些华而不实的功能以及配件和刀头的高价格。在一条广告中，一张照片简单地展示了 2 组并排放着的 4 盒 3 片装刀头，只有两行字：“我们卖 6 美元，他们卖 18 美元。”美元剃须俱乐部在给用户的每个包裹中夹上一张言简意赅的幽默字条：“‘我就喜欢用钝刀头刮胡子。’拜托，没人喜欢这样！请每个星期换刀头！”

同时，吉列的高管们平静地、毫无根据地重复着他们一贯的“但是我们的刀头更好！”的“咒语”。2015 年 10 月，宝洁的首席财务官乔恩·莫勒（Jon Moeller）和华尔街投资人说：“相较于其他剃须刀竞争者，吉列的产品明显更受消费者的青睐，在贴合性、顺畅性、舒适度和 18 项其他特性的测试上胜出，包括特别重要的更好的综合剃须体验。”

即使每个人，包括独立测评人，如《消费者报告》杂志（*Consumer Reports*），都认同吉列提供了更好的剃须刀，这和美元剃须俱乐部超过 250 万的用户大军也没有什么关系。

沮丧之下，吉列于 2015 年 12 月向美元剃须俱乐部提起了一项诉讼，指其专利侵权，这在帕克曼的眼中是“吉列开始紧张了”的信号。这项有问题的专利是关于刀头边沿保护层的，保护层让刀头不容易腐蚀，可以更久地保持锋利。诉讼很快就和解了，和解的条款没有披露。对帕克曼来说，吉列的每一个举动都是一个根深蒂固的庞然大物的标准反应。他说：“我们投资时就想到了他们的这些举动，这太好预估了。”

吉列的前管理者们认为吉列就像活在一个茧里。迪宾，一个几年前对剃须刀和刀头生意一无所知的人，一路以谋略和营销制胜，超越了那些在这个行业干了几十年的高管们。他们过去关注品质的持续改善，但是所有刀头的品质，包括多乐可的刀头，都已经改善了很多，细节的改善小得让消费者不能明显地感觉到，尤其是在吉列把每盒剃须刀的价格提高到 5 美元的情况下。吉列的一些高管总结失误时称这个价格为“痛点”，认为这个“痛点”为美元剃须俱乐部打开了进入市场的大门。吉列的前高管戴维·西尔利娅说：“对于每个顾客而言何种程度的好品质才是真正重要的？是不是有的人宁愿要一把不是最锋利但是更便宜的剃须刀？不是每一个人都在追求最好的产品。”

美元剃须俱乐部在 2016 年的销售额达到了 2.4 亿美元这个目标，迪宾开始洽谈并购。已经涉足投资领域的高露洁是他的洽谈对象之一。舒适剃须刀公司也是其中一家。但是联合利华在所有洽谈对象中排名最靠前，它在 2016 年 7 月出价 10 亿美元现金。联合利华是宝洁在洗涤剂和其他很多消费品细分市场的竞争对手。美元剃须俱乐部的用户在这时将要超过 300 万。为了实现迪宾的野心，也为了给联合利华带来业绩的增长，美元剃须俱乐部开始扩展到其他的清洁、美容产品，发展出包括发胶、牙膏、牙刷、香波、洁面乳、古龙水、唇膏，甚至包括小夹钳和指甲钳的“美容工具包”。增加了这么多新产品之后，它在广告中添上了一句自嘲：“也许公司该改名了。”

有人质疑联合利华的出价过高。但是 2019 年 5 月，比美元剃须俱乐部市场占有率还低的 Harry’s 剃须刀公司宣布以 13.7 亿美元被 Edgewell Personal Care Co.（以下简称 EPC 公司）收购。EPC 公司是舒适剃须刀公司的母公司。尽管 Harry’s 剃须刀公司的收购价比美元剃须俱乐部要高，但其投资人的回报率比前者的要低，相对总投资，Harry’s 剃须刀公司的投资回报率大概在 3.7 倍。而相对于联合利华为美元剃须俱乐部投入的资金，它的投资回报率超过 6 倍。这两家公司早期投资人的回报都比平均回报率高很多倍，可谓赚得盆满钵满。

多轮风险投资稀释了迪宾的个人股份，但是他依然持有 9% ～ 10% 的公司股权，相当于 9 000 万～ 1 亿美元，尚且不算未来几年根据公司业绩增长潜在的薪酬收入增长。善思公司的早期赌注换来了几千万美元的利润（善思公司不愿意透露得更详细）。在最早的主要投资人中，先行者创投和文洛克风投也是最大的赢家。多乐可也从迪宾由个人股份中分给它的股份中挣了几千万美元。另外，多亏为美元剃须俱乐部供货，多乐可的收入大幅增长，销售量占全球市场的份额达到原来的 3 倍，从 5% 上升到 16%。迪宾的联合创始人马克·莱文早就不再积极参与生意，他卖了自己持有的小部分股权，赚走了几百万美元。

2017 年的春天，吉列毫无办法，只得最终采取被其原高管称作的“核按钮”措施：平均降价 12%，痛苦地承认自己的市场份额惨遭侵蚀。为了赢回顾客，它在《纽约时报》和《华尔街日报》上登出全页广告：“你说你需要最好的剃须刀、更低的价格，我们现在就给你！”它的网站上也不再是虚张声势的营销，而是真诚、谦卑地承认：“你们说我们的刀头太贵了，你们的意见我们听进去了。”

就在几年前，用几百万美元或者稍微多一些的钱，吉列就可以买下初出茅庐的美元剃须俱乐部相当可观的股份。而现在，降价让吉列承受的收入损失高达每年 1 亿美元以上，这还不算因市场份额缩小顾客流失到美元剃须俱乐部带来的几亿美元的年销售额损失。

看到吉列在《纽约时报》和《华尔街日报》上刊登的广告，迪宾笑了。

谁能成为品牌赢家

进 攻 方：美元剃须俱乐部。

防 守 方：吉列。

战　　场：剃须刀市场。

进攻方式：用创新的想法重新包装市场上已有的产品，抓住巨头忽略的点突然发起进攻。

赢家策略：1. 科技和全球化让商业竞技场重新具有各种想象的可能。要打败已经成功的对手，不需要用高昂的广告预算；不需要拥有一个昂贵的生产工厂；不需要花费几百万美元搞研发；甚至也不需要零售商来帮你卖产品。你只需要一个创新的想法。

2. 定位于巨头的弱点，比如高价格、不够便利、形象陈腐，初创企业靠正确的策略、正确的形象语言和正确的产品定价就能创造出一个全新的品牌。

3. 虽然产品的质量确实不如传统行业巨头，但是“挺不错的”可能对绝大多数的人来说已经足够好了，特别是当价格只有对方的一半时。

BILLION DOLLAR BRAND CLUB

BILLION DOLLAR BRAND CLUB

How Dollar Shave Club,
Warby Parker, And Other Disruptors
Are Remaking What We Buy

第2章

逆势投资，寻找颠覆行业的人：先行者创投公司

吹笛子的人

译者导读

一个看似稳态共生的商业世界，如同一个甜美模糊的梦，是谁吹起笛子，宣告黎明的到来？

作者在这一章剖析了风险投资人，尤其是先行者创投创始人柯尔丝滕·格林，描述了她的个人职业发展过程以及她在电子商务品牌投资领域乘风破浪，甚至呼风唤雨的历程（当然其间掺杂着失败和错误），从侧面揭开了消费行业在过去10年间发生的巨大的范式改变。

第二次世界大战后现代化工业生产和科学管理革命带来大消费品牌的蓬勃兴起，之后几十年间形成了稳定的“品牌商+广告商+渠道商”繁荣共生的消费市场生态圈。然而，随着互联网技术的兴起和消费平权的理念深入人心，电子商务和网络社交的崛起使这个生态圈于21世纪初开始动摇。

从格林的经历中我们可以发现，这个动摇的过程并不显而易见，也不是线性发展的，在突然爆发前的酝酿和波折起伏更是缓慢而不为人知。风险投资人是最早看出未来趋势、听到未来召唤的人之一，他们和新品牌的创建者一道联手推动了这场颠覆消费行业的革命。这群人就如同在黎明破晓前的黑夜吹奏笛子的吹笛手，笛声招呼着羊群，引领着人们走向曙光。

另外一些吹笛人则来自学术界，沃顿商学院的大卫·贝尔（David Bell）教授①从营销变革这个视角看到了电子商务数字化营销的巨大潜力。贝尔和格林这些吹笛手都不是消费行业的资深从业者或者局内人，但是他们清醒地看到了零售领域和品牌世界的这场结构性转变。

作者在本章的最后借风险投资人帕克曼之口，对当下新消费品牌创业和投资的火爆与拥挤表达了隐忧：当下的新品牌未占有先机，要突破销售和规模的瓶颈，需要的不只是眼光和勇气。

① 大卫·贝尔是电子商务和消费行为学领域的专家，拥有多年的研究、投资和咨询经验，著有《不可消失的门店》一书，该书已由湛庐策划出版。——编者注

创业者通常向投资机构发电子邮件进行自我推销，偶尔也会邮寄信函。有时，特别热切的年轻创业者会亲自向投资机构送推荐资料，他们希望通过亲手递交来表达“只要能成功，我愿做任何事情”的热情，进而从许多创业者中脱颖而出。

他们亲手递交推荐资料的目的地之一是旧金山市教会街 1161 号 300 室。这间办公室所在的楼里，还有 WeWork 的联合办公室。但是，它可不是那种典型的塞满了桌子和电脑、被众多租户占据的 WeWork 式玻璃隔断间。这间办公室有一个单独的入口，它拥有风格时尚的现代办公家具，墙上挂着色调柔和的艺术品，配备宽敞的、设备齐全的会议室，给人一种非常舒适的空间感。

这是柯尔丝滕·格林的风险投资公司先行者创投的办公室。

孤注一掷，只投资电子商务领域

商业创意的推销以各种方式源源不断地涌向这间办公室。每年他们都会收到 2 500 多个商业创意，要么是毛遂自荐的，要么是被挑选出来的。2018 年 7 月的情况很典型：先行者创投共收到 198 个商业创意，其中 67 个商业创意是关于推出新的电商品牌的，比如化妆品、鞋子、盥洗用品、服装等，64 个商业创意是推销“平台”（主要是在移动设备上销售商品的平台）想法的，16 个商业创意涉及新的零售概念，18 个商业创意与电子商务市场有关……格林和同组的 6 个同事对所有这些创意进行了筛选。大约有 1/10 的人（每年 200 ～ 250 人）被邀请面对面地向格林阐述其想法。

创业者要在大约 1 小时内，说服格林及其同事，强调他们的创意是值得投资的。这些或许会成为企业家的创业者，会面临格林或者她的合伙人在方方面面的拷问，包括产品的竞争格局、财务潜力和战略视野。

如果创业者的想法不够颠覆，根本就不必来。先行者创投非常直白地宣告他们的使命：“我们只与挑战行业常识的人、颠覆整个行业的人合作。”其他风险投资公司，尤其是纽约硅巷（Silicon Alley）的勒勒・希波风险投资（Lerer Hippeau），持有许多消费品牌的股份，包括先行者创投也参与投资的一些初创企业。但是，先行者创投之所以特殊，是因为它几乎只在电子商务领域投资，这种孤注一掷的策略使格林在风险投资业内外成了名人。

格林时尚又上镜，笑容充满活力，毫无疑问是 2017 年唯一一个既获得《时代周刊》（*Time*）“100 位最具影响力人物”提名，又获得《名利场》（*Vanity Fair*）“国际最佳衣品榜”提名的风险投资家。《名利场》杂志定妆照中的她身穿一条黑白相间的蔻依曳地长裙，手持一只红色香奈儿化妆包。对于格林而言，成为 DTC 品牌界的吹笛人，并非一夕之功。10 年前，她几乎不为人知。格林 1993 年获得商业学位，最初几年她在一家大型会计师事务所工作。那时，她曾在西夫韦（Safeway）超市的日用百货冷藏库中盘点库存。她曾与一位采访者说："谁会想要成为一名审计师呢？"

此后，格林作为跟踪零售行业的华尔街分析师工作了近 10 年，籍籍无名。后因预感电子商务将改变零售世界，她辞职了，从此开始为初创企业提供咨询并涉足对初创企业的投资。因为以前在风险投资领域没有成绩，她只能苦苦寻求每一个参与交易的机会。直到 2012 年和 2013 年，人们口口相传她是美元剃须俱乐部投资金额最多的早期投资人，而且还是男装品牌 Bonobos 和眼镜品牌沃比帕克等其他新的电商品牌的投资人，创业者才逐渐开始向她提交商业创意。

2016 年夏天，格林的名字赫然跃入了风险投资界的顶层。在短短几周内，她作为早期投资者投资的两家公司成为独角兽，包括美元剃须俱乐部和在线折扣零售商 Jet.com。"独角兽"指估值至少达到 10 亿美元的初创企业，美元剃须俱乐部以 10 亿美元的价格被联合利华并购，Jet.com 以 33 亿美元被沃尔玛收购。格林说："有很长一段时间，我们在网站上删除了地址，因为创业者会不请自来，推销自己。"

那时对于创业者而言，先行者创投是否投资了他的初创企业，已被视作能否成为硅谷知名人士的先决条件。莉兹·赖夫斯奈德（Liz Reifsnyder）曾是美元剃须俱乐部的早期雇员，她回忆起 2016 年与女性维生素 DTC 品牌初创企业 Ritual 的创始人的会面，当时这个品牌尚未正式上市，她应聘的是一个高级职位。赖夫斯奈德对 Ritual 创始人说："我不知道您是否在融资，但是如果您正在融资，那就应该找柯尔丝滕·格林谈谈。她对这方面太熟悉了。"赖夫斯奈德在得知先行者创投已经同意成为领投者后，毫不犹豫地加入了 Ritual，“我当时的反应是，‘那好，我加入。我们一起躬逢其盛。’”

与许多变革一样，DTC 品牌的变革虽然起步缓慢，但最终让保守派措手不及。品牌革命的引领者，是一群以前不太相关但随着时间的流逝而密切联系在一起的创业者和投资人，这些投资人来自诸如先行者创投之类新兴的或鲜为人知的风投公司，他们感知到了被主流投资人所忽视的投资机会。因为他们研究了如何利用数据锁定在线购物者，也从第一代数字零售商的失败和偶然的成功中吸取了教训。新兴的基础设施，以廉价的即插即用技术为基础，让几乎任何人都可以用非常少的钱来推出新产品。虽然很少有在线购物者听说过 Shopify，但它改变了销售规则。Shopify 成立于 2004 年，它创建了一个电子商务软件平台，该平台可满足初创企业创建网络商店所需的一切事务，包括建立网站、接受订单、接收付款、跟踪库存和管理交货，全部功能的初始成本低至每月 29 美元，比实体店单台收银机的成本还低。

其中极少数变革的成果是立刻显现的，至少对于大多数风险投资家而言是这样，虽然他们一直以自己能洞悉未来而沾沾自喜。不久以前，如果一位创业者推出一种新的消费产品（非技术产品）的想法，那么几乎任何一家风险投资公司的反应都是“呵呵”“你开什么玩笑”，或者“别烦我”。当时建立一个新的消费品牌的代价是很高的，而且成功的可能性也很小。

“25 年前，即使你有了一个超级棒的关于牙膏的新点子，你也不知道该如何利用这个新点子，”一家广告公司的首席执行官兰德尔·罗滕伯格（Randall Rothenberg）指出，“即使你历尽艰辛知道了从何处获取原料，那也毫无用处，因为你只能至少买 1 吨，不能小批量采购。假设你认识一家牙膏生产商，他也不会把你当作客户，因为你不是大厂商。如果你真的找到了生产商来制造牙膏，也没有零售商愿意进货。你不可能推动消费者需求，因为需求是由全国性的媒体广告驱动的。总之，你不可能走运。”

相比之下，在几十年里建立起来的现有品牌的光环，产生了巨大的红利。在麦迪逊大道（Madison Avenue）上的大广告公司的帮助下，一旦品牌赢得了客户的信任，那么大多数客户都会继续回购。结果，优势品牌通常享有非常丰厚的利润空间。客户可能对较高的价格感到不满，但在由少数几家公司主导的产品类别中，消费者的选择空间非常有限。

这种创建和维持品牌的模式已经维持了数十年，因为品牌商品的生产商、广告商和销售商之间存在共生关系。在这个有序“宇宙”中的每个人都受益匪浅，这在很大程度上是因为这种模式创造了很高的进入壁垒。

罗滕伯格指出，难怪在 20 世纪上半叶排名第一或第二的几十个品牌，在 20 世纪末的排名不变。“这些大牌可能会在 6 年内失去 16% 的市场份额的想法在当初看来是难以置信的。就像吉列那样，它丢失的市场份额主要是被美元剃须俱乐部占据，也有一小部分被 Harry’s 剃须刀公司夺走。”

如果大多数风险投资公司都没有认识到技术拥有巨大的潜力，可以降低行业进入壁垒，进而破坏这个有序世界，那么柯尔丝滕·格林就有她的优势。她，与身处变革前沿的大多数人一样是一个局外人，她不知道这是不可能的任务。

格林在蒙哥马利证券（Montgomery Securities）担任分析师时，曾研究过购物中心热潮，并追踪了购物中心热潮刺激之下传统连锁店和特别迎合青少年的零售专卖店的增长。她说：“我看到大量的公司在购物中心偏僻的位置开店并成长起来。真正的最大推动力是青少年消费能力的释放。一大群十几岁的青少年会跑到购物中心，每个人兜里都揣着 20 美元，加在一起这可不是小数目。整个过程环环相扣，非常顺畅，青少年消费是一股潮流，而购物中心则助推了这股潮流。”

但是，她认为电子商务的兴起将改变这种局面。科技正在为销售各种商品提供新的动力，而亚马逊和 eBay 处于重写规则的初期。格林认为："显而易见，销售从实体店转到线上的趋势就在眼前。"她并不是唯一有这种看法的人，但只有她对此有所行动。如果一场变革马上就要开始，那么为什么要作壁上观呢？

在 2002 年年底辞去华尔街零售分析师职务后，格林利用她在零售和消费者品牌方面的经验为私募资本公司做项目咨询。但是，她意识到自己真正想要做的是成为一名投资人。在做咨询期间，她开始寻找在创新品牌和获取消费者方面有独到新模式的初创公司。

当她发现一个令她着迷的想法时，她便开始艰难地筹集资金，找前同事们或者她以前结交的富有的天使投资人投资，每人出资 2.5 万美元左右，这些钱加起来足够投资。

2007 年，格林开始研究一家相对较新的初创公司 Nau，她觉得这家公司非常有趣。这家公司汇集了她一直在思考的有关新零售的许多想法。Nau 由户外奢侈品牌巴塔哥尼亚（Patagonia）和耐克的前高管创立，旨在打造一个休闲又时髦的服装品牌，用户可以白天穿着它去上班，晚上穿着它去听音乐会、泡酒吧或者去聚餐。而且，这个品牌的服装制造过程不破坏生态，符合千禧一代消费者的心理诉求。她认为这虽然是一个初露端倪的趋势，但终会成为主流。她说："他们说生活方式正在融合。那种朝九晚五上班然后回家的观念正在改变。"

Nau 服装公司正在重新考虑如何利用技术来销售服装，这与格林感兴趣的方向一致。它的模式不是单靠数字化营销，而是以数字化营销为中心。它不通过其他零售商销售服装，而只由自己的专卖店（通常面积不超过 190 平方米）销售。它们更像是陈列室，非常艺术化地展示了少量不同尺码和颜色的产品。

Nau 专卖店还具有一个当时的新功能：触摸屏电脑终端。客户都被鼓励使用它们浏览 Nau 官网，在专卖店里在线下单的购物者可获得 10% 的折扣。“我们不称专卖店为商店，而称之为‘网站前端’，”其联合创始人兼营销副总裁伊恩·约尔斯（Ian Yolles）解释说，“我们甚至把这个名称注册了商标。”

格林在研究 Nau 服装公司之后联系了约尔斯。约尔斯回忆说：“她对我们的商业架构完全是 DTC 的业务模式非常感兴趣，而我们所处的行业却是批发模式驱动的。”格林深信 Nau 会有所作为并超越时代，她说服了著名的对冲基金都铎投资（Tudor Investment）向该公司投资了 1 000 万美元，而她也作为都铎投资的代表在 Nau 董事会中获得了一席之地。

但是事实证明，Nau 太超前了。因为那时现成可用的技术很少，建立界面友好、简洁的网站的成本很高。尽管 Nau 在 5 个城市设有“网站前端”专卖店并吸引了一批非常忠诚的追随者，但这已经花光了它所筹集的初始资金。它没有足够的资金形成电视广告攻势，当时也还没有社交媒体来进行广泛的口碑宣传，增加在线销售。照片墙等社交媒体尚未出现，或尚在襁褓之中。面对现金短缺的局面，Nau 服装公司寻求筹集更多的资金。但是，那正是 2008 年的春天，金融市场在 2008 年秋天金融危机爆发前不久已经开始警觉。由于无法获得新的融资，Nau 服装公司被一家不良资产买家以很低的价格收购，这个价格甚至不足以清偿其债务，投资者们当然更是两手空空。该公司设法保留了业务，但仅作为一个很小的品牌，再也没有其创始人建立的宏大愿景。在约尔斯和格林看来，如果 Nau 服装公司成立于几年之后，他们的宏伟蓝图可能会实现，因为 Nau 服装公司就可以充分利用下一代数字化品牌的一切工具。

格林和约尔斯都备受煎熬。她说："为此有很多人痛不欲生。"约尔斯记得他是如何安慰格林的，最让他记忆深刻的是，格林对创立新品牌和零售业将不可避免地发生巨变这一看法深信不疑。约尔斯说："她相信自己预见的一切。这次挫折并没有使她丧失对自己的核心投资理论的基本信念。"

尽管 Nau 服装公司崩盘了，但是格林并没有因此而感到沮丧。她说："我很早就接受了一种观点，那就是要想赚钱就要与其他人有不同的想法，持有其他人没有的观点，并努力成为逆势投资者。"

Nau 服装公司失败后的几个月，格林在零售界的一个朋友给她介绍了在线男装初创企业 Bonobos。格林仍然热衷于利用技术创立新品牌的想法，她于 2008 年对 Bonobos 进行了个人投资，成为其早期支持者和顾问。该公司的联合创始人之一安迪·邓恩（Andy Dunn）回忆说："我至少见了 50 个风险投资人，没有一个人愿意投资。格林比其他人更早看到零售业的转折。能看到这一点的不是风险投资人，而是像格林这样的零售业的'学生'，这一点儿也不奇怪。"

格林继续提供咨询服务，而且仍在寻找新品牌进行投资。"很多年以来，我的情况就像，'嘿，旧金山有个人，手里钱不多，但她真的对这件事非常有感兴趣'，在 2010 年，没有人会对 DTC 品牌有兴趣，甚至没有人知道那到底是怎样的一种模式。"格林得益于她在零售业和消费者品牌的关系网络，最终发现了一些投资机会。

纯数字品牌的创新之路

2008 年秋天的一天，宾夕法尼亚大学沃顿商学院的四名研究生聚在一起闲聊，戴维·吉尔博阿（David Gilboa）哀叹他将花 700 美元买的一副眼镜落在了飞机上的座位口袋里。关于谁先提起眼镜很昂贵的这个话题，也有人认为不是吉尔博阿先提起的，而是另一位学生杰弗里·雷德，他说他弄坏了花 500 美元买的一副眼镜，他可不愿意为配新眼镜再花这么多钱。

尼尔·布卢门撒尔（Neil Blumenthal）是四名研究生之一，他回忆说："什么？眼镜的制作成本不高啊，因为我去过眼镜工厂，所以我知道眼镜的成本很低。" 多年来，布卢门撒尔运营着一家非营利组织 VisionSpring，该组织为发展中国家提供眼科检查服务和低成本的验光眼镜。布卢门撒尔说："我们为那些眼镜工厂为每天生活费不足 4 美元的人们生产眼镜。而事实上，在同一条生产线旁 3 米远的地方，制造着第五大道上那些时尚的大牌眼镜。所以，肯定是哪里出了问题。"

布卢门撒尔了解到，眼镜生意基本上被一些大公司主导，其中规模最大的眼镜公司是意大利跨国公司陆逊梯卡（Luxottica），该公司拥有或经许可生产许多受欢迎的眼镜品牌包括乔治·阿玛尼、雷朋、香奈儿、拉夫劳伦、普拉达和范思哲，它经营着亮视点（Lens Crafters）、Pearle Vision 和 Sunglass Hut 等眼镜零售连锁店。

这四名研究生也知道，随着亚马逊在图书销售领域的早期成功，鞋业的 Zappos.com 和纸尿裤行业的迪亚珀（Diapers.com）等新的垂直零售商也正成功地在线销售产品。这些公司基本上都是新世纪的零售商，他们在互联网上出售其他公司的商品，而不是他们自己创建的新品牌。不过，布卢门撒尔说："从这个趋势我们可以知道，所有品类的产品都可以在线销售，即使是那些你觉得必须亲身向购物者展示否则就很难卖出去的商品。"

于是，这几位沃顿商学院的学生们开始研究如何将他们的想法变成一门生意。布卢门撒尔解释了他们的想法："我们要解决的痛点是，顾客走进一家眼镜店，看到自己非常喜欢的一副眼镜，但当他购买了这副眼镜走出眼镜店时觉得自己像被打劫了，因为太贵了。解决这个痛点的方法是去掉中间商。如果我们设计自己喜欢的镜架，然后把它们直接出售给消费者，那么我们将获得高利润，而实际上我们是以批发价出售的。这就是我们的整个想法，也是互联网的魔力。"沃比帕克的四位联合创始人同意最初各自投入 2.5 万美元，如果需要的话，每个人再投入 5 000 美元，为他们的初创企业提供资金。

沃顿商学院为他们提供了一个理想的空间，来实现他们的想法。他们报名参加了一门课程，这门课程的唯一要求是制作一份商业计划书。他们在拿到学位所需学分的同时，还可以随时向教授请教。

最初，他们计划对包括镜架和验光镜片的每副眼镜定价 45 美元。他们请教了一位教授，教授对这个价格不以为然。布卢门撒尔说："他看着我们，把我们的计划书塞了回来，说，'不，这行不通。孩子们，听着，如果把价格降到市场价格的 1/10，就完全超出了可信的范围。'"

首次出师不利后，他们有点泄气，于是进行了一项在线调查，询问人们更有可能以哪个价格（50 ～ 500 美元）在线购买一副眼镜。果然，教授是对的。人们购买意愿最强的价格是 100 美元，对价格 100 美元以下的眼镜的购买意愿随价格的降低而减弱。因此，他们决定把售价定为 95 美元。布卢门撒尔说："那可是关键点，如果我们将眼镜定价为 45 美元，那么首先没有人会相信质量会很好，而且我们也不会有毛利润来经营业务。”

他们对潜在客户进行更多研究，发现了一个更加棘手的问题：许多同学和朋友都很喜欢他们那优质低价眼镜的主意，却都承认不太愿意买一副还没见到实物的眼镜，而他们的生意就是要让顾客在没有见到实物眼镜前下单购买。大卫·贝尔当时是沃顿商学院专攻数字营销的教授，后来他成为沃比帕克公司一名热心的顾问。他回忆起沃比帕克的四位联合创始人来到他的办公室并向他讲述了他们的计划的场景，当时他的反应是：“这可有点荒谬啊。你们怎么可能做到呢？虽然我不戴眼镜，但是当你们要配眼镜时，难道你们不想多试一试吗？我的问题是，你们如何克服这个困难？”

最初，沃比帕克的四位联合创始人试图通过在他们开发的网站上添加一个虚拟试穿功能来解决这个问题。客户可以上传自己的脸部照片，然后在照片上添加各种不同的镜架。但是当时这项技术还不是很完善。图像很难缩放自如，并且镜架经常显得失真。他们决定暂时保留这个功能，这个技术短板促使他们考虑寻找其他替代方法。

布卢门撒尔说：“这使我们退回到‘打草稿’的阶段，那时我们提出了‘在家试戴’的想法。”沃比帕克会将 5 种不同的镜架寄到每个客户的家里。客户可以在 5 天内都试用一下，从中选购自己最喜欢的那副镜架，然后寄回其余的镜架。如果客户确定自己真的都不喜欢，也可以全部退回去。

虽然这意味着双向都要免费配送，但是客户就不会因为运费的问题而不愿试戴镜架了。为了避免运费成本蚕食他们微薄的利润，沃比帕克的四位联合创始人不得不想方设法把邮包的重量控制在 500 克以下，因为超过 500 克之后美国邮政的费率会急剧上升。布卢门撒尔说：“因此，我们经历了我们的‘阿波罗 13 号’时刻。在电影《阿波罗 13 号》（*Apollo Thirteen*）中，他们丢弃了一切可以丢掉的东西以减轻重量。”布卢门撒尔回忆起他和伙伴们是如何这里抠下来一点儿、那里省下来一点儿，好不容易减重了约 28 克，他们去掉了硬实的纸板箱和金属卡扣，用轻盈的泡沫塑料来保护镜架。

他们在沃顿商学院的创业挑战赛中提出了自己的商业构思，当时他们给公司取名为 OneVision。他们进入了半决赛，但没有入选最后的 8 支决赛队伍。杰弗里·雷德非常失望，对他的伙伴们说：“伙计们，我不确定这是个好主意。”但是布卢门撒尔回答说：“我们肯定会实现这个目标，向这些反对者证明他们是错的。”

2010 年 2 月中旬，沃比帕克的网站上线了。由于他们没有太多的广告经费，因此他们聘请了一家公关公司。这家公关公司说服了《智族 GQ》杂志（*GQ*）和 *VOGUE* 杂志刊登了他们的故事，说他们的眼镜虽廉价却也时尚。由于库存有限，沃比帕克最受欢迎的镜架很快售罄。为了促进公司的发展，沃比帕克的四位联合创始人需要融资，他们先获得了一些小银行的贷款，然后筹措了 55 万美元的资金，其中大部分来自他们的朋友和家人。沃比帕克的早期支持者之一是勒勒·希波风险投资，它投资了 850 万美元，这个金额按风险投资的标准而言是很小的。

勒勒·希波风险投资的管理合伙人本·勒勒（Ben Lerer）说：“我被他们的推销打动了，因为我相信他们说的，眼镜行业真的是一个混乱的行业。他们证明了，你不需要围绕自己销售的产品进行创新，还可以通过销售方式的创新获得成功。利用传统供应链，直接向消费者销售。把你从批发渠道中省下的钱，让利给消费者。”

沃比帕克的另一位早期投资人是沃顿商学院的教授大卫·贝尔，他打消了自己最初对在线销售眼镜的怀疑。贝尔是一位身形高大、不修边幅的新西兰人，他在 20 世纪 90 年代来到美国读研究生并在斯坦福大学获得博士学位，他的博士论文就是关于零售定价策略的。1998 年，他到沃顿商学院任教，专注于分析销售数据，他还对成长中的电子商务领域特别感兴趣。他解释道："从理念的角度来看，我非常感兴趣的是实体零售和在线零售之间的巨大反差。实体店的生意范围都是预先设定好的。而通过在线零售商，你可以开始向全国销售商品。"

像柯尔丝滕 · 格林一样，贝尔也看到了电子商务已经带动了零售和品牌的结构性转变。他认为，特别吸引人的转变发生在某些商品品类中，这些商品品类的传统领导品牌集高价格、极少有意义的创新和糟糕的客户体验于一身。

贝尔是迪亚珀的顾问，也是该公司的投资人，这家公司是沃顿商学院一位毕业生作为共同创始人在 2005 年成立的。这段经历也为贝尔的学术工作提供了支持。迪亚珀不生产纸尿裤，只出售帮宝适和好奇等现有品牌的纸尿裤。它所提供的价格比大多数零售商所提供的价格略低，更重要的是，它有良好的客户体验，为烦恼不堪的婴幼儿父母提供了便利。

迪亚珀很早就发现其最有效的营销手段就是社交营销，对其自身而言，社交营销就是数字化的口碑，这将成为 DTC 品牌的重要组成部分。口口相传并不鲜见，但贝尔所分析的数据显示，互联网可以增强其影响力。迪亚珀客户中约有 10% 来自其他买家的推荐，这一比例与在实体商店购买产品的购物者比例相比，高好几倍。此外，该公司的前 100 名客户通过他们的亲朋好友又给公司带来了另外 1.5 万名客户。贝尔发现，通过在消费者之间构建和加强社区意识，互联网可以将公司最热衷的客户变成其销售团队的强大辅助力量。

贝尔的另一个发现是：在线卖家可以通过使用数据来识别和定位最有可能的潜在客户，从而迅速增加销售量。以迪亚珀为例，这意味着潜在客户群居住在特定的地理区域。因而，该公司将在线广告集中投放于这些区域，这些地区虽位于美国各地，但其人口结构相似。

贝尔在沃顿商学院的营销播客中说道："在销售方面，大城市总是在最开始占据绝对的主导地位，比如纽约、波士顿、旧金山、费城、洛杉矶、芝加哥。但是，为了使这些企业真正生存并发展壮大，他们还必须在一些偏远的地方，就是所谓的'尾部'地区招揽客户。这些'尾部'地区在地理上往往相距较远，但在其他一些社会人口学维度上却很相似。因此，一个位于得克萨斯州的社区，实际上与一个位于内布拉斯加州的社区没有什么不同，所以识别社区非常重要。"

这种定位手段按照现今的标准来看似乎非常初级，但它有助于为新的纯数字品牌创建数据驱动的路线图。在线销售可以获取海量的数据，包括每个客户的偏好、需求、兴趣、性别、年龄和位置。客户的每次点击都可以被跟踪、存储和分析。你可以与客户"聊天"，捕捉他们的想法，从而做出迅速的改变，要么改进原有的产品，要么引入新产品。新品牌实际上比大品牌更了解客户，大品牌总是向他们的客户销售一成不变的产品，因为历史悠久的品牌从不知道，也不会知道走进商店、从货架上拿下一件产品的某个客户的身份。贝尔总结说，这些小改变聚沙成塔，带来了品牌创建方式的重大改变。

贝尔在与沃比帕克的合作中，借鉴了曾为迪亚珀及 Bonobos 所做的咨询工作，以细分和定位潜在的消费群体。

随着沃比帕克的高速成长，贝尔开始教授新课程"数字营销和电子商务”，该课程迅速成为沃顿商学院最受欢迎的课程之一。事实上，他每年教授三门课程，学生们都争先恐后地抢着报名。有贝尔这样的数字化变革的知识怪杰，沃顿商学院顿时成为纯数字化品牌的中心。学生们开始拜访贝尔的办公室，寻求有关初创企业的想法和建议。沃顿商学院的毕业生创立了很多电商品牌，涉足内衣、运动鞋、户外装备、卫生棉条和婴儿车等品类。许多人公开宣称自己的公司是“……的沃比帕克”，毫不掩饰地模仿它的套路：物超所值、更好的客户体验、大量的技术和数据、一个能够吸引年轻的城市客户的品牌。甚至取自“垮掉的一代”的作家杰克·凯鲁亚克（Jack Kerouac）作品中两个人物的名字（沃比和帕克）的沃比帕克，也渐渐变得时髦起来。

寻找不只是简单销售产品的品牌

先行者创投的柯尔丝滕·格林是 2010 年向沃比帕克投资的亲友投资人之一。有人建议沃比帕克的四位联合创始人去找她谈谈，因为她担任华尔街分析师时就熟悉眼镜行业巨头陆逊梯卡。格林回忆道：“像任何投资人一样，我的工作要求我保持怀疑态度。我不太确定‘在家试戴’会有效果。但是我认为，他们正在考虑通过这种方式减少购买阻力。这很有趣，我就投资了他们在眼镜品类的创意。”

两年后，即 2012 年年初，格林正在筹措一个更大的资金池来为先行者创投的第一只风险投资基金打下基础，这将使她能够构建持续不断的业务，有机会做更多更大的投注，来验证她关于在不断变化的在线零售领域投资的理论。1 月 25 日，格林参加了一场在旧金山北滩附近的一家餐厅包厢里举行的晚宴。晚宴由阿尔法俱乐部（Alpha Club）主办，阿尔法俱乐部是专为科技行业的投资人和创始人进行社交而创设的邀请制私人社交俱乐部，投资人意在寻找创意，而创始人则在寻找资金。晚宴的前几天，一位投资人顺口问格林："你听说过美元剃须俱乐部吗？"格林曾经和这位投资人分享过一些生意上的想法。

格林答道："没有。美元剃须俱乐部是什么？"对方告诉格林，这是一家专做男士剃须刀的初创企业，格林心想："天哪！吉列是一家多强大的公司啊，他们有超大的市场份额、超强的影响力、超高的关注度、难以置信的忠诚度，还有超大的广告支出来捍卫它的市场地位。我一年只能做几笔投资，我有必要投美元剃须俱乐部这个项目吗？"

凑巧的是，她正好和美元剃须俱乐部创始人迈克尔·迪宾以及投资人彼得·法姆同桌，他们专程从洛杉矶赶来参加阿尔法俱乐部的晚宴，以寻找投资者。法姆向格林介绍了迪宾，迪宾向格林解释了他对未来的看法。

多年之后，格林仍然无法忘记那一刻。"我当时绝对是被触动了，现在回忆起那时的情景犹如放录像带般清晰，我那时的感觉是必须投资这个人，"她说道，语气中带着对自己如此之快地改变了对美元剃须俱乐部看法的一丝惊讶，"我没看过他们的视频，我没看过关于他们的任何东西。我其实也不是被'我要买剃须刀啦'这样的标语所吸引。但是，我认为这是最纯粹谈论剃须刀行业内核的一次对话。我觉得迪宾真的懂得男性消费者。我们的谈话涉及更深层次的东西。我们谈论的是关于一个人觉醒了，开始关注自己的健康和福祉；关于一个觉醒的人，要对自己的药箱里应该有什么东西拥有自主决定权；关于男士窥见女友橱柜里的东西。我本来就对追求 DTC 这件事深信不疑。当我听到他谈论这些时，我心里想的是，'就是他了！'"

但是有一个问题：格林实际上手里没有钱可投资美元剃须俱乐部，因为她仍在筹集资金。但是，美元剃须俱乐部马上就需要启动资金。如果格林想要投资的话，那么她必须立刻行动，找到可以借钱给她的人。

在她要打电话寻求投资的人中，排在第一位的是桑迪·科伦（Sandy Colen）。科伦是旧金山一家对冲基金机构的高管，多年来他一直是对格林提供资金最多的支持者。自 20 世纪 90 年代中期，他们就彼此认识。科伦曾邀请格林为他工作，虽然格林没有接受邀请，但他们依然保持着联系。与格林一样，科伦对电子商务将如何改变零售行业有着浓厚的兴趣，而且两人的看法一致，他们认为技术的进步和消费者行为的改变会带来颠覆效应。

科伦说："格林很不解，为何其他人没有对这些机会表现出同样的热情。"他投资了格林最早期的一些一次性投资项目，然后成为格林的主要资金来源，并且在 2010 年作为唯一的投资人向先行者创投的天使基金投入了 500 万美元。他自豪地指出："我是格林的第一位投资人。"

科伦还回忆起，他在 2011 年参加了一场投资论坛，聆听了沃比帕克创始人的演讲，之后他对格林所说的理论更有信心了。科伦回忆道："格林已经对沃比帕克进行了初始投资，当我在投资论坛上看到他们时，我几乎百分之百地相信他们选的路是走得通的。这是我见过的由颠覆者所做的最棒的演示之一。"

因此，当格林打电话请科伦为美元剃须俱乐部融资时，科伦没有犹豫，他提供了 25 万美元的"货仓贷款"[①]，并同意格林获得其他投资人的投资，等先行者创投的新基金融资成功后再归还这笔贷款。科伦开始相信格林的直觉，虽然在亲身尝试了美元剃须俱乐部的剃须刀后，他就避之不及了；但他知道剃须刀是一项高利润的业务，因此他认为新的竞争者可能有成功的机

① 货仓贷款（Warehouse Loan），是指以仓库中的货物作为抵押物的贷款。——译者注

会。他打趣道："我在美元剃须俱乐部的网站上注册并且买了他们的产品，但是我刮伤了好多次，然后我给格林打了电话。我告诉她，我喜欢这个公司，但是不喜欢他们的刀头。"

在对美元剃须俱乐部进行首次投资后不久，格林在 2012 年通过大学捐赠基金等机构投资人筹集了 4 000 万美元，并用其中的一部分偿还了科伦的贷款，这让科伦追悔不已。他说："如果她筹不到那些钱，我就可以发大财了！"

格林在美元剃须俱乐部的董事会占有一席之地，这是她与这家初创企业签订的投资协议的一部分。她解释道："我有的信念，也许其他人没有，因为我将所有时间都用来思考这一类型的公司。如果有什么是我愿意全力一搏的，这就是一个极佳的对象。"

随着美元剃须俱乐部的销售额猛增，它在随后的几轮融资中筹集了更多的风险投资，而格林也向它投入了更多资金。仅仅 4 年之后，即 2016 年，联合利华就收购了美元剃须俱乐部，这证明了格林的直觉，先行者创投当初的投资获得了许多倍的回报。

随之，格林的知名度不断提高，她能够筹集到越来越多的资金来投资初创企业：2014 年，先行者创投推出的第二只基金筹到了 7 500 万美元；2016 年推出的第三只基金筹到了 1.22 亿美元，2018 年推出的另一只基金筹到了 3.6 亿美元。

尽管按风险资本的标准衡量，先行者创投的初始投资基金规模并不大，但格林已经建立了最大的 DTC 初创企业投资组合，截至 2019 年年中，她投资了近 90 家电子商务公司，包括：童装 Rockets of Awesome，其创始人雷切尔·布卢门撒尔（Rachel Blumenthal）是沃比帕克的联合创始人尼尔·布卢门撒尔的妻子；带内置充电器的智能行李箱远行，这家初创企业由两位沃比帕克的前员工共同创立；化妆品丝华彩妆；男士止脱发产品 Hims，由沃顿商学院的毕业生创立；女士时尚便鞋 Birdies；由沃顿商学院一位毕业生创立的户外装备 Cotopaxi；女装 Reformation；手工意大利鞋 M.Gemi；人类食品级宠物食品“农夫之犬”（The Farmer's Dog）；运动服装 Outdoor Voices；由女演员里斯·威瑟斯庞（Reese Witherspoon）和其他人共同创立的家居用品和服装 Draper James；女性维生素产品品牌 Ritual；定制洗发水 Prose 以及定制痤疮治疗 Curology。在她的投资项目中，还有其他一些初创企业，它们就像淘金热中卖十字镐和平底锅的公司，服务于 DTC 品牌企业，帮助他们销售其商品，这些初创企业有主做包装的 Lumi、营销软件 Retention Science 和移动购物应用程序 Packagd。

格林不仅搜寻技术和在线营销方面的聪明人，而且还四处寻找那些通过与消费者建立直接联系实施颠覆战略的创业者们。那些传达真实感受而不是简单地销售产品的品牌，可以创建一个专属的社区，并从规模较大的大众市场品牌手中夺走业务。例如美元剃须俱乐部，他们的客户喜欢迈克尔·迪宾对吉列穷追猛打的顽强态度。

格林在丝华彩妆创始人埃米莉·韦斯（Emily Weiss）的身上看到了与迪宾一样的特质。韦斯在 20 岁出头的时候，就已经开始在《时尚》杂志工作了，同时出于个人爱好，她还开了一个备受欢迎的博客，名为“走入华彩”（*Into the Gloss*）。几年后，她开始与多家风险投资公司接触，想找到资金启动自己的初创企业，但一直运气不佳，直到她开始与先行者创投接洽。剃须刀市场是由一家独大的公司垄断市场的，价格高昂，与之不同，化妆品领域的所有价格区间都挤满了太多竞争者。格林仍然记得当时她感觉到韦斯“在客户了解自己需求的 3 天之前，就了解客户的需求了”。她帮助韦斯将商业计划聚焦于一系列价格合理的基础化妆品上，包括保湿霜和眼线笔，先行者创投领投了丝华彩妆的第一轮“种子”投资。

亨利·戴维斯（Henry Davis）曾担任丝华彩妆的总裁 4 年，在离开丝华彩妆后创办了自己的 DTC 初创企业。戴维斯说，格林出于直觉领会了韦斯的愿景，这与韦斯及其团队从其他风险投资公司得到的回应形成了鲜明对比。戴维斯回忆说：“有时候我们得到的轻慢简直是无以复加。在与其他风险投资公司会面时，女助理会被叫来参加会议，理由是她们是女性，懂化妆品。还有一些风险投资人说‘我会把它带回去给我老婆，看她觉得怎么样’。遇到这种情况时，我会直接离开，站起来就走。”

由于韦斯精通数字技术，丝华彩妆很快在千禧一代首选的社交媒体应用——照片墙上建立了庞大的粉丝群，千禧一代们经常在照片墙上发布他们喜欢的产品照片。像美元剃须俱乐部一样，丝华彩妆已成为先行者创投的大赢家。格林也参与了丝华彩妆的后几轮融资，丝华彩妆的年销售额已突破 1 亿美元。在 2019 年春季，丝华彩妆的估值已经达到了 12 亿美元，成为先行者创投的另一个独角兽。

和所有风险投资人一样，格林承认自己也曾错过一些商业构想，而现在看起来这些构想其实本可能会使她成为大赢家。以在线床垫初创企业卡斯珀为例。格林解释说：“我一直有一个标准，就是要寻找具有重复性商机的企业。当我们看到卡斯珀床垫时，我问自己，‘这是一个好床垫吗？是。一站式的床垫购买体验是否比重复去商店购买不同零部件更好？是的’。但是，人们买床垫的频率是多少，每 10 年买一次吗？然而，我没想到的是，很多家庭有 4 ～ 6 张床。而且，我也没有想到卡斯珀还销售其他产品，比如枕头和床单，这些产品跟床垫一样，都有很高的利润率，因此也提供了很大的经营空间。”格林说她从中学到“在遵循一套标准来指导投资与被这套标准局限之间，要找到那个微妙的平衡点”。

文洛克风投的合伙人戴维·帕克曼也在早期投资了美元剃须俱乐部，但他也错过了投资卡斯珀的机会。他说：“我心中有一个大大的问号，是否还会有模仿者出现？我的疑问是对的，泡沫材料的床垫很容易制造，因此许多竞争对手都冲入了床垫市场。”但是，他也承认从整体上看，自己似乎是错的：“这是一个很大的市场，利润率很高，不可能一家通吃。”

尽管在美元剃须俱乐部的投资上顺风顺水，但帕克曼在投资 DTC 品牌方面比格林挑剔多了。他寻找的是无法被轻易或快速复制的产品或商业模式，此外，他还要求所在品类的主要企业基本上只在实体零售店进行销售，而且依赖电视和广播广告，因而与客户之间没有直接的联系；产品具有高利润率，市场领先者可能不愿分流自己的业务来阻挠初创企业；而且，理想的状况是在所谓“零和”（Zero-Sum）市场中的产品，也就是客户购买了你的产品，就不会再购买你竞争对手的产品。

鸟巢工坊（Nest Labs）恒温器是文洛克风投投资的第一家消费者产品初创企业，投资这个项目后，文洛克风投发展了自己的投资理念。家用恒温器听起来可能很缺乏新意，但它是一项年产值数十亿美元的业务，长期以来一直由霍尼韦尔（Honeywell）主导。在文洛克风投介入之前，这个领域的创新处于冰河期。霍尼韦尔开创了可编程的恒温器，使屋主能够通过预设让暖气或空调的温度自动升高或降低。鸟巢工坊的恒温器于 2011 年推出，堪称技术上的一次飞跃。在接入互联网后，鸟巢工坊的恒温器使用软件来感知或“学习”用户的习惯，根据用户的习惯提高或降低温度。用户即使不在家里，也可以通过智能手机监控和更改设置。

帕克曼回忆说：“业内没有人认为这个想法会成功，一堆花里胡哨的传感器连接着墙上的恒温器，使用机器学习来控制温度？它卖 250 美元，是霍尼韦尔恒温器的好几倍。谁需要那玩意儿？门儿都没有。”像吉列一样，霍尼韦尔的反应完全符合帕克曼的预期：最开始完全无动于衷。他说：“最好的机会就存在于创新缓慢且老牌企业安于现状的行业。”文洛克风投和其他投资人当时也预见了，当霍尼韦尔最终意识到这一挑战时，将花数年时间来开发和销售仿制的智能恒温器。“霍尼韦尔是一家非常好的科技公司，但不是软件公司。鸟巢工坊的恒温器之所以如此出色，是因为它集成了硬件和软件。霍尼韦尔没有软件工程人才来更快地做到这一点。”

霍尼韦尔开始行动时，鸟巢工坊已十分成功，谷歌在 2014 年以 32 亿美元的价格将其收购。

但是，帕克曼并非所有在消费产品上的投注都能得到回报。2016 年 6 月，文洛克风投受到美元剃须俱乐部和鸟巢工坊取得成功的鼓舞，带领几家风投公司一起向明珠自动化公司（Pearl Automation）投资了 5 000 万美元，明珠自动化是一家由几位苹果公司前高管创立的初创企业。当时，这家公司的创意是给老款汽车增加高科技的配件。它的第一个产品是无线后视摄像头，这个摄像头可以很隐蔽地安装在车尾的车牌上，驾驶员在倒车时可以将智能手机作为显示器查看汽车后方的状况。这种技术在新车上很常见，但在旧车中不常见。

帕克曼认为明珠自动化的创新之于汽车行业，就像鸟巢工坊的创新之于恒温器行业一样，但是明珠自动化在一年后就倒闭了，因为消费者对 500 美元一只的摄像头需求不大。他说：“明珠自动化的产品，跟鸟巢工坊的一样，既高级又优雅，它满足了我全部的投资标准。你可以尽情梦想你的产品如何完美，但是销量才是第一位的。明珠自动化花了太长时间和太多钱才把产品推向市场。”

从那时起，许多创业者积极与帕克曼接洽，为他们新的 DTC 品牌寻求投资，但帕克曼都拒绝了。庞大的参赛人数意味着新品牌很难脱颖而出。帕克曼承认，他冷落的一些初创企业很可能会成为成熟品牌的颠覆者，并且发展为非常成功的公司。但是，考虑到风险因素，投入到初创企业中的巨额风险投资意味着，与达到帕克曼所期望的回报相比，赔率只会更高。

确实，在 2012 年之前，风险投资人根本不愿意花时间与想创建新实体品牌的创业者会面，而现在都开始将几十亿美元投入到初创品牌中，这都是为了颠覆和重塑他们的品类，有时甚至是同一个品类。

于是，出现了这种惊人的现象：3 家有机卫生棉条 DTC 初创企业；大概 6 家在线文胸制造商；几家维生素公司；几十家床垫制造商；3 家专治男性脱发的初创企业；几家内置电子设备充电器的智能行李箱制造商；至少 6 家电动牙刷初创企业；无数的服饰公司，专注于生产从内衣到袜子再到皮带各种服饰，应有尽有；还有制造各种鞋子的企业，如美利奴羊毛鞋、意大利手工鞋、塑料编织鞋。另外，还有的公司生产靠垫、艺术品相框、自行车、洗衣剂、家用清洁产品、牙齿矫正器。

帕克曼说："不是说这些公司大多数都会倒闭。我认为，事实已经证明，要在线创建一个品牌，而且达到 2 000 万美元甚至更高的销售额并不很难。但问题是，有多少品牌会像美元剃须俱乐部那样，成长为有人愿意花 10 亿美元收购的规模？"

谁能成为品牌赢家

进 攻 方：先行者创投公司。

防 守 方：消费品巨头。

战　　场：新消费品市场。

进攻方式：与挑战行业常识、颠覆行业范式的人合作。

赢家策略：1. 研究如何利用数据锁定在线购物者，从第一代数字零售商的失败和偶然的成功中吸取教训，发现被主流投资人所忽视的，在创新品牌和获取消费者方面有独到新模式的初创企业。

2. 电子商务带动了零售和品牌世界的结构性转变，所以应该特别注意某些商品品类，这些商品品类的传统领导品牌集高价格、极少有意义的创新和糟糕的客户体验于一身。

3. 寻找那些传达真实感受而不是简单地销售产品的品牌，它们能够通过创建一个专属的社区，从规模较大的大众市场品牌手中夺走业务。后者本质上很难识别其消费者。

BILLION DOLLAR BRAND CLUB

BILLION DOLLAR BRAND CLUB

How Dollar Shave Club, Warby Parker, And Other Disruptors Are Remaking What We Buy

第 3 章

全球供应链，总能找到最合适的制造商：

哈勃隐形眼镜

门外汉的成功

译者导读

哈勃隐形眼镜（Hubble）的故事主人公是两位大学毕业生。虽然他们在眼镜行业是彻头彻尾的门外汉，但是他们聪明地调用了行业的经验和智慧，借助了全球供应链网络，书写了从一张订单开始的创业传奇。

不过，他们的成功一部分得益于全球供应商能力的提升。自 20 世纪 80 年代开始的全球化浪潮培育了一个成熟发达的全球供应链网络，尤其是亚洲工厂成为全球工业化生产基地。一方面，资本的持续投资导致了产能过剩；另一方面，生产自动化水平的提高和精益生产管理能力的提升，使柔性生产成为可能。两者共同作用，让亚洲工厂从规模化生产模式逐渐进阶到“生产 + 设计 + 服务”的模式，这为新兴电商品牌的兴起提供了必要条件和推动力。正如作者在文中提道：“能够生产各式各样商品的全球市场对于 DTC 初创公司而言是打开局面的关键。”

但是全球供应链网络也意味着一种复杂性，一个门外汉想穿越这个复杂的丛林世界生存下来，手上可得有点好工具。对于哈勃的两位创始人来说，两个成功秘籍是进行缜密的行业调研和找到专家协助。哈勃找到精华光学的过程精彩地演绎了门外汉成功穿越丛林的故事。

具备迅速打开市场的能力，这是哈勃成功的另一个关键。从开发种子用户、关键生产订单落地，到创建便捷的选购流程（这项创新不断被同业诟病，但需求端反响热烈）、再到大胆押注广告、按步骤扩张业务和多元化供应，每一步都像一个直觉准确、经验老到的行家里手的操作。

这两位大学刚毕业的年轻人其实并不简单。他们各自的实习、工作和学习经历实际上都为这一场创业做足了准备。那份笃定和有条不紊的背后，似乎藏有整套最佳品牌创业算法。

本·科根（Ben Cogan）和杰西·霍维茨（Jesse Horwitz），这两个年轻的常青藤联盟大学毕业生对于隐形眼镜[①]制作的细节一窍不通。隐形眼镜的制作是一种高自动化、高科技的过程，一瞬间就能完成。它需要将精确的仪器设备安置在超洁净厂房中，以保障佩戴者的眼睛不被任何物体污染。

科根直率地说："我们基本上对眼镜生产一窍不通，这玩意儿可能是个小装置。"尽管经验有些匮乏，这两个 20 多岁的年轻人还是筹划要开一家隐形眼镜公司。2015 年 7 月的一个晚上，这两位好朋友一起在曼哈顿上西区的一家中餐馆吃晚餐时做出了这个决定。科根当时在剃须刀初创企业 Harry's 公司工作，刚被沃顿商学院 MBA 录取，他之前在普林斯顿大学学哲学。霍维茨是哥伦比亚大学捐赠基金的投资分析师，他之前在哥伦比亚大学主修经济和数学。之前这两个人谁也没有涉足过任何类型的工厂。

---

① 软性角膜接触镜（Soft Contacts Lenses），以下均翻译为隐形眼镜。——译者注

但是他们丝毫没有畏惧，认为自己的首要任务就是要找到一家制造商。这家制造商愿意给在眼镜行业没有任何经验的新手创业者供货，让他们在网上以便宜的价格销售隐形眼镜。霍维茨说："签下一家好供货商是最要紧的。如果这件事搞砸了，那么其他事情都做对了也没用。"他们就像几年前上大学时写学期论文一样，开始着手寻找潜在的供货商。

仅仅一年以后，他们的生意开始起步了。他们的线上初创公司叫作"哈勃"，以每月 33 美元的价格提供一套月供日抛型隐形眼镜，差不多是行业巨头博士伦、强生和库博光学（CopperVision）价格的一半。到了 2018 年，哈勃第二个完整运营年，它的顾客人数达到 40 万，年销售额增长到 7 000 万美元。霍维茨预计这种依据最直接和最简单的验光单就可以购买的单光日抛型眼镜在美国市场同类产品中的占有率大约在 8%。同时，哈勃已经扩张到加拿大和欧洲的 28 个国家。

哈勃的成就是靠着 20 多个员工做到的，他们都不是生产人员或者研发人员。哈勃也没有建造工厂，那需要投资几百万美元建造和运营。相反，哈勃的做法是找一家靠谱的供货商。科根和霍维茨筛选了一张列着几十家潜在制造商的清单，最终选择一家不太知名的叫精华光学（St.Shine)的中国台湾公司，决定从这家公司购买隐形眼镜。这家公司很早就得到了美国食品药品监督管理局颁发的许可，可以在美国市场销售隐形眼镜。

你可能从来没有听说过精华光学，科根和霍维茨也没有，甚至在 2016 年春天去中国台北之前，他们也不清楚这家公司究竟如何。精华光学的高管们更是没听说过他们，事实上，他们见到这两个创业者的时候还有点发懵。贾森・翁（Jason Ona）是精华光学国际业务总监。他说："看到他们这么年轻我们有点吃惊。他们是一家初创公司，而我们从没和初创公司打过交道。但那时我们尚未进入美国市场，于是我们寻思，为什么不试试呢？反正又没有损失。”是啊，为什么不呢。多亏了哈勃，精华光学在美国市场的收入占总销售收入的比例从当初的不到 1%，增长到现在的 10%，现在它扩大了产能以满足哈勃用户的需求。

在全球供应链大市集中，制造专家是另一种可出售的“商品”。企业家在全球化和科技的助力下有可能在任何品类中创立新品牌，并以迅雷不及掩耳之势将其推向市场。在这之前从没有像现在这样，可以这么容易地生产出一种实物产品，或者以这么低的投资创立一个新的消费品牌。最主要的市场准入屏障之一现在被大大地降低了，这道屏障长期阻挡在新晋企业家面前，但保护了现有的已经建造了自有工厂并且雇用了大批经验丰富的研发专家的成熟企业。

企业几十年来都在外包生产，但最近全球供应链变得比以往任何时候都要更多样和更精巧。亚洲是全球品牌的工厂，在那里可以找到大量的潜在生产合作伙伴，其中很多工厂产能过剩。如果说做这件事有挑战的话，那么挑战不在于找到一家供应商，而在于如何在几十家可能的供应商中找到最合适的那家。

能够生产各式各样商品的全球供应链市场对于 DTC 初创公司而言，是打开局面的关键。很多初创企业创始人，就像科根和霍维茨，对于他们打算要卖的产品所知甚少。这一点与其说是缺点，不如说是一个优点，现在这一点常常被证实了是有好处的。“门外汉”企业家不惧重写行业规则，因为他们对于行业过去如何运行知之甚少，不会被束缚住手脚。但是隐形眼镜不像剃须刀不会带来什么麻烦，哈勃的做法引起了争议，一些验光师指控这家公司为了增加销售违反法规，科根和霍维茨则竭尽全力反驳这项意图阻止新的竞争者的指控。

但是这个争执揭示了市场上的一个新现实：现在有比以前更多的供应商愿意生产任何一种你能想到的消费品，而且这些供应商也常常比以前都更复杂。到了 21 世纪初，很多亚洲的外包工厂学会了如何有效率地生产，也能够按照客户企业的规格标准生产绝大部分消费产品。但是没有几家能够帮忙把东西造得更好。与此同时，它们期待接大订单，因为规模化是唯一能让工厂运营成本更低的方法。

随着贸易的繁荣和更多竞争对手的出现，野心勃勃的供应商们生产着几乎任何一个行业的产品，期望能拔得头筹。如果你希望它们能帮你设计产品，亚洲的工厂可以做到。因为这些最好的外包公司这些年生产了很多东西，有些时候是根据大品牌的合约生产的，它们已经具备了对材料和部件生产的丰富经验，它们逐渐学到了如何区别小部件是高品质的还是低劣的。这些工厂还培养出了工程师专家，他们可以对改进产品的设计提供建议。这样工厂就可以报价更高或者拿到更多生意，或者两者兼得。

同时，随着工厂的自动化水平越来越高，很多供应商实施了精益生产技术，能够让他们的生产线在不同产品之间切换得更快，且停机的时间更短。这意味着它们能以更小的生产规模运营并获得利润，这也意味着它们愿意接更小的订单以提高产能。很多以前坚持最小订单要达到 2 万件的亚洲制造商如今接受的订单以几千件起步。

克里斯托弗·罗杰（Christopher Roger）提道：“现在比任何时候都更容易快速建立一家新的颠覆型公司，至少在早期阶段是这样的，只需要不多的投资。”他是磐聚网（Panjiva）的分析师，磐聚网通过追踪进口数据帮助数量惊人的各种商品的买家确认供应商，并且可以在网上完成这些工作。磐聚网建立于 2005 年，是一系列公司错综复杂的互联网络的一部分，这些公司致力于捕捉全球商品供应链的蛛丝马迹。过去难以接触和辨认的供应商的信息，藏在稀有的海关进口数据中，只有大公司能获取，如今面向普罗大众了。罗杰说道："小公司以前不曾有市场分析专家，现在它们都有了。"

找到供应商容易，找到合适的供应商很难

过去，规模最大的市集上会有几百家摊位出售货品。今天，全球大市集在网络上提供了几十万个虚拟摊位。如今的市场规模之大，使提供掮客服务的小本生意，发展成专门帮助用户上网在极度扩张的在线批发市场上寻找供应商的大生意。这其中最大的一家公司就是阿里巴巴，这家中国电子商务巨头企业创立于 1999 年。

假设你想要买山地自行车，在阿里巴巴网站上搜索"山地"或"自行车"，就会出现几百家销售山地车的供应商名单，从价格 27.99 美元、车身是便宜的钢合金架的低档自行车，到价格 988 美元、车身是高品质的碳纤维的高档自行车应有尽有。一些供应商可以只卖一辆车，但大多数要求至少订 50 辆，这比起一二十年前多数供应商要求的几百或者几千辆的最小起订量还是偏少的。

如果搜索"可充电的电动牙刷"呢？阿里巴巴上也会有几百家供应商"跳"出来，每支牙刷的价格根据其特点从 6.3 美元到 40 美元都有，起订量一般是 200 支。如果你想比较质量，很多供应商提供免费样品。阿里巴巴的网站还会把过去 6 个月接到最多询盘的公司排列出来，包括他们通过阿里巴巴完成的交易量和交易金额。

阿里巴巴甚至会帮助你缩小选择范围。如果你在询价单上填写限定条件，比如颜色、尺寸、材料等，阿里巴巴将为你匹配最适合你需求的供应

商。如果你很急，付 10 美元就可以得到加急回复，一天之内就能得知报价。

当 2014 年阿里巴巴以几十亿美元的股份第一次公开发售上市时，彭博新闻社（Bloomberg News）的记者萨姆·格罗巴特（Sam Grobart）决心试一下在这个网站上搜寻产品究竟有多容易。他在网上下了一个招标的询盘，订购 280 条不同型号和颜色的牛仔裤，包括橘色、紫色、黄色和绿色。在一天里，他收到了来自中国、印度、巴基斯坦和捷克的回复。格罗巴特从价格、交货期和书面回复的写法以及回复中是否包含了其生产的牛仔裤的照片这些信息进行判断，最后选了一家巴基斯坦的供应商。格罗巴特说："在阿里巴巴上你可以根据条件筛选，这有点儿像约会网站。"巴基斯坦供应商报价每条 9 美元，总价 2 520 美元，另外再加上运到纽约的运费 1 983 美元。买家可以通过支付宝进行支付，等到买家收到订购的商品并感到满意后再放款给卖家。格罗巴特开始这个试验第 25 天后，他收到了这些牛仔裤，按他的要求，这些裤子的后面缝着彭博新闻社的标志。

但是就算找到一家能生产产品的供应商比以前容易多了，找到一家合适的供应商仍旧是很吃力的，科根和霍维茨在创立哈勃时就经历了艰辛的历程。

供应链优势，就是企业的竞争优势

科根和霍维茨在决定创立哈勃前几年，一起在对冲基金公司"桥水基金"（Bridgewater Associates）当暑期实习生，那时二人成为朋友，他们俩在曼哈顿所住的公寓仅隔一条马路。2015 年夏天的一个夜晚，他们共进晚餐。在此前不久，科根刚买了一些隐形眼镜，他知道价格涨了。这让他开始思考。隐形眼镜和剃须刀一样都是高价格的产品，行业都被一小撮巨头玩家垄断，而

Harry’s 剃须刀公司和美元剃须俱乐部正在努力要颠覆剃须刀这个行业。科根想到也可以颠覆隐形眼镜行业，这个点子让他非常兴奋。那时已经有线上专卖隐形眼镜的零售商，但是它们只销售现有的品牌。即使它们提供给顾客的折扣相对实体眼镜店给顾客的折扣低，售价和成本之间仍有很高的差价。

科根和霍维茨聊了这个创意，霍维茨表示赞同，认为这事值得做，不过，两人还是决定一边继续现在的工作，一边做商业计划。他们很快选中了日抛镜片，因为这是规模几十亿美元的美国隐形眼镜市场中增长最快的细分品类，同时他们发现日抛镜片在美国卖的价格比国外贵 25% ～ 50%。这样，如果初创的线上品牌可以找到一家愿意以批发价向它供货的供应商，那么它就有了与现有品牌竞争的价格空间。

科根说：“找到一家好供应商是最重要的事情之一，因为我们觉得这将是其他人很难比拟的竞争优势。”但是不同于鞋子、内衣或者牙刷等很多消费品，可选择的隐形眼镜制造商并不多。同时，因为隐形眼镜是医疗产品，在美国销售隐形眼镜需要经过美国食品药品监督管理局的批准。

于是，科根开始在美国食品药品监督管理局的网上数据库里梳理获批的制造商。他回忆道：“那个夏天，我周围的人都去海滩休闲度假了，而我把大部分时间都用来在电脑上钻研美国食品药品监督管理局的数据库中的每一家制造商，真是拼命啊。”

他找到了几十家有可能成为合作伙伴的制造商，他们都获得了美国食品药品监督管理局的批准，可以生产贴牌隐形眼镜。2015 年秋天，因为不清楚哪家制造商有兴趣供货，科根和霍维茨匆忙给他们都发了电邮。为了给对方留下深刻的印象，他们在信中提到霍维茨上过哈佛法学院，但是压根儿没提霍维茨因为意识到自己并不想当一个律师而退学了。

结果如石沉大海，毫无回应。霍维茨说："他们不知道我们是谁。这是一封陌生人发来的邮件，他们并不想浪费时间搭理我们。要是换作我，我也会这样做。"

两人决定，要找熟悉隐形眼镜生意而且在行业中有知名度的行家里手才能打开局面。他们找到布雷特·安德烈（Bret Andre），他是一位咨询顾问，专门指导那些想在美国销售隐形眼镜的外国企业拿到美国食品药品监督管理局的批文。科根在他搜寻的不少政策文件中都看到过布雷特·安德烈这个名字。除此之外，一位风险投资人帮他们和博士伦前首席医学官布赖恩·利维（Brian Levy）牵线。10 年前退休后，利维开始帮一些小型医疗公司做咨询和运营，他认识眼镜领域的每一个人，知道他们负责什么工作，并且他非常精通镜片制造。

就像美元剃须俱乐部的迈克尔·迪宾接触早期投资人时的那种情形，安德烈和利维最初的反应也是，什么情况？安德烈说："我爸爸为库博光学工作，我以前从没想过要跟他们合作。"库博光学就是全球最大的隐形眼镜制造商之一。

尽管如此，安德烈和利维听了他们的推荐后都迅速签约成为他们的顾问。利维回忆说："他们没花多少时间说服我。如果美元剃须俱乐部和 Harry's 剃须刀公司可以这么卖刀头，为什么隐形眼镜不可以？确实是不一样的产品，但是一样的商业模式。"他太喜欢这个主意了，决定不光要做顾问，还要投资。

利维一直以来都不理解美国隐形眼镜佩戴者使用日抛隐形眼镜的比例仅为 25% ～ 75%，而欧洲的这个比例是 60%，日本则是 90%。这看起来不合理。利维通过在博士伦的工作经验知道，对绝大多数使用者而言日抛镜片都比月抛镜片更舒服，而且更安全：和月抛软镜片比，日抛镜片更不容易被污染，不容易导致眼睛感染，因为月抛镜片必须要用手取下，在一个干净的镜片容器里存放一整晚，第二天再用手取出来戴上。

科根和霍维茨在写给供应商的邮件中提到利维与安德烈的名字，要求供应商为他们的新公司提供在美国销售的日抛软镜片。那时公司名为明晰镜片（Clarity Contacts）。这一次效果不错，科根和霍维茨收到了不少回应。拿到供应商清单后，他们根据一些标准来挑选。第一条标准是镜片的品质和舒适度，为了测试，他们向供应商要求免费试用品，自己试戴，或者找朋友帮忙试戴。第二条标准是批发价格，价格要足够低，使零售价格定在现有品牌的一半后还有利润空间。第三条标准，他们希望确认这家供应商拥有足够强大的生产能力。科根解释说："如果我们的生意能迅速扩大，那么提升规模是非常重要的。"

科根和霍维茨之前向利维提到一件事：他们的研究表明如果要拿到最低的价格，就要找一家生产水凝胶而不是硅水凝胶的角膜接触镜的厂家，后者是一种更新并且略贵的材料。这两种材料的特性差不多，都柔软易弯曲而且透气透水，因此可以吸收水分并适应眼睛的形状，不过新材料更透气。这两种材料的舒适度究竟如何，对佩戴它的人来说尚未形成定论，但都是足够安全的，因为这个行业在美国食品药品监督管理局的严格监管之下，一家生产商只有证明自己所生产的镜片的安全性并且展示其生产过程中防止污染的质量控制后，才能得到批准。

对一些佩戴者来说，新材料做的镜片更舒服，不过 2018 年的一项研究发现这跟佩戴者个人的喜好相关，二者之间的区别是无法测量的。一些验光师会忽悠想买水凝胶镜片的客户，劝他们新的硅水凝胶材料对眼睛更健康。

但是利维告诉霍维茨和科根，传统的水凝胶材料仍被普遍使用，而且是非常安全的。他说："显然，大公司会说新科技的优点，但是这是否意味着老的水凝胶材料过时了？绝对没有。我们要确定的就是供应商有没有拿到美国食品药品监督管理局的批文，他们的镜片戴着舒不舒服，还有是不是能提供低价。"就像美元剃须俱乐部的刀头一样，水凝胶镜片可能不是最先进的，但是利维根据在这个行业多年的经验判断，他相信这些镜片肯定足够好了。

霍维茨、科根、利维和安德烈开始一起寻找供应商，同时，他们打算通过一项需求试验在潜在消费者中测试他们的想法。按照惯例，大型消费品公司会在新产品上市之前进行一系列的实验型步骤。这个流程先从市场调研开始，再由目标客户组成的焦点小组进行深度访谈，如果客户足够有兴趣，消费品公司经常会只在一些城市上市新产品来观测需求。之后，才会在全国发售。

整个流程会花掉十几万甚至几百万美元。但是，对于数字优先的品牌来说，线上的需求实验成本几乎为零。他们只需要建一个简单的网站，解释一下自己的产品，然后让访客提供他们的邮箱地址。对于科根和霍维茨来说，要解释的产品就是通过月订方式销售的隐形眼镜。

2016 年 2 月，为了推广自己的网站，科根和霍维茨在几十个朋友的社交媒体主页上留下了他们的网址。仅仅几天，这些朋友中的很多人就去网站登记注册了，还有很多人再次贴出了网址链接，这样他们的朋友就能看到，然后是朋友的朋友自发进行推广。到科根和霍维茨关掉网站时，有几千人提供了自己的邮箱地址，这让他们非常有信心，觉得自己离成功不远了，只要他们能找到合适的供应商。

他们继续缩小供应商选择范围，直到减为四家，它们都是中国台湾的供应商，2016 年 5 月，两个人和利维飞去台北，安德烈在那里等他们。在谈判过程中，科根和霍维茨主攻价格及其他条款的谈判，而利维和安德烈则集中精力确认工厂是否有最先进的生产工艺并且能符合美国食品药品监督管理局的标准。

后来利维和安德烈的行业经验被证明是至关重要的。说实话，如果没有他们，这趟寻找合作之旅可能会成为一场灾难。在拜访这四家供应商之中他们最喜欢的一家时，科根和霍维茨即将与公司首席执行官对最后的价格细节达成一致了，这时安德烈打断了他们并把两人拉到了一边，悄悄地说："嘿，伙计们，有点儿问题。"

安德烈和利维深入琢磨这家公司的法律文件，发现了一些科根和霍维茨不可能注意到的东西。这家制造商曾经收到一封美国食品药品监督管理局的信函，美国食品药品监督管理局在信中对公司的镜片品质测试方法提出了一些疑问。安德烈解释说："这是潜在的地雷，如果这些问题没能被解决，那么美国食品药品监督管理局可以扣押他们的货物，你就没法向顾客交货了。"

科根和霍维茨很快就结束了与对方的讨论，科根说："我们躲过了一颗子弹。"不过，那天晚上他们还是和这家公司的管理层吃了一顿早就安排好的晚餐，在这尴尬的 3 个小时中，每个人都对大家是没生意可做的这一点心知肚明。

另外三家制造商看上去也都不合适。他们到实地考察后才发现这些制造商的生产能力相对较弱。如果哈勃的销售按照预期增长迅速，很快就会面临供应不足的问题。一开始他们并没打算拜访第五家制造商，也就是精华光学，因为之前他们见过的一个美国中间人曾经说，科根和霍维茨希望自己的零售价是大牌竞争对手的一半，而这家公司的批发价太高。但是他们不想一无所获离开中国台湾，于是决定在最后一刻见一下精华光学的管理者。

幸而精华光学对此很有兴趣。虽然它已经在日本有 20% 的市场占有率，但在美国的业务很少，只向一些希望用自有品牌替代博士伦和其他大牌的验光师销售。霍维茨记得他对精华光学的管理层是这么说的："你们已经在美国卖了 15 年，至今只有一丁点儿市场份额，而且压根儿没打开大众市场，不如给我们一个机会。"

关键的一个谈判点是：科根和霍维茨要求拿到精华光学在美国境内独家 DTC 线上销售权，如果他们在一年内不能达到一定的销售额就会失去这个权利；而如果他们能完成销售额，那么精华光学就不能向跟风模仿他们的公司卖镜片。

对于精华光学的贾森·翁来说，科根和霍维茨的提议是有说服力的。他说："他们买我们的常规产品，而且提前付款，所以我们没什么可担心的。"但是精华光学拒绝了科根和霍维茨让他们在哈勃这家初创企业投资的提议。精华光学的管理者说："我们可不想冒这个风险。"

经过几轮价格拉锯战之后，双方达成了协议。精华光学当时造一副镜片的成本是 24 美分，他们卖给科根和霍维茨大约 38 美分，或者 11.4 美元一个 30 天的月套装。扣除营销和其他成本，在零售价卖 33 美元的情况下，这个价格让科根和霍维茨还能有利润空间。顾客除了支付 33 美元之外，还要支付 3 美元的运费。其他品牌的一个月套装一般要卖 45 ～ 70 美元，根据品牌以及是否由网上的折扣商出售而不同。但是不管卖多少钱，这些大品牌隐形眼镜制造商都享受着暴利。事实上，科根和霍维茨估计，像博士伦这样的大品牌，因为产能高而有规模经济效益，能把成本控制在一副 12 美分，是他们付给精华光学的价格的 1/3。

从中国台湾回来以后，事情进展飞速。随着货源的确定，科根和霍维茨与一家风险投资公司敲定了一笔 350 万美元的风险投资，并且辞了职，全身心投入到初创公司的生意上，科根放弃了他追求 MBA 文凭的计划，放弃了那笔交给沃顿商学院的入学押金。

为了吸引最有可能购买低价隐形眼镜的千禧一代，二人特意将他们的眼镜定位为生活方式品牌而非医疗产品。他们本来想把公司的名字从“明晰镜片”改为另外一个喜欢的名字 Iris，但这个名字可能不能作为商标注册，他们就更名为更抓人眼球的“哈勃”（和知名的太空望远镜哈勃同名）。马尔科姆·布伊克（Malcolm Buick）是公司聘用的品牌识别顾问，主管品牌发布。他说：“虽然这名字在我们最初的名单上，但一开始我们觉得这个名字不行，开始自我怀疑，‘不会吧，这不太可能啊。’”他们做了一些测试后，把包装的主色调定为粉蓝色。布伊克解释说：“粉蓝色主色调是这个品牌识别的核心。看起来是不是很酷？让人感觉可以从药品柜里把它拿出来，放到自己的咖啡桌上。”

因为隐形眼镜被法规认为是医疗物品，所以在哈勃开始卖镜片之前，他们必须建立起一个流程，以确认顾客已经拿到验光师或者眼科医生开的视力验光单。于是，科根和霍维茨创建了一个网站，顾客在网站上可以输入他们的视力验光单和医生的名字。哈勃在核验过这张验光单后，就可以从精华光学生产的一系列度数的标准单光镜片中找出相应的镜片。

2016 年 11 月上市的那天，哈勃被新闻报道戏称为“隐形眼镜中的沃比帕克”，因而在千禧一代的买家中掀起了一阵轰动。Wildcat Capital Management 公司的德鲁·撒洛（Drew Tarlow）是哈勃的早期投资人之一，他记得他最担心是，人们是否愿意把一个他们从来没有听说过的新品牌隐形眼镜放进自己的眼睛里。撒洛回忆说："产品上线的第一周，我的同事本和杰西把手机设成如果有新订单闹铃就会响的模式。我记得最开始的一两天，闹钟响了几次，每个人都很兴奋。一两周以后，他们就关了闹铃，因为订单太多了。于是我明白，需求不是问题。"

就像美元剃须俱乐部，哈勃融合了价格和便利性，自称"更加买得起的日抛隐形眼镜"。哈勃除了吸引购买大品牌商较贵的日抛镜片的顾客，还想改变月抛镜片的顾客，让他们购买哈勃的日抛镜片，使哈勃的销售大大增长。科根说："很多人戴月抛镜片是因为比戴日抛要便宜。如果你每年付 300 美元买月抛镜片，你可能并不想花 600 美元或者更多钱买日抛镜片。大品牌基本都是这个定价。但是你可能会愿意花 350 ～ 400 美元买哈勃的日抛镜片。如果我们能改变更多的人用日抛眼镜，那么我们的市场份额可以增长得非常显著。"

为了纪念哈勃诞生一周年，两个创始人拍了一条 15 秒的广告片，他们俩看起来就像两位外表整洁的大学生，穿着牛仔裤，衬衫下摆露在外面。他们打算在 2017 年世界棒球锦标赛的第二轮比赛中播放广告片，而且只在加时赛播放，这样广告费能便宜一半。结果这轮比赛有 11 场加时赛，这让哈勃获得了大量观众，因为很多观众只要比赛激烈好看就会一直观看。科根在广告中说道："我们创立哈勃是因为隐形眼镜太贵了。"访问哈勃网站的人数立刻激增，超过了广告片的成本。

然而，哈勃面临一个风险，大品牌可能会决定降价，而且他们降价后仍然有很高的利润。但是如一位汇丰银行的华尔街分析师在给投资人的报告中得出的结论所言："考虑到隐形眼镜丰厚的利润，我们认为对博士伦、强生、库博光学这三个行业的大玩家来说现在降价不符合他们的利益，除非哈勃成长壮大，威胁到他们的生存。”

哈勃也遭受了很多批评者的批评，包括向自己的患者卖大品牌隐形眼镜的验光师不停地攻击哈勃，说他们卖老款的水凝胶材料的隐形眼镜，又说哈勃不按照法规要求应该做到的那样谨慎地核实视力验光单，降低了法规的底线。大概在哈勃运转一年以后，商业新闻网站 Quartz 发现哈勃网站上有假冒的验光师处方。哈勃看到这篇批评文章后，表示加了一道额外的审核程序，更严格地审核以防止这种情况再度发生；《纽约时报》随后报道，法规制定者担忧网上销售隐形眼镜的公司会违反一些法规，那些法规的目的是禁止擅自替换验光单上的材料和品牌。美国联邦贸易委员会负责监管隐形眼镜的销售，它于 2019 年提议要用更严格的条款加强管理。它并没有点名哈勃，但是提到了一些公司“直接向消费者打广告，主要通过社交媒体……通常通过订购的方式销售隐形眼镜。”

批评和不断提高的法规管控接下来将多大程度上影响哈勃还需要观察。一开始，看起来并没有影响到很多消费者或者投资者。到 2018 年年中，哈勃从风险投资基金募集了近 7 400 万美元，可以在营销上砸钱并进行国际扩张。它最新的投资者名单中包括高露洁，这家公司的投资部门曾在美元剃须俱乐部被联合利华收购之前，把投资于美元剃须俱乐部的股份卖给联合利华以获利。这或许并非巧合。哈勃在 2019 年年初还开始了一项新的相关业务——隐形眼镜购物车（ContactsCart），转卖竞争对手如博士伦和强生的品牌隐形眼镜。

2018 年，为了跟上在美国之外地区增长的需求，并使供应源头多元化，哈勃签下了第二家制造商，即中国的金科国际（Ginko International）。不像上次和精华光学碰面那样，科根和霍维茨不用再向对方介绍自己。做生意变得“容易多了”，霍维茨轻描淡写地说。

谁能成为品牌赢家

进 攻 方：哈勃公司。

防 守 方：博士伦、强生和库博光学。

战　　场：隐形眼镜市场。

进攻方式：找到低价供应商削价，与现有品牌竞争。

赢家策略：1. 在你想从事的行业中，寻找有知名度的行家里手，借助他们的威望打开局面。

2. 确定产品概念之后，在潜在消费者中进行需求测试。建一个简单的网站，解释你的产品，然后让访客提供他们的邮箱地址。

3. 在选择供应商的时候，要为销售爆发式增长做好准备。

BILLION DOLLAR BRAND CLUB

BILLION DOLLAR BRAND CLUB

How Dollar Shave Club, Warby Parker, And Other Disruptors Are Remaking What We Buy

第 4 章

打造极致的产品，用免费赢得信任：三爱文胸

新兴电商品牌如同一个个新生的物种，在顾客需求市场这个世界中，各自求生存、求发展、求繁荣。大部分物种的生存之道并不是提供不同或者更好的产品，而是更低的价格、更好的体验、更人性化的设计、更贴心的顾客服务。而偏偏有一些新生物种，选择了一条更难的进化之路：极致的产品。

三爱文胸（Third Love）就是这些新品牌的代表，它们选择了产品差异化战略，也就是俗称的蓝海战略，但是蓝海可能意味着更小的受众市场、更复杂精密的生产制造和采购流程、更高的说服成本以及更漫长的煎熬期。以三爱文胸为例，这家企业从 2012 年开始创立到 2016 年 1 月先试再买计划确认奏效，走过了艰难险阻的 4 年，这一路如同凤凰浴火，生死一线间。

我经常和创业者提到一个句话：穿越生死线。要想创业成功，就要经历不断穿越生死线的过程。在三爱文胸的故事中，有几次关键穿越令人印象深刻。第一次穿越是线上试穿 App 的开发。这个属于最小可行性产品的 App 初始版本并不理想，但是能用，而且很快衍生出下一步思路：半码产品，通过提供比竞争对手更精细复杂的产品，来更好地贴近顾客的真实需求。半码产品反过来帮助公司收集到很多数据，刺激了 App 的进一步迭代和优化。

第二次穿越是选择合适的供应商的过程。这个过程如同一部美国西部探险片中的情节那么惊险，他们犯了可能犯的所有错误，这几乎耗尽了一家创业公司的所有资源。幸而他们没有死，当意识到自己是“用一种‘很硅谷的方式’做文胸”后，他们从这些经历中吸取教训，把自己变得更强大。

第三次穿越真正带来了成功，用“免费试戴、先试再买”销售策略突破销售瓶颈！这个当时听起来疯狂的主意才是三爱文胸穿越生死线走到安全地带的关键。

每次穿越都有很多值得学习的具体的方法和细节，我真正想带你体会的，是这些创始人在执行战略中的韧劲儿以及对战略目标的坚定信念。创业本就是九死一生，要想成功，只有适应这种九死一生的历程，没有其他捷径。

如同供应链本身，寻找货源这件事对于 DTC 初创品牌来说有非常多的选择。哈勃的两位创始人寻找隐形眼镜片和美元剃须俱乐部的迈克尔·迪宾寻找刀头时使用了最简单的一种方式。他们购买供应商的现有货品，贴上自己的品牌名字，加上自己的营销手法，瞄准知名大品牌的弱点打，不管是价格、便利性、形象，还是其他方面。

沃比帕克的方法有点不同，不过仍然相对简单。他们自己设计镜架，使产品拥有独特的外观。为了降低成本，他们一开始只销售塑胶镜架，大概 20 个款式，使用醋酸纤维素材料，这是一种耐用、轻盈且柔韧性很好的材料。这样沃比帕克的产品外观很独特，而且不用在工厂、生产设备、产品研发上投入资金。

沃比帕克现在已经大大增加了镜架的数量和款式，男款和女款各有超过 100 个款式，所有的款式仍然都是自主设计的，材料除了醋酸纤维素还有钛合金。沃比帕克现在运营着一个光学实验室，它的一部分镜片就是在实验室切割的，不过镜架仍然是外包生产的。

实质上，沃比帕克、美元剃须俱乐部、哈勃和其他 DTC 初创公司创新的不是与现有产品根本不同或者比现有产品更好的产品，他们提供的是更好的价格、更好的价值、更好的体验和更好的顾客服务。

很多新成立的 DTC 初创公司都跟随他们走上了这条路，同时，也有一些初创公司追求另一个策略：尝试制造极致的产品。因为更困难，所以这会是更冒险的商业计划。

用更好的产品打破品类壁垒

一对 30 多岁的夫妻，海迪·扎克（Heidi Zak）和戴维·斯佩克特（David Spector）创建了三爱公司，开始在网上卖女士文胸，他们较量的对手是一个偶像级的品牌——维多利亚的秘密（Victoria's Secret），就像迈克尔·迪宾的美元剃须俱乐部之于吉列。维多利亚的秘密拥有美国 33% 左右的市场份额、1 100 家门店、一场几百万收看量的年度时装秀，完全碾压其他内衣制造商。

但是扎克和斯佩克特决定不再卖那些烂大街的、全世界已经有几十家服装生产商扎堆销售的普通文胸，他们打算设计自己的文胸产品，并且使用高品质的材料来制作文胸的 30 多个部件。他们的策略是设计一种更符合身材的文胸产品，以比维多利亚的秘密及其他流行文胸品牌更高的价格销售，来打破品类壁垒。

扎克和斯佩克特相遇于麻省理工学院斯隆商学院，他们在大一下学期开始约会。在校期间，斯佩克特就和别人一起开了一家小公司，用户用这家公司的软件可以记录他们潜水的数据，包括潜水深度、时长和地点。他回忆到，因为多种原因，公司失败了，后来他去了谷歌，负责谷歌的新商业项目，包括谷歌Check Out和购物服务[①]，之后，他去了一家硅谷顶尖的风险投资基金——红杉资本（Sequoia Capital）。期间扎克先在一家服装零售商的战略规划部门工作，然后在谷歌负责 B2B 广告站点的营销工作。

在红杉资本工作期间，斯佩克特遇到了沃比帕克的四位联合创始人，那时沃比帕克刚刚成立，正在融资。红杉资本并没有投资，因为这家公司实在太年轻了，但是这次会面给斯佩克特留下了印象。他回忆说："我认为他们在一个停滞不前的品类里，建立一个 DTC 品牌，并采取数字化零售的方式，这是一种非常独特的做法。那次会面在很大程度上引起了我建立新品牌的兴趣。"

2011 年，随着对打工生活的厌倦，扎克和斯佩克特开始商量创办一家电子商务公司，但是两人毫无头绪，不知道应该从哪个品类着手。这时，扎克因为翻遍了内衣抽屉也找不到喜欢的文胸而颇感沮丧。这件事让她开始思考。她有十几副文胸，但绝大部分都不太舒服也不太合身。而且，除了买文胸，其他的事情也令她不爽。她说："没有女人愿意去逛内衣店。在 20 项的待办清单中，这是排在最后的一项。我宁可收拾洗碗机里的碗碟，也不愿意去内衣店。如果把逛内衣店这事搬到网上，那么会更容易也更方便，女人可以在深夜或者周末上网买文胸，不受时间限制，反正不必去店里了。"她后来在电视采访中也是这么说的。

尽管他们都不了解文胸产品或行业供应链，但他们意识到可以把对设计的敏感和技术结合起来打造更好的文胸。2012 年年中，他们辞去了工作，

① 谷歌在 2006 年推出的一种为网上零售商提供安全支付系统的服务，Google Wallet 的前身。——译者注

一共投了 10 万美元开了一家公司 MeCommerce Inc.，因为两个人考虑到以后可能卖文胸之外的其他品牌，而且他们也喜欢公司名字含有个性化商业的意思。他们很快将文胸品牌名定下来："三爱"。这个名字传达了产品的三个特点：高雅、舒服和合身。他们希望女性喜欢自家产品的这三个特点。相比之下，绝大多数其他品牌的文胸要么时尚，要么舒服，很少二者兼具，更少有三者都具备的。

他们招聘的第一个人是雷尔·科恩（Ra'el Cohen），一位女士内衣设计师，她曾在几家时尚零售商工作，几年前还开了自己的高端内衣公司，但失败了。他们招聘的第二个人是一位美国国家航空航天局的前工程师，他是电脑图像视觉技术专家，使用摄像头收集和分析数字影像，来创造更合体的文胸。

尽管斯佩克特曾混迹于风险投资圈，但募资也没有那么容易。毕竟那时是 DTC 品牌的早期阶段，不过还有其他方面的原因。扎克记得他们当时找了 50 家风险投资机构，几乎每次会面，会议室里都坐满了根本无法理解为什么女人需要更好的文胸的男人。在 2013 年上半年，他们终于拿到了 560 万美元的投资。

就在多轮融资的同时，他们的小团队开始寻找制造高档文胸材料的供应商，并且开发了一个苹果手机应用商店的 App。他们的创意是通过科技让女生们可以不用去实体商店，在家里上网就能找到更合身的文胸。跟着 App 的语音提示，她们可以用手机的摄像头拍一张自己站在镜子前穿着文胸或紧身上衣的上半身照片，为避免泄露隐私，这张照片的数据信息会传回公司，而不是照片本身，因为公司有一套算法可以把平面图像的数据信息转换成三维的量度，以推荐合适的尺码。这个计算机图像技术获得了两项专利。

2013 年年初，三爱公司准备发布一个新版本 App 并测试，他们利用在线分类网站 Craigslist 可免费发布广告的优势，在这家网站上邀请女生来他们在旧金山的小办公室试穿他们最棒的文胸。这家网站的绝大部分广告都是免费发布的。大概有 100 个人下载并使用了 App，然后她们试穿了扎克和科恩根据业内工厂的标准尺寸重新制造的三爱模型文胸。

这个测试部分证实了他们过去期待发生的一些事情。尽管这个 App 不太好用，比如，面前的镜子需要调直，手机的摄像头要保持在一个特定的位置，但如果使用正确，它提供的量度是准确的。App 还提供了一些原先没有想到的有价值的信息。尝试和测试 App 的人越来越多，公司收集到了越来越多的数据，他们发现差不多有 30% 的人，App 很难为她们建议合适的尺寸。斯佩克特解释道："对此 App 会提示，'我们不知道如何给出建议，因为她们不是准确的 34B 码，也不是 34C 码。'我们持续观察着这些特殊的尺寸。"

这件事让他们想到，要打造出适合不同尺寸胸部和不同形状的文胸，他们应当设计中间码，也就是类似于鞋子的半码。科恩着手设计新的尺码。例如，34.5B 是介于 34B 和 34C 之间的一个尺码，34.5C 是介于 34C 和 34D 之间的一个尺码。半码和全码之间的差异可能看起来不大，但是能够更合身、更舒适。科恩解释说："对于文胸而言，每 6 毫米都十分重要。"

三爱并不是第一家想到半码这个好主意的文胸制造商。2004 年，Playtex 就推出了"近似"尺码，"近乎 A""近乎 B"，等等，但因为需求实在太少，维持了几年后就不再继续销售了。三爱提出的半码不太一样，三爱的半码量度来源于使用三爱 App 的女性的大量真实数据。同时也因为没有其他的文胸厂商供应半码文胸，三爱就有机会在红海市场中宣传并与其他竞争者差异化。

斯佩克特说："科恩已经在这行干了 20 年，她说，'我从来没有拿到过像这样的数据，没人曾经拿到过。'"增加了半码以后，三爱最终能提供近 80 个码，是维多利亚的秘密提供的尺码的两倍。虽然有些服装企业，例如，专做大码内衣的 Lane Bryant 也有这么多的文胸尺码，有些企业的尺码甚至更多，但是很多企业并不这么做，因为成本实在太高。每种型号有更多尺码和颜色意味着更多的库存。更多的库存意味着更大的零售面积，不管是商品陈列还是门店仓库都是如此，这样女性可以在店里试穿，选中后也能马上买回家。但对三爱这样的网上零售商来说，他们不用担心货架陈列或者零售库存，尺码数量并不是一种限制。

扎克和斯佩克特决定销售半码文胸之后，艰难地完善他们的 App。为此，2013 年年中，他们买下了另外一家为紧身衣开发数字技术的公司。他们对技术进行了精细调校，设计文胸款式和尺码，同时开始寻找制造商。2012 年，他们从阿里巴巴、谷歌和领英上收集了一份潜在合作伙伴的清单，但是没有用。扎克说："我们还没有品牌，没有网站，没有客户。我们只有一个主意。仅凭这个不可能在中国那么远的地方找到制造商。"

他们需要一家能为三爱进行定制生产的供应商，它能用三爱选择的面料、材料，而不是标准的材料、文胸形状和尺码。这个问题很复杂。同时，为了降低库存成本，避免在仓库堆压产品，他们希望一家供应商能够按需生产文胸，也就是说客户下单后再相应安排生产。

他们发现，中国的制造商对一款新设计的文胸要求每一个颜色、款式和尺码的文胸的最低订单量是 3 600 个。这个数字对于服装企业并不是特别高，但超过了扎克和斯佩克特能承受的订单量，他们可不想在一副文胸都没卖出去之前订这么多。不过，扎克解释道："是的，如果买他们生产的统一产品，可以减少最小起订量。但我们不打算用他们的杯罩形状，也不打算用他们的材料。我们生意全部的重点就是要做更棒的产品。”

于是，他们转向墨西哥寻找供应商。因为地理位置更近，他们觉得也便于他们更密切地监督供应商，实现他们期望的快速运转的生产周期。飞了无数趟之后，他们在墨西卡利（Mexicali）发现了一家公司，从亚利桑那州的尤马①开车过去需要 1 个小时。这家公司生产文胸，尽管是低价低质的产品。但是扎克和斯佩克特认为如果他们管理好生产文胸的零配件采购，包括杯罩、内里的橡皮圈、钢圈、线槽、系带、前搭扣、眼钩和填充标牌，就可以保证最后成品的品质和更合体的特点，这样才值得高溢价，他们打算将这些文胸定价 45 ～ 68 美元。

2013 年 8 月，三爱开始生产和销售文胸之后不久，状况不断变化。扎克回忆说：“文胸制作好后，钢圈和杯罩压根儿不匹配，线头露出来，杯罩的位置跑偏了，两边不一样。缝线应该完全是直的，但是结果并不是。”客户很生气，很多文胸被退了回来。

问题的一部分原因是，对于高品质的文胸而言，工人的缝纫技术不够好。扎克和斯佩克特意识到他们犯了错，把生产流程搞得过于复杂了。而在绝大多数的生产线上，工人一遍遍执行相同的任务，然后变得更快更好。但这不是扎克和斯佩克特想要的按需生产模式的工作方式。扎克说：“一个女缝工每一次缝的都是不一样的杯罩、不一样的带子和不一样的颜色。我们用一种‘很硅谷’的方式找他们做文胸，这是纸上谈兵，但在现实中可不行。”

① 尤马（Yuma），美国亚利桑那州西南的一个城市，西接加利福尼亚，南邻墨西哥。——译者注

虽然有这么多问题，但是三爱的顾客喜欢他们制作合格的文胸。在最初的 5 款文胸款式中，有一款特别受欢迎，让三爱公司看到了如果能保持住稳定的高品质之后的前景。科恩回忆说："我们基础款文胸的退换货率是个位数。在我的职业生涯中，之前从来没见过这么低的退换货率。一般这个数字是在 20% 左右。"

然而，生产过程的混乱浪费了原材料，花掉了三爱几十万美元，这是他们得到的融资中的一大部分。斯佩克特说："我们在墨西哥误走进了死胡同，手上的资金所剩无几了。"

他和扎克意识到他们除了另找生产商之外别无选择。他们在中国找到了一家公司，那里比墨西哥工厂有更多的专业缝纫工人。他们不得不同意调高最低订单量，还有当不能满足订单量时的罚金。他们放弃了他们商业模式中复杂的按需生产方式，中国工厂的研发团队和他们一起创造了一款轻型、柔软的记忆海绵，可以让杯罩的压模更好地贴合胸部的曲线。文胸的材料和配件仍然由其他专门的工厂按三爱的特殊要求生产，但是中国的这家供应商最后把各个部件缝制成完整的文胸，他们还会根据生产的需要整合管理整个原材料和零配件的供应和交货，而这部分工作在墨西哥生产时是由三爱来做的。

三爱花了几个月的时间才完成了工厂切换，到 2014 年年中，生产终于从墨西哥转到亚洲。虽然起初生产上的小错误几乎害死了三爱，但斯佩克特说："我们学会了很多，搞懂了什么不能碰，这段经历让我们逐步学会了如何制作文胸，让我们有能力转至亚洲。我们知道了什么有可能会搞砸，还知道了如何和一家制造商合作生产真正好的文胸。我们也学会了应该更多地集中于我们的畅销款文胸上，这款文胸被我们重新命名为 24/7 文胸。"

扎克和斯佩克特意识到他们在某一方面是幸运的：三爱早期的质量问题并没有损害品牌在女性心目中的声誉，因为第一年的销售额实在是太低了。现在，随着生产问题被解决，他们认为应该容易进行销售拉升了。

这将成为他们下一个挑战。

先试后买，减少信任隔阂

2015 年 3 月，在位于旧金山市区南部几千米的富人社区的三爱公司办公室里，扎克和斯佩克特召集了十几位高管开会。他们在会议上表态：公司面临资金短缺，需要想方设法提高销售额。

三爱好不容易才从濒死的供应链危机中活过来，一场新的危机又降临了：尽管大多数女性喜爱她们买的三爱文胸，但是购买量还是不够。扎克告诉同事们说："如果我们不能想办法销售更多的文胸并让更多的女性来尝试我们的产品，公司在 6 个月到一年之间就会关门。我们真的就会不存在。"

事实证明，三爱获得成功的过程比预期的要艰难得多。扎克反思："怎么会这么难？我们一定要找出原因。我们都是聪明人，也会努力工作。偶然有一天，我们在厨房桌子边站着，互相瞪着对方。有一瞬间的感觉就好像在问，'哦，天呀，我们都干了什么？'"

此外，扎克和斯佩克特并不是唯一想出在网上卖内衣这个点子的人，这使他们的情况更加雪上加霜。他们碰到了 6 家风险投资机构支持的竞争对手，三爱要想脱颖而出变得更难了。

尽管为了生产更合体的文胸而设计的量体应用软件获得的好评如潮，但是三爱还是在艰难挣扎。扎克和斯佩克特接受了《快公司》(*Fast Company*)、《福布斯》(*Forbes*) 和 *Inc.* 等杂志的采访，量体应用软件在时尚网站 InStyle 和 HelloBeautify 上的广告语非常抓眼球。“你会尝试一下胸部自拍合身应用程序吗？”这种铺天盖地的免费曝光，正是初创公司梦寐以求却鲜能得到的。但是，这些并没有带来创始人期望的那么高的销售量，年销售额仍然徘徊在 100 万美元以下。

他们似乎对突破销售瓶颈毫无办法。扎克告诉聚在会议室的团队：“目前几乎没有新订单。我们更新了网站和网站的服务器，但还是没人关注我们。文胸一直都是女性心存疑虑的产品，当三爱成为唯一的线上商家时，人们尤其会怀疑我们。因为在女性消费者和商家之间存在着信任隔阂，几十年以来，女性消费者一直觉得被辜负。我们需要采取一些措施来消除信任隔阂。”

三爱团队知道这个他们必须要克服的困难：过去曾有公司标榜能够提供更合体的文胸，但没有一家能真正做到。

接着，有人抛出了一个主意：“如果我们让顾客免费试穿 30 天会怎么样？顾客穿着我们的文胸去上班，确实觉得舒服再付款。”团队针对这个主意的风险反复讨论。斯佩克特当时说：“就是说会有大量的存货卖出去了，但起初没有收入，对吧？直到第 30 天才有销售收入。”此外，如果退货率很高怎么办？一件戴了 30 天而不只是试穿一次的文胸被退回，和一副沃比帕克的眼镜镜架被退回可不一样。毕竟一件用过的文胸就再也卖不出去了。

但团队中的每个人都认为三爱必须要大胆地尝试一些事情。免费试穿 30 天可以向潜在的消费者传递一个信息：这家公司对于自家的产品非常自信，认为肯定比顾客原来的文胸更合身。

于是，2015 年 5 月，三爱为它们的“免费试穿”计划开启了广告攻势，这个计划后来被称为“先试再买”。广告主要发布在 Facebook 上，而不是电视、报纸或者女性杂志上，这与传统内衣制造商如维多利亚的秘密的做法相反。三爱和大部分 DTC 初创品牌一样，付不起几百美元的广告费。

三爱的广告简单直接，顾客在浏览社交网站的新闻动态时很容易被三爱的广告吸引。三爱的广告是这样的：一张三爱文胸的图片出现在显著位置，还有一条直陈重点的文案：“30 天无风险试穿。如果这不是你穿过的最舒服的文胸，免费退给我们。”“免费”两个字又黑又粗，生怕被人遗漏了。或者是这样的文案：“最舒服的文胸。30 天免费试穿。招牌的半码杯罩。免费试穿。”“免费试穿”这四个字在紫色框里高亮显示。广告中偶尔会有一些老顾客的评论。顾客需要为免费试穿支付 1 美元的运费，一开始只从他们的信用卡上扣除运费，如果一个月内文胸没有退回，他们才会被收取 64 美元。

Facebook 的“看起来就是”（Look-alike）目标定位功能使三爱获益匪浅，这个功能把广告导流到那些最可能是顾客的人群：年龄在 25～65 岁的女性，从人口学特征上看有能力购买高价位的文胸的女性，或者那些曾经在线上搜索文胸或其他内衣的女性。目标定位功能帮助三爱降低了广告成本，这一点对于需要保留现金的三爱来说非常重要。

三爱小心翼翼地开始这个计划，以防万一有大比例的顾客退货，这对公司将会是一场灾难。实际上，一些员工对这个计划非常焦虑。据运营和战略副总裁韦罗妮克·鲍威尔（Veronique Powell）回忆道：“我记得进公司后，听到大家都在谈扩大这个计划。我非常疑惑，心想这怎么可能成功。”她在三爱启动“先试再买”计划没多久从盖璞（Gap）辞职加入了三爱。

起初三爱团队确实有一些焦虑的情绪。大概 10% 的订单出了问题。有时候，顾客下订单的信用卡在 30 天内到期了或者丢了，抑或是下订单的借记卡或预付卡没有足够的余额支付，这意味着三爱不得不减记销售收入，或者必须联系买家付款。对一些买家钻系统漏洞的匪夷所思的行为，鲍威尔不禁摇头。一个女人非常过分，在 6 个月里买了 6 件文胸，每次 30 天快到了就退货，最终三爱发现并取消了她的试穿资格。

不过，销售收入很快开始直线上升，甚至更好。扎克说："保留率很高，在 70% ～ 75%。"保留率是指那些喜欢三爱文胸并在免费试用期结束时付款的人的比率。2016 年 1 月，三爱出于对"先试再买"计划奏效以及销售付款问题已经被解决的自信，把在 Facebook 上的广告支出增加到 10 万美元，而销售额上升到每个月 3 000 件文胸。2017 年 1 月，三爱将在 Facebook 上的广告支出增加到 200 万美元，而每个月的文胸销售达到了 3.8 万件。

订单蜂拥而来，三爱有了更多收入，收入可以再用于推广"先试再买"计划。Facebook 的即时信息反馈起到了很大的推动作用，数据揭示了一天中销售最佳的时段和一周中销售最佳的一天，三爱可以据此用最少的花费收获最高的销售。三爱的员工十分清楚不同的人群看了广告后点击跳转品牌主页的比例，当然，他们也清楚其中有多少人实际购买了文胸。

这意味着他们可以精确地追踪每一个点击和每一笔销售的广告成本。在"先试再买"计划之前，他们每卖出一件文胸花的广告费大概是几百美元。新的广告攻势使获客成本迅速降到了 40 ～ 50 美元。扎克说："我们花了好多钱做广告，销售额也飞速提升。"在 2016 年和 2017 年，三爱几乎只在社交媒体上推广"先试再买"计划，由此带来了大概 80% 的销售额，年销售额从 2015 年的大约 100 万美元增长到了 2016 年的 2 000 万美元，然后在 2017 年跳升到 7 500 万美元，2018 年超过 1.3 亿美元。

和投放电视广告或印刷品广告需要的花费相比，在社交媒体上投放广告只花一小部分钱，这让三爱实现了突破。它开发了一个新的在线测试“合体发现者”，获得新的增长，这个测试在 2016 年替代了智能手机上的 App 软件。因为 App 软件使用起来有点难，而且只能用于苹果 iPhone 手机，所以设计师雷尔·科恩和公司的数据团队一同开发了一套详细的问卷调查，这套问卷在判断顾客的尺码时和 App 软件一样准确。它让网站的访客回答关于她们现在的文胸的一系列问题：生产商、尺码、杯罩合身与否、肩带、系带。问卷让顾客从一系列不同形状胸部的图片中选择哪一种最能代表她们自己的，一共有 9 个选择：不对称型、外扩型等。

到了 2018 年年底，已经有 1 100 万女性参与了问卷测试，三爱也基本上结束了“先试再买”计划。扎克说：“我们不再需要这个计划了，因为现在顾客已经知道了我们的品牌和产品，她们有朋友曾经穿过三爱。但是这个计划彻底改变了我们的生意。没有这个计划，说实话，我们不可能走到今天。感谢这个成功的策略，三爱从一家九死一生的初创公司成为一家快速成长的企业，2019 年它的市值超过 7.5 亿美元，是当年它从风险投资基金所募资金额的 10 倍。”

谁能成为品牌赢家

进 攻 方：三爱文胸。

防 守 方：维多利亚的秘密。

战　　场：女性内衣市场。

进攻方式：以更好的产品和更高的价格打破品类壁垒。

赢家策略：

1. 尝试一些大胆的事情，通过“先试再买”计划向潜在消费者传递一个信息：我们对自家的产品充满了自信。
2. 利用 Facebook 的“看起来就是”目标定位功能把广告导流到那些最可能是顾客的人群，降低广告成本。
3. 从 Facebook 的即时信息反馈中发现一天中销售最佳的时段和一周中销售最佳的一天，用最小的成本收获最高的销售额。

BILLION DOLLAR BRAND CLUB

BILLION DOLLAR BRAND CLUB

How Dollar Shave Club, Warby Parker, And Other Disruptors Are Remaking What We Buy

第 5 章

数字化营销，定位最大可能的顾客群：

安普世广告公司

旧基因与新身体

译者导读

商品从来都是和广告紧紧绑在一起的。从威斯康星州的工厂到田纳西州的沃尔玛超市，麦迪逊大道上广告公司的策略和创想如影随形。如今进入数字时代，这一切是否改变了？改变了的是什么？没有改变的是什么？

这一章通过讲述Facebook亲手扶植的小公司——安普世的一段成长过程，徐徐展开了社交媒体时代的全景图，我们看到，带着“老基因”和“新身体”的媒体、广告商、品牌商如何再次集合到一起，打下了一座座新的江山。

“数字媒体和线上营销是互联网的精髓”，三位聪明的年轻人早早看到了未来的本质，一头扎进了未来的浪花中，他们一路冲浪，从独立网站到谷歌搜索关键字，再到冲进社交媒体这个峡湾。他们正好赶上了社交媒体崛起的时代，这里水草丰盛，鱼大浪大，他们来对了。

Facebook不仅是谷歌在搜索服务方面的下一代竞争者，更开创了一个“被动受众”的新平台。这个平台上的人们更随意、更自由，人们泛泛而谈的兴趣点后面藏着巨大的商机。安普世三位创始人的洞见使他们赢得了日后的成功。这些洞见对于Facebook一样宝贵。

创业者在Facebook上的“沙盘创业”，最终吸引了大平台主动抛来橄榄枝，Facebook提供的支持甚至比天使投资人的支持还重要。接下来，一支“掘金队伍”基本建编：一家刚刚找到自己差异性商业价值的新媒体、一个知道如何在这个新媒体上实现商业价值的机灵鬼，现在只缺一个急于实现巨大价值的新品牌了。然后美元剃须俱乐部和迪宾适时地出现了。美元剃须俱乐部病毒式营销的成功，相当于西部淘金故事的现代版。后续其他DTC品牌的故事基本都是这个故事的改编版而已。

本章后半部分透过分享三爱文胸在社交媒体营销上的得失，一方面表现了社交媒体广告之于传统媒体广告的独特优势，另一方面也展示出当蜂拥而至的“淘金者”将广告平台搞得拥挤不堪时，大家所面对的新困境。

对三爱以及如此之多的 DTC 初创公司来说，社交媒体广告是可以改变游戏规则的。海迪·扎克解释说："Facebook 快速定位潜在受众的能力以及快速触达目标用户群体（也就是与老用户类似的其他用户）的能力，带来了这些创业公司最大一部分的增长。你可以做无限次测试。你可以找出哪种形象、图片和文字能奏效，然后把它们结合起来，找到最佳组合。如果我们发布的广告是一段视频，那么我们能知道点击量、观看时长、有多少人看完了和转换率。"

早在 20 世纪 90 年代，广告业被纽约麦迪逊大道上的大广告公司"统治"着。如果你想要在鱼龙混杂的市场中成为一个全国性的品牌，你得雇一家广告代理公司，创作希望能被人记住的商业广告片，然后花大量资金投放。然而，在短期内，你不知道这些钱是不是花得值，正应了那句老话，"50% 的广告是有用的，另外 50% 没用，你只是不知道自己的广告属于哪一种。"但是当时的创业公司压根儿没有其他选择，因而处于严重的劣势。

进入 21 世纪初，硅谷在广告业占有优势。谷歌开启了这种改变，它的搜索引擎算法可以让任何人，甚至是初创企业，通过竞价热门搜索词和发布赞助商链接寻找潜在顾客，而花费成本可多可少。

社交媒体的崛起打开了一个更大的选择“开关”，新品牌们可以直接叩开那些与自己志趣相投的顾客群体的人际网络。美元剃须俱乐部、沃比帕克、哈勃、丝华彩妆这些品牌的顾客很开心地把他们使用相关产品的照片发到网上，为产品免费背书，所以这些产品的销售增长很快。其他公司则招募和雇用那些在社交媒体上拥有大量粉丝的意见领袖。

但是公司首先要让人有兴趣并产生销售，对于三爱和其他几百家新 DTC 品牌来说，Facebook 以及 2012 年被 Facebook 收购的照片墙的出现带来绝佳的机会。只要每天不到几百美元，一家初创企业就可以在社交媒体平台上购买广告位。初创企业可以花很少的钱制作广告，因为广告不需要很炫酷，事实上简洁传递着真诚。

Facebook 那时还不是一个广告巨头。在它开始用复杂的算法每年从市场拢走几百亿美元的收入之前，它最初进入广告市场的方式相当初级。早期，它创造了一个“Like”标签，用户可以在自己喜欢的企业的 Facebook 主页上标记这个标签，这样那些企业就可以直接根据这些“Like”标签向他们发送广告。Facebook 早期大部分的广告主都是一些大企业，它们仅仅把这个平台当作另一个广告渠道，就好像电视一样，是为了增加品牌知名度的。那时，Facebook 还没有被人们意识到是“效果营销”的理想阵地，这是一种用“营销漏斗”漏入新顾客并驱动销售增长的营销方式。Facebook 后来开始推荐一系列个性化产品，让广告主更容易找到那些目前还不是其顾客但是从人口统计学上看与其潜在顾客画像吻合的人群。

为了扩大广告生意，Facebook 开始培育数字化营销机构成为合作伙伴，其中许多机构本身就是初创企业。帕特里夏·莱（Patricia Lai）于 2009 年 12 月加入 Facebook，当时 Facebook 正在寻找和谷歌竞争的最佳方案。她回忆说："Facebook 想要搞清楚我们和别人的不同之处，因为谷歌搜索在数字广告领域居垄断地位。"

Facebook 开始研究打算花更多钱投线上广告的广告主，想要知道他们的目的，想找到鼓励他们以及其他潜在广告主花更多的钱的方法。在前 100 个广告主名字中，有人注意到了一家名叫安普世的公司，混在那些耳熟能详的名字如百事可乐、三星和家乐氏（Kellogg's）之间，这是一家位于旧金山的数字化营销机构，Facebook 的员工都没有听说过这个名字。

这些人是谁？帕特里夏·莱很困惑。

抓住关键字，定制化与个性化广告

安普世广告公司创立于 2009 年的秋天，由三位沃顿商学院的本科毕业生创立，他们在沃顿商学院读书时住一间宿舍。毕业之后，他们到大型咨询公司工作，或者进入华尔街投行，很快就拿到几十万美元的年薪。但是几年之后，他们厌倦了，决定要自己做生意。其中杰西·普吉（Jesse Pujji）和阿尼凯特·沙哈（Aniket Shah）搬到加利福尼亚州，一开始在普吉小时候住的圣迭戈，为了省钱和普吉的父母住在一起。克里斯·阿莫斯（Chris Amos）继续工作挣钱，资助他们的"三人帮"开始创业。公司的名字是安普世，来自三个人名字的首两个字母：AM 来自克里斯·阿莫斯的姓"Amos"，PU 来自杰西·普吉的姓"Pujji"，SH 来自阿尼凯特·沙哈的姓"Shah"。

普吉回忆说："我爸爸不太支持我离开高盛。他说，'我可是付钱让你上了常青藤！'"这句话简洁、强力地表达了他爸爸的想法。他爸爸认为："我不认为这是明智之举。他一开始根本没想好要做些什么，他在一间小办公室里工作，和我们一起住在家里。"

实际上，这三个年轻人确实没有具体的商业计划。但是他们是线上老手，理解数字化日益增长的重要性，并且认定和数字营销相关的东西是值得他们探索的。普吉解释说："数字媒体和数字营销是互联网的'脊髓'。我们把这叫作沙盘创业。在沙盘中演练，会找到好方向。"

不到一年，三个人把安普世迁到了旧金山，因为旧金山才是线上世界的中心，而圣迭戈不是。同时，他们决心聚焦于教育市场。私立大学是年营业额几十亿美元的生意，而学生的各种需求永远无法满足[①]。为了招生，一些私立大学给广告代理商广告费，让他们招生，因为学校意识到他们应该可以让一些感兴趣的人注册账号留下邮箱。2010 年 2 月，普吉和沙哈去拉斯维加参加一个大型会议，会上他们说服了 5 ～ 6 家私立大学，如新加坡楷博高等教育学院、美国凤凰城大学和他们签约，付钱让安普世去招生。

但是，他们很快明白自己对于互联网营销有多么无知。

他们建了一个网站，同时开始竞标谷歌搜索关键字。如果有人点击了安普世投放的广告，他就会进入特定的网址，被要求留下邮箱地址，这些邮箱地址会由安普世交给私立大学，私立大学随后会联络他，劝说他来上学。和其他专注于这种"客户引流"生意的广告机构一样，安普世每收集和推送一位客户，就收取 50 美元。

---

① 这里是指私立学校总是需要做广告来推销自己。——译者注

起初这简直是一场灾难。安普世在谷歌上产生的每一次引流要花 800 ～ 1 000 美元，每找到一个潜在学生安普世就损失几百美元。普吉回忆道："我们的信用卡债务累计达 10 万美元。每一个潜在学生的获取成本都远超我们的预想，也远远超过私立大学愿意支付我们的钱。"

通过试验和总结错误，他们找到了如何更好地适配广告的方法，使点击广告进入网址的人群中有更高比例的人愿意留下邮箱地址，他们终于在几个月之后实现了些许盈利。但是，这个市场仍然竞争激烈，一些其他的线上广告代理商和安普世争夺相同的学生群。

三位创始人开始进行脑力激荡，思考如何能脱颖而出，用更少的钱找到更多的潜在学生，他们开始思考谷歌的替代者。沙哈回忆说："我们对一位实习生说，'去搞明白 Facebook 是怎么回事。如果我们用 Facebook 会怎么样？'后来她就搞懂了整套玩法。"安普世的员工加班加点地开发软件，让广告在 Facebook 的平台上产生规模化效应，并且持续地改善和优化。

谷歌和 Facebook 都要求广告商为关键词竞价。竞价基于一套包含竞价金额和点击率的标准。沙哈说，在营销方面，这两家平台本质的区别在于，Facebook 是一个面向被动受众的平台，而谷歌是一个面向主动受众的平台。谷歌擅长定位那些主动输入搜索词的人群，也就是那些主动对一件事物表达意图或者兴趣的人。Facebook 的优势是发现目标受众，就是那些可能对一些事物有兴趣但还没有在线上表达此意愿的人。

沙哈解释说："通过谷歌你可以发现 1 000 个正在搜索教育学研究生课程的人。但是在 Facebook 上你能找到几万人，他们在个人简介中描述自己是代课老师。据此可以推断他们有可能正在考虑考取更高的文凭但是还没有开始搜索资料。这就是我们得到的洞见。你可以锁定正确的目标人群，吸引他们的注意力，然后让他们注册。”

这就是他们的“啊哈”时刻，也就是恍然大悟时刻。2010 年的 Facebook 就像 10 年前的谷歌，它作为广告平台的威力还没有被充分理解或者欣赏。普吉说：“我们想要成为社交媒体营销浪尖上的公司。”

为了测试这个想法，安普世开始专门向在个人简介中说自己是代课老师的 Facebook 用户投放广告，直截了当地吸引他们：“厌烦了做代课老师？回来上学吧。”这一招管用，而且超过他们的预期。普吉说：“点击通过率惊人。”这个比率指的是人们看到广告，点击进入并提供了自己邮箱地址的人所占的比例。

当时在 Facebook 上的广告商很少，竞争不激烈。所以，如果你对自己的生意有清醒的认识，那么你可以在 Facebook 上花比谷歌更少的钱竞价拍到关键词，可以产生更多的流量。这有点像华尔街，安普世的创始人在华尔街学到了用钱聪明地套利，即利用相似资产的不同定价占便宜。这里的“资产”是指数字营销的关键词。安普世的创始人说：“我们在谷歌营销的高墙上撞破了头，现在的方法省钱多了。每一次点击的成本比原先便宜 60% ～ 80%。”

为了减少在 Facebook 的支出，安普世开始独立开发软件，把这些软件插入广告平台，这些软件自动配置广告位和执行竞价。这样安普世可以更容易地面向潜在顾客群体配置广告，并以可能的最低成本执行竞价。普吉解释说，通过这些软件，“可以快速在 Facebook 上定制化和个性化广告，可以自动定位于不同的城市、喜好和兴趣、年龄和其他变量，然后推送几千条广告。之后还可以根据投放效果通过软件动态地改变对广告的竞标价格。”安普世后来由此成为社交媒体营销领域的先锋之一。

2011 年 5 月，当普吉接到 Facebook 的帕特里夏·莱打来的电话时，安普世正在改善内部技术以优化在 Facebook 上的投放效果。6 个月前，安普世的名字一跃进入 Facebook 排名最靠前的广告商名单，帕特里夏·莱被派去找安普世的老板，和他们一起开展工作。她邀请普吉和他的伙伴前往 Facebook 见 Facebook 的领导层，帕特里夏·莱说："因为考虑到一些私立大学高压销售政策的影响不太好，Facebook 不希望因安普世采取的广告模式而为人熟知。但是我们想要了解的是他们做生意的方式。"

普吉和几位同事挤进两辆轿车，到达 Facebook 在硅谷的总部。普吉一边回忆一边笑："我可不认为他们想得到，他们会见到宾夕法尼亚大学毕业生和高盛前员工，他们以为会见到江湖骗子。"

会上，Facebook 的高管们向普吉和同事详细询问了他们开发的在 Facebook 上使用的营销软件工具。帕特里夏·莱回忆说："他们觉得 Facebook 的算法很牛。他们其实没有优化竞标，也就是不在同一个标的上和自己竞争以及做 A/B 对照测试[①]，以此找出相对广告花费投资能取得最优效果的方法。"现在看来，这些洞见不仅符合安普世的利益和兴趣，也符合 Facebook 的利益和兴趣。因为一旦广告主能够在 Facebook 上更容易、更有效率地做广告，他们就会在 Facebook 上花不菲的广告支出。Facebook 从微软的成功经验中学到了这一点，几十年前微软崛起统治软件行业的时候，正是通过鼓励软件开发者为微软的操作系统开发文字处理软件、运算表和其他各种程序，微软的产品更好用并最终成为一台个人电脑中不可或缺的一部分。

会后不久，Facebook 邀请安普世加入"优选市场营销开发者"项目，

① A/B 对照测试是指在一个广告中对变量进行测试，决定哪个变量的效果更好的方法。——译者注

其中的广告公司可以通过特殊的途径进入 Facebook 的平台系统，可以开发更加复杂的软件帮助广告主更快定位潜在的特定受众。这项认可提升了安普世的地位，他们是这个项目中最小的公司之一，之后安普世的业务不断拓展，从私立大学的生源引流业务扩展到其他新广告主的生意。2013 年，他们甚至被允许参与更私密的“战略级优先市场营销开发者”项目，这个项目的成员可以进入 Facebook 的广告平台系统中执行变更。

2011 年年初的一个晚上，安普世的高管正在讨论一张潜在客户的名单，他们看了一段新的广告视频，这段视频是迈克尔·迪宾刚为美元剃须俱乐部的第二款产品——“查理擦一擦”（One Wipe Charlies）湿巾产品制作的。他们非常喜欢这段视频，很快达成了一致意见。戴维·霍金斯（David Hawkins）回忆说：“这些人实在是很有趣。我们应该和他们合作。”他在 2011 年 2 月加入安普世的销售部门，负责开拓新业务。

美元剃须俱乐部那时还是一家小公司，2012 年它的销售额才 400 万美元，因此也没有较大的广告支出。不过，安普世了解到迪宾正忙着完成于那年秋天拿到一笔 1 200 万美元的天使轮融资计划。安普世的创始人经善思公司的彼得·法姆介绍见到了迪宾，法姆也是安普世的股东和顾问，他在安普世拥有少量股份。安普世向美元剃须俱乐部提交了一份建议书，建议他们在 Facebook 上花重资做广告，快速提升销售额。

迪宾拿到新增资金后，就开始与安普世合作测试自己的想法。美元剃须俱乐部想把广告定位于几个完全不同的顾客群体，这些群体是在 Facebook 上努力根据他们的行为数据建立的：其中一个群体的绰号是“鲸鱼”，是最高价值的顾客群体，他们在买剃须刀的同时也会买剃须乳和湿巾；另一个群体叫作“高管”，他们注册了美元剃须俱乐部最贵的六刀头剃须刀；还有一个群体是“粉丝”，这些人在美元剃须俱乐部网站上点击了“喜欢”，但是还没有真的订购产品。

安普世根据每一个目标客群的预期 LTV[①] 提高或者降低它在 Facebook 广告上竞标花费的金额，LTV 取决于顾客可能保持注册的时间乘以他们可能的购买额得到的数字。普吉回忆道："回看那时，对于每个在顾客生命周期会在美元剃须俱乐部花费 150 美元的顾客，你的获客成本只有 25 ～ 40 美元（Facebook 的广告费）。"回报如此之高，美元剃须俱乐部在 Facebook 上每天的广告预算很快从 2 000 美元升到了 1 万美元，并很快超过了 5 万美元。

美元剃须俱乐部实验了多达 50 种不同的广告方式，来测试哪一种可以得到最多的反应。广告测试从那以后成为社交媒体营销的一种标准化操作。和传统的电视媒体、印刷媒体不同，这种方法在 Facebook 上非常容易做到，因为 Facebook 上的广告更短，也没有被打磨得那么精致。

顾客拿着新收到的剃须刀拍的照片是最有效的广告之一。约翰・布赖恩・金（John Brian Kim）回忆说："因为不管我们的剃须刀多便宜，总有很多怀疑的人会说'这些剃须刀真的很好用吗？'"他在美元剃须俱乐部负责获取流量。他说："你得为你买的东西付钱，对吧？真实会员展示真实的快递盒，讲述我们的剃须刀有多好用，有多高品质，这带动了一些人愿意试一下我们的产品。一段与吉列产品价格直接进行对比的广告，也带来了大量新客。另一段广告的目标客户是女性，我们创造了'粉红剃须刀税'这个词，以此来强调吉列的女性剃须刀比男性产品贵很多这个事实。"

到了 2014 年年中，美元剃须俱乐部仅在 Facebook 上每月就有 5.5 万名

① LTV（Lifetime Value，顾客生命价值），是指根据每个顾客在一个产品或品牌上的全部使用周期中花费的金钱，从而计算出每个顾客对品牌企业产出的价值。——译者注

新订购用户注册，比这场广告“战役”刚开始时多出了一倍。年销售额上升到 6 500 万美元，是前一年的 3 倍。约翰 · 布赖恩 · 金说大部分的功劳要归于安普世。他特别强调：“我们通过和他们的合作更深入地了解了 Facebook 整个生态系统。”

广告“战役”的成功帮助了美元剃须俱乐部，也一样有利于安普世。2015 年，安普世在“美国发展最快的私营企业 5000 强”中排名第 61，这个由杂志评选出的名单基于这些企业的成长百分比。之后，安普世再与其他公司谈合作的自我推介时，就顺利多了。戴维 · 霍金斯说：“我们和美元剃须俱乐部合作之后，发生了很多好事。这次合作的成功给我们带来了大量的生意。创业公司社群中的很多人都在谈论我们的合作。”安普世的客户名单不断增长，不仅包括新生的 DTC 品牌如哈勃隐形眼镜、麦迪逊里德染发（Madison Reed hair coloring），还包括像优步（Uber）和 StubHub 这样的大企业。2015 年，一家大型数字营销公司 Red Ventures 支付了 1 500 万美元买下安普世 20% 的股份。

安普世的成功对于 DTC 创业公司而言有着明显、重大的启发意义。虽然不是每个人都能像迈克尔 · 迪宾能为自己的公司创作出可以病毒式传播的视频，但是任何人都可以模仿美元剃须俱乐部的 Facebook 营销策略，运用社交媒体来定位其最有可能是目标受众的顾客群体，持续地测试和迭代其广告，用数据来揭示什么方法有效什么方法无效。

慢慢地，在 Facebook 上进行广告定位也变得明显复杂了。随着活跃用户的数量从几千万成长到 10 亿，Facebook 在每一个用户身上收集了越来越多的数据。它创建了“黑箱”算法来定位“看起来像”的受众，这套算法能够通过计算处理几十亿字节的数据来预测谁最有可能对一个特定的广告产生反应，即使这个人乍看之下和某个特定的群体成员并没有相同之处。

Facebook 在网站上公布了一个进行广告受众目标定位的操作指南，向广告主提供大部分的服务支持："当你确定自己品牌的受众群体之后，可以在网站选择目标顾客来源……然后我们帮你确定这个来源中人们的共同属性，比如人口统计信息或者兴趣爱好，并且在我们的用户中找出'谁看起来像'这些人。"Facebook 还会帮你选出不同的目标受众，然后针对每个广告信息要取得的最优效果以及最乐观的受众规模，特别是针对那些从几千到几十万的人群规模，为广告主提供建议。

毫无疑问，现在几乎每一个 Facebook 和照片墙的用户都受到平台上各种新品牌的广告持续"轰炸"。在你堂兄分享的新生儿照片、你朋友分享的在喜马拉雅徒步的照片以及你关注的国际新闻之间总是穿插着各类产品广告，如远行的行李箱、哈勃的隐形眼镜、Quip 电动牙刷、丝华彩妆、Allbirds or Rothy 的鞋履、Prose 香波、Madison Reed 染发剂、美元剃须俱乐部的剃须刀、MVMT 的手表、Brooklinen 床上用品、Purple 床垫、Brandless 的杂货……还有三爱公司的文胸。

营销预算多样化

乍看之下，三爱公司在 2018 年秋季的两周投放期，投放在 Facebook 和照片墙上的 14 则不同的广告几乎都是一样的。这些广告里的角色都是穿着不合身文胸的女人，突出地传递了三爱的营销意图：如果你买了三爱的文胸就不会有这些问题。

但是在广告中的话术有轻微的区别：

> 向开口、钢圈或者发痒说再见。三爱文胸拥有记忆泡沫杯罩、防

滑肩带和无感商标。使用“合体发现者”小测试，60 秒找到最合适你的文胸，收到你专属的尺寸和款式推荐。

你现在应该找到真正适合你的文胸。向钢圈、开口或者瘪塌说再见，穿上充满精致细节的文胸。

向钢圈、开口或者滑动的文胸说再见。三爱文胸有 60 天的合体保证。穿上身、洗一洗，如果你不再喜欢了，任何理由都可以退。

这些广告视频还有一些小的变化。有些模特穿着一个开口的文胸，因为杯罩相对她的胸部有点太大了；有些模特在把从肩上滑落的肩带归位；还有些模特在努力把移动到后背上方的文胸带调整回舒服的位置。一些视频时长 20 秒，展示了两种不合体情况，还有一些视频时长 30 秒，体现了三种不合体情况。这些小小的差异有影响吗？数据显示有影响。

在电视媒体上，精确地衡量一则商业广告的效果是非常困难的，特别是衡量短期的效果。但在 Facebook 上，这个任务可以更轻松而且更精确地完成。通过每一版广告播放时产生的数据量，三爱公司几乎即刻就知道什么有用什么没用，这些数据包括每一个版本的点击率、平均观看时长、看完视频的比例、做合身测试的人数，还有最重要的，看完广告后的最终购买人数。

三爱团队每两周会聚到一起仔细研究最新一批 Facebook 广告的数据。通过在 14 天内的视频测试，数据显示，三爱每卖出一个商品要花 52 美元的 Facebook 广告费，这些广告有 4.2% 的转化率，说明点击广告的人中有 4.2% 的人购买了文胸。但是其中有些广告的影响范围更大，15 秒的“开口杯罩”视频占总销售的 25%，在 14 段广告中占比最高，其他有些广告在总销售中的占比低至 7%。三爱根据这些结果来决定提高哪些广告的播放量，下线哪些广告。

三爱在 Facebook 上持续地寻找成本最低但效果最佳的广告方式，每个月它要制作和发布几百条不同版本的视频。这项工作需要一条像工厂装配线一样的生产线：从素材摄制团队，到一个将图像编辑剪辑成多维视频影像的团队，再到去发布视频的人，还有之后分析数据的人。同时，需要海量的视觉图像。

2018 年 9 月中旬一个温暖的下午，三爱的创意总监加布丽埃勒・迪克莱门特（Gabrielle DiClemente）正在监督着紧锣密鼓般进行的快速拍摄工作。现场有两个模特，每个人要穿 50 个不同的文胸和内衣进行拍摄。维多利亚的秘密主打性感，三爱则强调自然，希望顾客看到它的模特后会说："我和她差不多。"

在 Facebook 上投放的广告制作成本低廉，加工过程很短。在前 Facebook 时代，对于一次像上述这样的拍摄，目标是一天能产出大概 8 张精修图；而现在的目标是 25 ～ 30 张自然的成片，每张照片在拍摄间隙就会被挑选出来并进行数字化编辑处理，以便加快生产的速度。迪克莱门特说："我们可以把这些不同的照片进行修剪，用不同的序号排列，然后上传到 Facebook 上看看顾客是不是感兴趣。如果他们不喜欢，我们就得把这些素材全扔了。"从在工作室拍摄模特到发布这些广告，大约要花一个月甚至更短，而过去要花两到三个月。

但是和早期的那些 DTC 初创公司比起来，现在依靠 Facebook 捕捉线上的销售变得越来越困难。为了避免用户因接收过多广告而对广告产生反感情绪，Facebook 限制了在移动手机端的新闻流广告，大概每发布 5 条广告会被限制一条广告。到了 2018 年年底，Facebook 上有超过 600 万广告主，而 2013 年才 100 万。越多的公司做广告意味着越激烈的竞争。三爱公司和其他公司都不得不花更多的钱竞价广告位。

为了脱颖而出，也为了让更多的人点击广告，三爱和其他线上品牌在社交媒体上不断从图片广告转向视频广告。三爱增长营销主管尼索·谢里森（Nisho Cherison）说："Facebook 主要告诉我们，喂，你们得转战视频广告，我们看到这玩意儿很有效。确实没有高质量的视频，但是，真的有效。"结果是，虽然 Facebook 上的人均获客成本一直以来都在逐步上涨，但三爱在 Facebook 上每个顾客的获客成本下降了 25%，不过比 2015 年它开始在"先试再买"项目上投入重金时略微高一点。

2016 年加入三爱之前，谢里森在一家线上家装初创公司负责数字营销。他回忆道："2011 年 Facebook 上还没有很多广告主，每次点击曾经只花 20 ～ 30 美分。现在每次点击的成本是 1.5 ～ 3 美元，甚至达到 4 美元。"点击还不是实际产生的销售，这只是说明有人打开了 Facebook 上的广告并看了一眼。

2018 年随着年销售额第一次冲刺超过 1 亿美元，三爱的成功带来了一个问题。它在 Facebook 上想接触的顾客池越大，越需要容纳更多的人群，而他们和现有的顾客群体很可能是不一样的，这意味着三爱要冒风险花更多的钱去定位那些很可能不太可能订购自己产品的人群。就算 Facebook 仍然有效，但它新花出去的每 1 美元的边际收益是衰减的。而且，虽然 Facebook 拥有巨量的受众，但也没有触达所有人。

2017 年，三爱 80% 的营销费用都花在了 Facebook 和照片墙上，这个数字对于很多 DTC 品牌都很常见。到了 2018 年年底，这个数字下降到了 50%。如同成熟品牌一样，三爱和其他一些初创公司已经发现它们需要使自己的市场营销方式多样化，包括博客、老式的直邮、广告牌，甚至报纸杂志和电视广告。于是在 2018 年秋天，三爱尝试了过去从来没做过也负担不起的事情。它雇了一家大广告代理公司帮它开启了一场新的宣传攻势，其中包括花费约 95 万美元打造一则制作精良的电视广告，这个数字是几年前三爱每个月营销费用的很多倍。三爱 2018 年全部营销预算超过了 5 000 万美元。这个广告和美元剃须俱乐部试图攻击其强大的竞争对手吉列弱点的广告套路相同，不断引发人们将三爱和维多利亚的秘密进行对比。

美元剃须俱乐部抓住了吉列的弱点，即高价和把刀头锁在商店柜台里带来的不方便。三爱却不能这样做，因为三爱的价格比维多利亚的秘密大部分产品的价格都要贵。于是，三爱着重攻击在新女权时代维多利亚的秘密过时的一些东西，重点在于对手那些沙漏身材的性感模特，其实很少有女人有那样的身材。为了突出这种差异，三爱的广告攻势中的女性形象是各种年龄、身材和尺码的模特，大标题是“适合每一个人，专属她自己的”。

随着以三爱为首的各种电商品牌进入市场，维多利亚的秘密开始防守。虽然还保持着最大的文胸制造商的地位，但 2018 年它在美国市场的份额从两年前的 33% 降到了 24%，三爱成长很快，但是相比而言还是很小，同年在美国的市场份额大约只有 2%。三爱意识到竞争对手的弱点，欢天喜地地投入了和维多利亚的秘密面对面的公开对阵。2018 年 11 月，在《时尚》杂志的一次采访中，维多利亚的秘密的母公司 L 品牌集团的一位高级管理人员，嘲笑三爱让大码身材的女性模特在其年度时尚盛会走秀的主意，他说：“这场表演是场幻想。”然后，在拍结束镜头时，他又加了一句：“我们不是谁的第三次爱，我们是他们的初恋。”

如果他是为了打压三爱，那么这样做的效果却截然相反，招致了对维多利亚的秘密的严厉批评，并且让三爱不用花任何公关费用就被送到了闪光灯下。海迪 · 扎克的采访邀约多得她应接不暇，之后很快就出现在《今日秀》节目（*Today Show*）的现场。尽管她和丈夫在公司的地位是平等的，都是联合创始人和联合首席执行官，但是人们通常认为三爱是她一个人创建并运营的。因为在公司里肯定有一个领域并不是两个人共同工作的，这对明智的夫妻认识到，让她一个人代表公司面对公众才是一个更明智的策略。

周日《纽约时报》的整版广告是“一封给维多利亚的秘密的公开信”，由扎克一个人以“三爱创始人”的身份落款，她写道：“你向男人做广告，把男人的幻想卖给女人……我们相信，我们未来创建的品牌是为了每一个女人，无论她的身材、尺码、年龄、种族。”这为三爱带来了更多的媒体报道。2019 年，维多利亚的秘密迟到地承认自己已经落后这个时代太久，也吸引了一些媒体报道。然而，记者们也借此机会提醒读者，在前面的对局中，三爱面对它更强大的对手也是得了分的，就算是 Facebook 广告也不能达到这样的效果。

谁能成为品牌赢家

进 攻 方：安普世广告公司。

防 守 方：传统大广告公司。

战　　场：广告业。

进攻方式：利用社交媒体直接叩开那些与自己志趣相投的顾客群体的人际网络。

赢家策略：1. 运用社交媒体来定位其最大可能的顾客群体，持续地测试和迭代广告，用数据来揭示什么方式有效什么方式无效。

2. 快速拍摄，把不同的照片修剪，用不同的序号排列，然后传到 Facebook 上看看顾客是不是感兴趣，如果他们不喜欢，就全扔掉。

3. 从图片广告转向视频广告，即使视频质量不高，但仍然有效。

BILLION DOLLAR BRAND CLUB

How Dollar Shave Club, Warby Parker, And Other Disruptors Are Remaking What We Buy

第 6 章

预测分析，算法总是正确的：

虚拟发型屋染发剂

译者导读

建构品牌数据资产

从大众消费品牌诞生之日起，消费者行为预测分析一直都是品牌在新产品研发、老产品升级迭代、市场推广等方面最依赖的能力和手段。几十年来，对消费者的预测分析已经成为商学院的一整套学问体系，伴随着耳熟能详的大品牌开疆辟土的传奇案例，形成了营销学、产品创新研发领域等一系列的规范和套路。

本章从虚拟发型屋（eSalon.com）的故事展开，进而对预测分析方法进行回溯，结合时尚盒子（Stitch Fix）的一段故事，启发人们思考数字时代的品牌如何利用大数据、算法和机器学习进行消费者预测，进而建构品牌数据资产。

亚马逊可以说是最早使用推荐算法进行消费者购物预测的电商零售品牌，时尚盒子的线上算法之旅进一步把“数据 + 算法”推到了品牌工作的核心，虚拟发型屋创立后，更进一步把数据、算法和机器学习结合，并将其应用从消费者购物推荐延展到产品配方研发、消费者体验提升、产品定价、广告投放等业务流程的各个环节，甚至把传统的染发剂生意转变成以个性化为标志的一种新商业模式。

随着消费者行为的日益分散和碎片化，同时，随着消费场景和渠道的数字化变迁，对消费者进行预测分析变得日益复杂。但是，数字化终端打通了消费者和品牌，让品牌终于可以直接采集消费者的各项与消费行为相关的数据，这简直给品牌插上了上天入地的翅膀，上可以鸟瞰整个市场，把握趋势和格局，下可以触达每一个消费者，感知需求和欲望。这方面，电商品牌比大品牌走得更早，也走得更远。

几十年来用经验、直觉和商学院理论开展消费者预测分析的大品牌，如文中所说的欧莱雅、伊卡璐或露华浓，虽然在这方面拥有无数的宝贵认知和积累，但在运用大数据进行潜在需求预测方面，却落后于虚拟发型屋这样“没有在任何人的头发上应用染发知识的任何实际经验”的新品牌，这给了这些初创品牌一个快速成长的缝隙。

未来这些大品牌会如何向新品牌学习，跟上数字时代呢？个性化产品和个性化服务是大工业时代的品牌能够驾驭的商业模式吗？而虚拟发型屋这样采用个性化商业模式的新品牌能在大品牌的夹击中仅凭算法独立生存吗？这些问题预示着未来将会更精彩。

这是一位四五十岁的女性顾客，她在首次登录虚拟发型屋订购定制染发剂之前，对自己想要的效果十分清楚：把头发染成与她天生的金发相配的颜色，用最浅的金色遮盖白发。当她回答了十几个问题后，虚拟发型屋的算法开始发挥作用。算法不需要公司的任何人亲自见她，甚至不需要和她交谈，就可以比她更懂她头发的颜色。

> 它问：您的头发多长？您有多少白发了？您的头发是直发还是卷发？您的头发有多厚？您是什么种族？您的眼睛是什么颜色的？您的自然发色是什么？哪种色调最接近您的自然发色？您要保持当前的发色吗？

问卷中还显示了 31 张不同深浅的金发照片，从浅色调到深色调的每一个渐变都很小。最后，她按照自己的心意挑选了最浅的金发色调。但这并不是她将收到的染发剂。

虚拟发型屋收集了超过 500 万人的数据。根据这位女士的回答，无论她自己的想法如何，算法都知道了实现她想要的金发的最佳色调配方。虚拟发型屋的计算机已经从收集的数据中了解到，许多跟她个人资料相符而且也订购了最浅的金色染发剂的首次购买客户都感到失望。他们觉得头发看起来太亮了，用发色的术语来说，就是太“热”了。数据显示，更多的顾客下回订购时要求颜色略深一些，好让他们的头发看起来不会那么亮。

了解所有这些信息之后，在不事先告诉这位女士的情况下，虚拟发型屋会自动向她发送一个配方，这个配方是 98% 的最浅金色加上 2% 的蓝色，以柔化或冷却色调，而不是 100% 的金色。虚拟发型屋的首席技术官托马斯·麦克尼尔（Thomas MacNeil）说：“看到这些数据后，我们调整了算法，那些想保持她们天生纯金发色调的新顾客，会收到那种加了一点点蓝色的染发剂。尽管他们订的是最浅的金色染发剂，但他们对最终收到的染色剂和染发效果都感到更满意。”

对于虚拟发型屋以及几乎所有 DTC 品牌来说，数据就像是法定货币一样有价值。他们直接从每个顾客那里收集数据，因而相对于规模较大、历史悠久的品牌而言具有明显的优势。伊卡璐没有这样的数据，因为与它直接打交道的客户是零售商。使用产品的顾客对伊卡璐和大多数大公司都是匿名的。他们到一家商店从货架上挑一盒染发剂，付款后就走了。

虚拟发型屋的货架是其网站，它收集每位走进其数字之门并回答问卷的顾客的信息。一位女士留下来成为其顾客的时间越长，虚拟发型屋就对她了解得越多，而且不仅仅只是对她了解得更多。虚拟发型屋还进一步汇总了所有这些数据，并使用机器学习算法和预测分析来指导它绝大部分的措施：从调整产品配方，到引入新产品（如用于突出头发的颜色），再到在其网页上测试看似无关紧要的字词更改。虚拟发型屋的联合创始人之一塔米姆·穆拉德（Tamim Mourad）说："实际上，我们是一家销售美容产品的科技公司。"

数据挖掘对于所有 DTC 品牌应对面临的最大挑战至关重要：降低吸引顾客的成本并将新客转化为老客。虚拟发型屋利用收集到的数据，将顾客保留率从初始订单的 50% 以下提高到 70% 左右。顾客的终身价值，也就是随着时间的推移一位顾客会花多少钱，是一项非常重要的指标，对于虚拟发型屋、美元剃须俱乐部和哈勃隐形眼镜等订购制公司来说尤其如此。只有当许多顾客成为回头客，月复一月甚至年复一年地反复购买时，才能抵消获客成本。虚拟发型屋的另一位联合创始人弗朗西斯科・吉梅内兹（Francisco Gimenez）解释说："我们所做的一切都是为了留住顾客，因为第一笔订单都是不赚钱的。"

用数据分析定位消费者

在过去的几十年中，企业一直在进行预测分析。计算机的强大功能以及电商品牌从顾客和潜在顾客那里收集大量数据的能力，使机器学习成为企业成功的关键。一家预测分析公司的创始人兼经营者埃里克・西格尔（Eric Siegel）说："这很重要，因为这些公司的销售在很大程度上都是数字化的。他们拥有持续追踪所有顾客的数据，这真的是一笔巨大的财富。"

西格尔指出，直邮公司是使用数据分析来定位消费者的先驱。"如果您有一份 50 万个顾客名字的清单，而且您打算为每个人花费几美元向他们寄送实物邮包，那么实际上只有非常少的顾客会回复您，那我们要做的就是：定义更有可能做出反应的顾客的识别模式。如果我能找到那会回复我的 20% 的人，他们实际购买我寄到的东西的可能性要比平均水平高出几倍，那么我只会寄给这样的顶层群体。即使余下的 80% 的人不能产生实际购买，营销活动的最低利润也会猛增很多倍。”

近年来，对消费者行为的预测分析变得更加复杂。随着商业越来越多地转移至线上，公司从顾客那里收集了更多的数据，运行算法和进行关联的计算能力也呈指数增长。几乎每家公司，无论规模大小，都使用预测分析，从银行确定哪些顾客有资格获发信用卡，到在线约会服务来判断哪对男女可能合适做情侣。

2006 年，奈飞（Netflix）[①] 推出一项竞赛，奖励创作出改善其内部用户电影推荐的最佳算法，优胜者将获得 100 万美元的大奖。这使得预测分析成为人们关注的焦点。3 年后，一个团队编写出的一种算法获胜，这种算法在预测奈飞的观众观影偏好方面比其他算法准确 10%，从而提高了客户保留率。

在电子商务初创企业中，数据分析最早的高级用户之一是时尚盒子，其业务是在线造型服务，提供个性化的购物，为顾客选择符合其时尚偏好和预算的服装。该公司成立于 2011 年，专门针对那些没有时间购物或者需要有人帮忙挑选衣服的女士，后来的客户群已扩展至男士和儿童。时尚盒子向顾客邮寄精选的 5 样商品，顾客留下他们喜欢的，免费退回他们不想要的东西，但顾客需要支付 20 美元的造型费，而且造型费可以计入购买价中。时尚盒子的成功与否取决于顾客留下多少商品，因此公司必须在未与顾客见面的情况下就预测出他们最有可能留下哪些商品。

① 奈飞的成功很大程度上得益于它独特的企业文化。奈飞前首席人才官帕蒂·麦考德（Patty McCord）在《奈飞文化手册》（*Powerful*）一书中对于奈飞的企业文化进行了全面的解读。本书简体中文版已由湛庐策划出版。——编者注

为了弄清楚这一点，时尚盒子首先从问卷开始，以确定顾客的偏好，然后由造型师进行人工分析。与虚拟发型屋一样，时尚盒子在进行预测分析时，不仅基于顾客的最初答案，而且也基于她保留与否的商品以及与她的个人情况相符的其他顾客所保留与否的商品。基于这种方式，它应用的算法，与亚马逊开发的图书推荐算法类似。亚马逊的算法不仅基于你已经购买的图书，也基于购买相同图书的其他顾客购买的图书，来向你推荐图书。

这些算法使用不同的计算机数据处理类型。有一种是“决策树”算法，顾名思义，就是将一系列的数十个或数百个或数千个数据点（如同树枝一样）相关联，以找出你可能不喜欢的东西，添加你可能会喜欢的东西。另一种是“随机森林”算法，则是数十个甚至数百个不同的更简单算法的集合，它们可以协同工作并纠正可能的错误。

时尚盒子聘请了首席算法官和 100 多名数据科学家，它可能是唯一在其网站上发布“算法之旅”的消费产品公司。它用一个详尽而冗长的在线图形，解释了时尚盒子如何使用数据充当服饰媒人，尽管有些数据没有明显的相关性或联系。时尚盒子首席算法官埃里克·科尔森（Eric Colson）在该公司的博客上解释说：“可以用数据描述一件商品的每个属性，并与每个客户的独特偏好相关联，例如，某种长袖衬衣紧贴肩膀、突出上臂的样式，可能在某些客户看来很有价值，而其他客户则唯恐避之不及……计算机非常善于发现和应用这些关联。”

随着时尚盒子开发出更加复杂的算法，它添加了计算机视觉来帮助选择服装。该网站解释说：“我们让计算机观察顾客喜欢的服装照片，例如，来自 Pinterest 的照片，并寻找外观相似的商品。”早在时尚盒子最初销售其他品牌的服装和配饰时，它的数据科学家就已经在 2017 年通过结合不同风格的款式设计“时尚盒子独家品牌”的流行服饰。公司的设计师在创作这些混合设计时，采用了人工智能生成的客户可能喜欢的服装种类的创意。

现在，各种数字原生品牌都采用了预测分析。沃比帕克使用问卷中的信息，来帮助你选择在“在家试戴计划”中将寄送给你的五种镜架；三爱文胸的算法则帮助你选择可能最适合你的文胸；在线出售新鲜个性化宠物食品的农夫之犬，使用问卷调查表来确定适合爱犬的狗粮搭配和比例；在线葡萄酒零售商 Winc，使用问卷调查的答案来确定寄给你哪个品牌的葡萄酒，而且像时尚盒子一样，它也开始自主生产，这主要基于算法处理各种客户挑选不同葡萄酒品种的数据；Care/of 会根据你对调查的回答，为你量身定制适合你的维生素；Prose 使用问卷为其在线客户定制洗发水。

用消费者信心升级产品

塔米姆·穆拉德和他在虚拟发型屋的一些同事从自身经历中体会到了技术对初创企业的重要性。1998 年，DTC 品牌革命尚未开始，那时很多这些初创企业的创业者都还没有从大学毕业甚至没有读完高中，他们在 20 多岁就创办了一家互联网公司。公司名为“寻价能手”（PriceGrabber），是最早的在线比价网站之一。

穆拉德和他的同事们发现，一家日薄西山的电子产品公司正在亏本出售极碟来吸引顾客，他们便成立了寻价能手公司。极碟是一种早期的数据存储设备，零售价通常为80美元，但这家公司的售价是20美元。穆拉德回忆说：“我们能买下多少极碟就买了多少，为了保证他们继续卖货给我们，我们留下了二三十个不同的送货地址。然后我们再把极碟卖掉。这让我们开始想，这个卖家亏本出售其他商品吗？我们编写了可以在他们网站上扒下数据的爬虫软件，可以找到价格差最大的所有商品。”

他们将寻价能手公司的业务迅速扩展至比较整个网络的价格，并按邮政编码和零售商对产品进行分类，使其成为人们在网上寻找最优惠价格的理想之地。寻价能手公司向列出价格的零售商按点击次数收取费用。2005 年，Experian 公司以 4.85 亿美元的价格收购了寻价能手公司，创始人的 150 万美元总投资换来了巨大回报。

在休整了几年之后，寻价能手公司的创始人开始集思广益，构思创办另一家公司。他们考虑过在线语言翻译，但后来放弃了。他们得出的结论是，这项生意做好不易，而且没有明确的创收路径。

此后，在 2008 年秋天，穆拉德夫妇与一对在比弗利山庄开办美容院的夫妇共进晚餐。这对夫妻中的太太是染发师，她提出了一个经营思路。穆拉德说：“她提到，在家里自己染发的女性都染得不太好，因为缺乏一些专业信息。”穆拉德想到创建一个教如何在家染发的网站怎么样？但是他没有从中找到盈利模式，于是问那位太太并从中找到了门道：“是否可以为素未谋面的人配制染发剂，然后邮寄给他们，让他们自己在家里染发？如果效果很好，那么我们提供的产品，要比在商店里卖的盒装标准染发剂好，近似于在美发店染发的效果。如果这样可行的话，收费应该很可观。这就是一种商业模式。”

他回去找以前的寻价能手公司的同事们商议，这是一群对染发一无所知的男人帮。尽管如此，他们越琢磨这个想法，就越喜欢它。他们认定，出于几个原因，这是一项颠覆性的业务。尽管在家染发可能是一项利基业务，但它是一个大利基市场，在美国的年销售额为 20 亿美元，由少数几家知名公司主导。他们调查自己的朋友和家人之后发现，女性通常对现有的选择不满意。现成的预包装品牌还不错，但大多数都只提供 50 种色调的预混色染料。弗朗西斯科・吉梅内兹说："许多人通常在家染发，因为结果时好时坏，所以并不满意，但这是他们负担得起的，这也是他们仍然在家染发的原因。在高端市场，美发沙龙对基本色的平均收费为 60 美元左右，尽管在某些城市可能低至 45 美元，但在较大的都市区接近 100 美元或 150 美元。"

接下来，他们思考一个关键问题：欧莱雅、伊卡璐或露华浓会不会对自己通过零售商出售的盒装染发剂进行定制化处理？经过一番研究后，他们下了一个赌注，那就是答案是否定的。因为所有的大型企业不仅通过零售商出售包装好的产品，而且还向美发沙龙提供更优质的专业产品系列。

如果欧莱雅提供定制的在家染发品牌，那么很可能会影响美发沙龙业者和造型师的业务，而这一部分业务对欧莱雅的销售额很重要。吉梅内兹说："这对他们来说是一个冲突。这些大公司所有产品的研发部门已经集中化，技术部门比服务顾客的部门更了解好的配方和产品成分。"

这些寻价能手公司的老同事们得出结论，可能会有一个在两者之间定价的新品牌的机会。在当今的全球市场上，很容易找到供应商向他们出售染发配方的专业级成分：染料、用于稳定色调的修饰剂、用于滋润头发的维生素、抗氧化剂、用于消除旧染料并激活新染料的过氧化氢等。最大的挑战是弄清楚如何结合所有这些成分，以模仿发型师为在美发沙龙染发的每个女性定制发色的方式。穆拉德说："你能为你没见过的人配制染发剂吗？我们必须弄清楚怎么实现这个想法。"

他们首先进行了概念验证测试，以查看女性是否可能对在线购买定制染发剂感兴趣。他们创建了一个简易网站，然后有约 50 位女性注册，她们提交了自己的照片，说明了她们想要的发色。他们为这些女性手工混合染发剂，再询问她们，与在商店里买的 DIY 套装的染发效果相比是否更喜欢这种颜色？他回忆道："我们招募了愿意试用这种产品的人，但他们不知道我们到底是谁。结果反响很好，足以证明我们可以做出定制化染发剂。那么现在要做什么呢？"

他们的下一步计划是：为了向 5 万名女性顾客销售而不仅仅是 50 名女性顾客，利用他们在技术和数据科学方面的知识，找出如何复制染发剂色彩定制的办法。穆拉德说："我们想做的事情是实实在在的创新，真正不同、可增值的创新，而不是胡思乱想的创新。"

塔米姆的弟弟奥马尔·穆拉德（Omar Mourad），也是寻价能手公司的联合创始人之一，他阅读了他能找到的有关染发的全部内容。他说："我没有关于染发的任何实际经验。但是，我成了染发方面的纯理论专家。"

在接下来的几个月中，他和吉梅内兹先将染发的一些技术要求转换为软件，这个软件的作用是找到正确的定制混合配方，以获得所需的颜色。这可能取决于许多变量：顾客的自然发色、她现在的头发染色、她想要的染色、她最近染发的方式、她想遮盖多少白头发、她的发质和发长。染发的技术要求之一是，从浅色染成深色的头发，比从深色染成浅色的头发更容易。另一个技术要求是，将头发的色调更改两个色阶以上是很棘手的，最好是一步一步来。

奥马尔解释说："你基本上会查看所有组合，然后建立一个矩阵来确定如何针对所有这些不同情况制定配方。"塔米姆补充道："尽管你可以请来染发专业人士合作，但最终理解他们所讲的话并将其转换为软件，不是一件容易的事。"

利用奥马尔所获得的染发知识，公司团队开发了一份问卷，其中包括顾客第一次光临理发店时发型师会询问顾客的问题。虽然这些问题不像火箭科学那样尖端，但是当成千上万的人回答问卷后，就会用到像火箭科学般先进的尖端科技，使团队能够收集越来越多的数据用来分析和关联。

在把染发技术要求转换成软件并编写好问卷后，下一步就是自动化定制染发颜色的配方。手工混合各种成分可能要花好几个小时，因此他们购买了颜料配制设备，这些设备是可编程的，可以精确混合不同液体。

最后制作出来的染发剂似乎效果很好。塔米姆说："一周后，所有染发剂都变质了。我们不知道会这样，向我们出售染发剂的人也没有告诉我们，颜料配置设备厂商也不知道，染发剂是会氧化的。它不能暴露在空气中。颜料本身不存在氧化的问题。生产染发剂的厂商没有任何提示，因为那时还没有像我们这么干的，把染发剂放进密封罐，等有订单之后，用些许颜料混合出染发剂。"

因此，虚拟发型屋必须再花几个月建造一条全新的生产线，以使染发剂不会暴露在空气中。它建造了一套设备，可以将液体用高端医用天平称取重量，这种测量方式比按体积测量的精确度高，然后，以精确剂量分别注入容量约 60mL 的染发剂小瓶，最后这些小瓶通过传送带输送。每个小瓶都会贴上顾客名字的标签，例如："米娅的染发剂"可能是由 60% 最浅的金发色、5.9% 的烟灰色、19.1% 的黄金色和 15% 的珍珠色混合而成。

2010 年 9 月，团队以虚拟发型屋的名义推出了该产品。一次性购买的价格最初为 22 美元，后来提高到 25 美元。但是为了鼓励顾客重复购买，公司对所有顾客的第一笔订单只收取 10 美元，其后的每笔订单只收取 20 美元，女顾客们要选择购买间隔时长，一般为每 4 周到每 8 周，间隔长短取决于她们染发的频率。

虚拟发型屋最初针对的是在家染发的女性。塔米姆说："但是我们发现有 20% ～ 30% 的顾客原本是去美容院染发的人，并且受我们产品很优惠的吸引，'嗯？你是在告诉我，我用去美容院染头发的价钱的零头，就可以买到类似的产品？'这个信息对她们非常有吸引力。"

许多顾客很早就喜欢上了这个产品。但是，虚拟发型屋想要也亟须让更多的人喜爱上它。塔米姆回忆道："我们刚开始的时候，就像是刚刚从美容学校毕业的发型师，第一次染发似的有点欠水平。"也就是说，虚拟发型屋的定制配方很好，并且比现成的染发套装要好，但是仍然不如有多年染发经验的发型师。

随着公司获得更多顾客并能够收集更多信息，就像一位学徒发型师的发展一样，虚拟发型屋的配方随着时间的推移而逐步改善。塔米姆解释道："想要更新配制公式和更新逻辑，就需要历史记录。下单的顾客提供有参数的历史数据，我们为她们以特定的方式进行配制，然后她们再提供反馈，从而改变了我们为这些顾客配制染发剂的方式。此外，很可能之后就改变了为有相同参数的其他人的配制方式。我们现在配制出的颜色要比刚开始时的颜色好太多了。"

衡量一位顾客是否喜欢她的配方的最佳单一标准就是重复订单，除了分析这个数据和其他数据之外，对于要求调整其配方的女性顾客，虚拟发型屋会跟踪这类顾客占总顾客人数的百分比以及研究如何进行调整。颜色稍微暗一点吗？还是稍微亮一点？

从一开始，虚拟发型屋就雇用了染发师来接听电话，指导女顾客完成她们的第一笔订单，并解决她们的问题、建议和投诉；调色师甚至可能建议对配方进行调整。所有这些定性数据与定量数据一起收集和存储。现在，如果顾客愿意，她们也可以应要求上传一张照片，发型师就可以将这个新增加的数据输入算法确定正确的颜色混合配比。虚拟发型屋最初没有这项功能。

截至 2018 年，虚拟发型屋已分发了 16.5 万种不同的配方。这只占它所计算出的结果中极小的一部分，虚拟发型屋计算出的颜色变化总共是 22 乘以 10 的 267 次方，即 22 后面加上 266 个 0。

穆拉德和团队不断分析数据，寻找异常现象，从中找出可以改进染色配方的办法，也使顾客更加满意了。有一次，他们注意到，使用公司的深色金发 - 自然金黄默认配方的女性，其复购率与处于同一色阶的类似颜色的复购率有明显差距。因此，他们降低了配方中金黄色调的百分比，并增加了深色金发底色，从而更好地遮盖白发。这些变化使第三笔订单的保留率提高了 20%。

提高第三笔订单的保留率尤为重要，因为虚拟发型屋的数据表明，订购 3 次的顾客通常会成为长期顾客，而顾客留下的时间越长，她的价值就越高，因为获得新顾客的成本高于保持现有顾客的成本。首席技术官麦克尼尔说："如果我们能够让顾客连续下 3 笔订单，那么可以预见她们将继续下单，直到 7 笔、8 笔、9 笔订单。如果我们在这之后还能留住她们，她们基本上就会一直留下来，订单增加至三四十笔。"

为了减少客户流失，虚拟发型屋一直在研究预测分析算法，寻找线索以便在已知的断点上留住更多的顾客。那些体验了第二个订单后仍然使用虚拟发型屋的顾客们有什么共同点？她们是否在第三个和第八个订单之间要求调整其定制染色的配方？如果是这样，虚拟发型屋可能会考虑也调整其他具有相似特征的女顾客的订单，观察其保留率是否提高。虚拟发型屋对长发且有相似特征的女顾客都这样观察，根据她们头发的自然色、染色、染发时间和染发频率等变量做出调整。麦克尼尔说："我们知道要为你提供两种不同的配方，一种用于染发根，另一种用于染发梢，这样它可以使你拥有在美容沙龙染发的效果，而不是仅仅把一样的颜色刷上去，那样不管三七二十一的做法效果欠佳。"

这种对细节的关注，为虚拟发型屋赢得了许多忠实的顾客，包括那些曾经去美发沙龙的顾客以及那些曾购买更便宜的现成染发剂套装的顾客。一位美容博主珍妮・休厄尔（Jenny Sewell）写道，她以前花 75 美元在美发沙龙让发型师给她染发。但是由于虚拟发型屋的价格低廉，而且提供定制色，她决定尝试使用虚拟发型屋。她说："改为使用虚拟发型屋是有道理的。它质量很好，价格合理，而且产品好用。"另一位顾客安・林格利（Ann Lingley）原先也没有用虚拟发型屋的产品。她在一个独立的评论网站上写道："当我全职工作时，我可以花 200 ～ 250 美元在美容沙龙染发。现在我退休了，这就超预算了……自从我在网上找到虚拟发型屋以来，其质量给我留下了深刻的印象。"

虚拟发型屋所收集的数据不仅仅用于染发配方，像大多数 DTC 品牌一样，它几乎可以分析客户体验的各个方面。尽管其主要产品是染发剂，但虚拟发型屋还销售洗发水等相关产品。为了留住初次使用的顾客，它在顾客结账前提示：签约定期订购的顾客首次购买洗发水有折扣，通常价格为 12 ～ 15 美元。为了确定产生最大收益的最佳价格，虚拟发型屋测试了三种不同的价格，分别是 7 美元、8 美元和 9 美元。奥马尔说："从购买人数乘以价格得出的结果看，最好的结果是 8 美元。"

虚拟发型屋最初将视频平台视为吸引新客户的廉价广告渠道，但数据显示，视频平台并不是特别有效的营销途径。通过分析数据，奥马尔和他的团队意识到来自视频平台的用户大部分是 20 多岁的女性，她们只是想尝试一下染发，很少继续购买。虚拟发型屋最好在其他地方花更多的钱做广告，应该针对更年长的女性，她们购买染发剂是为了遮盖白头发，而且更有可能反复购买。他说："并非所有用户都是一样的。"

2019 年，欧莱雅决定在线提供定制的染发剂，这超出了虚拟发型屋创始人的预料。欧莱雅推出了一个新品牌 Color & Co，该品牌复制了虚拟发型屋的主要功能，包括在线问答或与染发师在线咨询，以帮助确定"仅为您量身定制的独特定制混色"。为签约以订购方式反复购买的回头客，欧莱雅给出了 19.90 美元的价格，这与虚拟发型屋的价格几乎相同。面对与强大的竞争对手之间日益激烈的竞争，虚拟发型屋每年的销售额仍然只有区区 3 000 万美元，仅占很小的市场份额。因此，虚拟发型屋同意将其 51% 的股份出售给德国跨国公司汉高。汉高已经出售了许多染发品牌，如施华蔻 Brilliace 系列和 Natural & Easy，但汉高表示，美容产品个性化的增长趋势和虚拟发型屋"有价值的客户见解"是其投资虚拟发型屋的原因。

谁能成为品牌赢家

进 攻 方：虚拟发型屋染发剂。

防 守 方：欧莱雅、伊卡璐。

战　　场：染发剂市场。

进攻方式：挖掘有价值的客户见解。

赢家策略：1. 从问卷开始，确定顾客的偏好，然后进行人工分析。预测分析不仅基于顾客的最初答案，而且也基于她保留与否的商品以及与她个人情况相符的其他顾客保留与否的商品。

2. 不断分析数据，寻找异常现象，根据异常现象找出改进的办法，使顾客更加满意。

3. 为了减少客户流失，不断研究预测分析算法，寻找线索以便在已知的断点上留住更多的顾客。

BILLION DOLLAR BRAND CLUB

BILLION DOLLAR BRAND CLUB

How Dollar Shave Club, Warby Parker, And Other Disruptors Are Remaking What We Buy

第 7 章

关注顾客，连接而不是推广：

沃比帕克眼镜

10亿次简单的努力

译者导读

在这个潮流多变的消费主义时代，传统品牌商和零售商从信奉“顾客就是上帝”这种谦恭态度的康庄大道，逐步被消费心理学、营销学那些五花八门的理论和方法，带向了一条泥泞拥挤的道路，这里车水马龙却拥挤不堪，消费者在各种品牌、产品和广告之间应接不暇，不断切换，慢慢地失去了心锚以及和品牌之间的温情连接。

“连接，而不是推广”的营销策略似乎是对传统商业时代的回归，但在数字时代，这种回归也有着崭新的技术性特点和社会学意味。沃比帕克的品牌故事是我非常喜欢的品牌故事之一，因为它的成功中既有传统品牌所传达的温暖，又体现了一个潮流品牌的年轻样貌。

作者讲了好几个小故事，从中我们可以看到沃比帕克对客户体验的关注达到了无微不至的地步。在客户和品牌接触的每一个触点上，从售前到售后，从线上到线下，在公司每一个部门甚至每一位员工身上，这种极致的关注已经渗透成深刻的企业文化和精神。

首先，品牌自始至终对售后服务部门的重视令人印象深刻。一直以来售后服务部门在品牌公司的处境都很尴尬，而沃比帕克的这个策略让出众的售后体验几乎成为品牌的核心竞争力。

其次，售前推荐程序的数次迭代、暂时删除和再次启用，还有产品个性化匹配的技术攻坚，沃比帕克对利用技术手段克服线上销售眼镜的痛点和提升客户体验，始终保持着极致的追求，坚持“极致关注顾客”的认真态度而不是“差不多就行”的敷衍态度，做“10亿次简单的努力”令人感动。

最后，成功的关键并不在于做线上还是做线下。如果把线上仅仅当成销售渠道，你就会不断地利用线上推销，推销得越多越快，品牌的特性可能就越模糊不清，而当线上开展同类业务的企业越来越多时，线上渠道也会成为传统渠道，那一天你靠什么脱颖而出？

沃比帕克之所以不仅是一个品牌还成为一个品牌现象，是因为其中蕴藏着这个时代的极客精神和传统时代古老的商业哲理，这对所有未来的品牌都应该有深刻的启发。

2010 年 2 月，沃比帕克开始在网上销售验光眼镜之后不久，它的库存就告罄了，他们没法给“先试再买”计划的潜在客户寄送镜架。很快，沃比帕克就陆续收到问询，顾客不愿意等他们补充完库存再收货。

顾客一般在邮件中询问：“我听说你们在费城。我能不能直接到你们公司来试戴眼镜呢？”

但沃比帕克那时压根儿就没有办公室，4 位创始人都还是在沃顿商学院读 MBA 的学生。他们还不确定究竟是不是有人真的会在网上买眼镜，不确定这门生意究竟是不是切实可行，所以其中的一位创始人还找了工作，如果生意不成功，他就去上班。

创始人之一尼尔·布卢门撒尔回忆当时他们是这么回答顾客问询的：“我们就说，‘喔，我们在我的公寓里办公，很欢迎你来。’然后我们邀请了 5 个人来，心想就算坏了我们的名声，也就 5 个人。”

在布卢门撒尔的公寓里，沃比帕克的镜架整整齐齐排成一行，放在餐厅里靠墙的一张餐桌上，墙上装着一面镜子，这样来访者可以对着镜子试戴眼镜。布卢门撒尔说："顾客到我的公寓之后还能看到我们工作的场景，其实就是我们在沙发上回客户的邮件。这些来访者就好像看到了帘子后面的秘密。"

那天有一位顾客是宾夕法尼亚大学医院的住院部医生。布卢门撒尔说："他穿着医院工作服，所以我们知道他在医院工作。"大多数来访者都下单了。这是个好兆头。但这之后发生的事情才真正引起了四位创始人的注意。

布卢门撒尔说："实际上，接下来的那个星期，我们开始不断收到邮件地址是宾夕法尼亚大学医院的订单。我们想，哇，这有点意思。首先，我们知道人们希望能摸到和感受到眼镜。"这确认了在家试戴计划可以消除顾客的迟疑，让他们不再对网上购买眼镜持怀疑态度。他继续说："如果你能提供超出预期的体验，比如去创始人家里，或者更重要的是，见一见创业公司内部的场景，这会带来对话和连接，品牌可以借机和顾客建立关系，就好像人类可以彼此建立关系一样。而且，这些都是在顺应人们的意愿的情况下自然发生的。所以，我们暴露自己的一些缺陷也没关系，而传统的商业经验一直强调品牌要反复打磨得很完美。"

很快一个出乎意料的麻烦就检验了这个假定。为了避免因为订单太少而积压大量库存，公司一开始仅仅订购了 1 万副眼镜镜架，但是最受欢迎的镜架很快就卖完了，到了 3 月中旬，原来设计的 27 种款式中的 15 种镜架都没货了。但是访问公司网站的顾客并不知道这个情况，四位创始人也根本没预料到生意会发展这么快，之前都没有多考虑如何处理这种断货的情况。于是，顾客持续地下单并且用信用卡付款。

布卢门撒尔回忆说："我们赶快围在一起讨论，'我们接下来该怎么办？'"镜片是根据需求在美国生产的，但是镜架要等中国的供应商生产并运送过来，这得等一阵子。

他们争论是否要继续接受订单。对于创业公司来说，拒绝销售是一件痛苦的事情。大家正在讨论时，创始人之一戴夫·吉尔博（Dave Gilboa）一直在看手机，他在手机上设置了订单提醒功能。他说："伙计们，就在我们讨论的这会儿，有 5 个新订单。"他们立即给网站开发人打电话，告诉他加上"售罄"的信息。接着，他们给已经下单的顾客写邮件，向他们致歉，说明自己没办法在短时间里拿到眼镜，因此无法供货。这一行动使顾客产生了好感，一般这种情况下顾客都会觉得特别沮丧，而这次他们不仅有耐心而且很宽容。

大部分顾客后来又访问公司网站了，在库存充足后重新下单。布卢门撒尔强调："我们学到了重要的一课，那就是当你向顾客真诚地解释情况时，他们是可以理解的。当你犯了错误时，最重要的是承认错误，并且尽可能快地解决这些错误。"

沃比帕克的创始人们很早就意识到，在互联网时代创建一个新品牌，与创造好的产品有关，同时也与创造好的顾客体验有关，而后者可能更重要。

与顾客建立强连接

事实上，沃比帕克不是第一家在网上卖眼镜的公司，而且也不是售价最便宜的公司。在它之前，Eyeglasses.com、Goggles4u、FramesDirect 和 Zenni Optical 都在网上卖眼镜，价格比眼镜店低。

Zenni 公司的联合创始人蒂伯·拉科扎耶（Tibor Laczay）在被问到对沃比帕克的看法时，无法掩饰自己的恼怒。一提到这家公司，他就开始滔滔不绝地吐槽：“他们一直声称他们发明了线上销售眼镜这门生意。他们多次重复这一点，结果所有公关人员都这么说，现在显得他们是一家伟大的创新公司，但是我很怀疑他们究竟创新了什么。他们的价格甚至不比一家实体店便宜多少，也许便宜了 40% ～ 50%。而我们便宜了 90%。”他继续说：“他们都是沃顿商学院的毕业生，可我见过很多沃顿商业院毕业生，多得我都不想雇。”

拉科扎耶真是那个最早吃螃蟹的人。早在 2003 年，也就是沃比帕克开始卖出第一副眼镜 7 年前，他参与创建了 Zenni 公司，那时还叫作 19 元眼镜网。这家公司根据镜架类型提供一系列不同价格的眼镜，直接矫正视力的眼镜价格低至 42 美元，也就是沃比帕克最便宜的眼镜的价格的一半。从那时起到现在，Zenni 公司已出售超过 2 000 万副眼镜，沃比帕克的数字则是超过 500 万副。

然而，沃比帕克是目前最知名的线上眼镜初创公司。沃比帕克获得了风险基金投资人投资的 2.9 亿美元，年销售额为 4 亿～ 5 亿美元，公司估值大约 17.5 亿美元。沃比帕克成为千禧一代最喜欢的潮牌之一，而且这个名字已经成为成功网络新品牌的代名词。人们会说“我准备做这个品类的沃比帕克”，2015 年，《赫芬顿邮报》网站（*Huffington Post*）一篇文章的标题：已有四个行业出现颠覆式的沃比帕克。你在网上会找到各种自称是做医院工作服的沃比帕克、牛仔靴的沃比帕克、油漆的沃比帕克和个人护理品的沃比帕克。

尼尔·布卢门撒尔欣然承认，沃比帕克的眼镜和其他品牌的眼镜在实物上的差异并不显著。但他说，沃比帕克的自信在于时尚、经典的镜架设计以及采用了一家意大利家族企业制造的高档醋酸纤维素材料制作塑料镜架，采用了一种高品质、极轻的钛合金材料制作金属镜架。但是很多其他的眼镜公司也是这么做的。

沃比帕克要从这些众多的线上竞争对手中脱颖而出，就要聚焦于比眼镜质量更重要的事情：和自己的顾客建立强连接。布卢门撒尔说："这个世界的竞争越来越激烈。绝大多数的消费产品都做到了他们承诺过的事情。因此，产品品质越来越同质化而不是差异化，就和洗碗机、洗涤剂一样。如果我们明白产品品质上的同质化，那么曾经顾客不那么看重的其他的品牌特质，就会处于更高的优先级。作为一个 DTC 品牌，我们可以创造一个远超其他品牌的更好的体验，而且这可不是仅仅有一系列顾客福利政策，比如包邮和免费退货之类的优惠。"

沃顿商学院的大卫・贝尔教授称沃比帕克的精神是"连接，而不是品牌塑造"。它是此策略最早的线上示范之一，从此很多网络新生的初创企业纷纷模仿。

为了解释二者之间的区别，贝尔以一个最偶像化的品牌符号为例。"菲利普・莫里斯（Philip Morris）创造了万宝路男人的形象，相当于告诉人们那是他们应该渴望成为的样子。连接则是一种更为个人化的事情，从中你能感受到和销售者之间的一种亲密感，就像是销售者在直接和你对话。你甚至可能订阅品牌的社交媒体账号。在万宝路的品牌塑造时代，消费者没有途径可以表达他们对品牌的好感。而现在你可以在照片墙上放一张你的香烟的照片，或者在推特上发一条消息。这就是为什么我们会从纯粹的品牌塑造时代演进到品牌连接时代。顾客会通过社交平台和品牌互动，也会和自己的朋友分享与品牌有关的事情。"

另一家成功的 DTC 品牌丝华彩妆，甚至在还没有任何产品开始销售前，就和它的顾客建立了联系。埃米莉·韦斯在她的“走入华彩”博客专栏发表了一系列她关于彩妆产品的看法的文章。她的文章和观点十分受欢迎，于是，她在 2014 年决定寻求风险投资开创丝华彩妆品牌。

之后韦斯依然经常听取顾客的建议来进一步加深和她们的联系。在挑选包装颜色的时候，韦斯在照片墙上发布了不同深浅的粉色，让粉丝评选她们最喜欢的一个，最后选定了柔粉色。甚至在公司成长起来之后，丝华彩妆仍然会倾听粉丝关于产品的心声，包括倾听像德温·麦吉（Devin McGhee）这位住在美国亚特兰大的美籍南非裔大学生的意见。麦吉的照片墙账号叫褐色丝华（GlossierBrown），粉丝很多。有一段时间她在照片墙公开批评丝华彩妆的一些产品没有考虑更适合黑人女性肤色的较深的色号。

丝华彩妆的前副总裁马拉·古德曼（Marla Goodman）回忆说：“我们早就意识到产品的色号太少了，但是直到韦斯关注麦吉在账号上的评论，我们才进一步着手解决这件事。”可以说，麦吉的评论敦促丝华彩妆开始着手更认真地增加色号。古德曼继续说：“我曾经在拉夫劳伦公司工作，在那里你不可能这么做，这是压根儿不可能的。”

2018 年，丝华彩妆邀请麦吉参观它在纽约的研发实验室。麦吉说：“他们找到我说，我们真的很想和你一起合作共同研究新色号。我到了总部，参观了产品研发实验室，他们给我看了一大堆东西，问我喜欢这个产品的哪些方面，不喜欢哪些方面。我得给他们完全真实的反馈。”然后，她见到了韦斯和亨利·戴维斯，戴维斯当时是丝华彩妆的总裁。之后，丝华彩妆增加了遮瑕膏和肤色的色号数量，从 5 个色号增加到了 12 个，包括一些更暗的色号。麦吉说：“丝华彩妆确实在真诚地聆听顾客的意见。”

戴维斯说，直接和像麦吉这样的顾客沟通，是丝华彩妆的战略核心。他说："丝华彩妆诞生于'走入华彩'博客社区。它的规则就是社区。那正是直接面向消费者真正的核心。这不是关于分销制度，而是关于人与人的连接。触达你的顾客以及和她们建立联系，是最重要的第一位的要素。"他继续强调说："你怎么样才能聆听顾客并且与他们合作？答案是让人们感觉你在聆听他们的方式是和他们交谈。宝洁不知道它的顾客是谁。他们要付给广告代理商一大笔钱就是为了让他们告诉它顾客的需求、偏好等。他们做相当复杂的市场调研和用户群调研之类的研究。但是这都不是他们真正的顾客。"

有时候，创建良好的顾客体验从商业的角度来看可能有些反常识。如果你预订了美元剃须俱乐部的每月送货上门服务，那么每个月你都会收到剃须刀和刀头。包裹发出前几天，你会收到一封邮件，提醒你包裹马上就会发出。你点击邮件里的链接，就可以在包裹里添加商品，例如剃须乳或发胶。如果你还有一堆没用过的刀头存在浴室柜里，那么你可以取消或者重新安排这个月货品的寄送时间。

延迟收货会潜在地减少企业的收入，为什么美元剃须俱乐部把延迟收货变得这么简单，而相反地，要延迟一个月的有线电视费则压根儿是不可能的？因为这样做更可能保留顾客，让顾客更乐于向朋友推荐这家的产品。

沃比帕克、丝华彩妆、美元剃须俱乐部和许多新的 DTC 品牌意识到，和好产品同样重要的是创造一种好的顾客体验。这种体验可以培育忠诚度，一个忠诚的顾客在社交媒体上进行口碑传播会带来更多的顾客。大卫 · 贝尔说："在数字经济中，你的受众有自己的受众。"

尼尔 · 布卢门撒尔说，在一个产品都趋于标准化、商品化的世界里，公司需要建立自己的护城河来抵挡竞争："如何建立护城河？答案是持续地提供更多价值。如何提供更多价值？创造一种全方位的体验。这会是你的竞争壁垒。”

不断寻找建立连接的方法

2018 年感恩节的前一天晚上，马克·埃利（Mark Ely）注意到他最近购买的一副沃比帕克眼镜的镜片上有一道小划痕。眼镜在一年无刮擦保修期内，因此他当天晚上向沃比帕克客户服务团队发送了一条短信。由于当时正值假期，他说："我认为直到下周我也收不到回复，可能到时不得不再次发送电子邮件，毕竟这会儿是假期。"

事情很快就出乎他的意料。他回忆说："半小时后，我就收到了两封电子邮件。""第一封说您的新眼镜即将寄往您的地址。然后，第二封信中写道这里是您的退货标签，请将您现在收到的眼镜寄回给我们，以便我们查看眼镜出现了什么问题。'这让我大吃一惊，尤其这事发生在感恩节前一天的晚上 9 点。但最令人惊讶的是，他们没有说'嘿，这是个问题，我们会解决的'这类的话，我直接收到了两封电子邮件告诉我问题已经得到了解决。"

对于曾在沃比帕克工作的任何人，这一切都不令人惊讶。从推特上有关该公司客户服务的消息来看，它的许多客户也不会感到意外：

> @沃比帕克的客户服务非常好，我很高兴我的视力改善了。
>
> 前一周，我最喜欢的 Burke 镜架全毁了，@沃比帕克不费吹灰之力就帮我替换了它们。给他们打满分，这是我体验过的最好的客户服务。

今天打给 @沃比帕克，没有多次转接，有真人接了电话，跟我打招呼。我惊呆了。

这类消息很常见，这是沃比帕克客户服务的重点。多年来，直到沃比帕克开始扩展其零售商店网络，它在客户服务方面的雇员人数一直超过任何其他部门。2019 年，该公司 2 000 名员工中约有 350 名在客服团队工作，是仅次于零售商店部门的第二大部门。美国的许多公司将自己的呼叫中心外包给了海外公司，通常是在印度或菲律宾的公司。对于客户而言，这可能意味着要与英语是第二语言的人交谈，虽然这可以帮公司省钱，但他们的口音经常让人很难听懂。

相比之下，沃比帕克认为呼叫中心员工对于公司与客户建立联系至关重要，因为他们是第一个人际接触点。布卢门撒尔说："如果你致电沃比帕克，我们希望有人在 6 秒钟内为你服务。众多的电子商务网站都在试图隐藏电话号码，他们将客户服务视为应该最小化的成本。而我们一直将其视为利润中心，是对我们品牌的投资。由于顾客会转推荐，顾客是我们流量和销售的最大推动力。我们让顾客感到高兴，这对公司有利。"

沃比帕克采用的模式类似于电子商务男士服装先驱 Bonobos 提供的客户服务。他们承诺会提供更合身的裤子，但最终仍然是裤子。阿伦·巴塔（Aaron Bata）曾在 Bonobos 的呼叫中心工作，后来去 DTC 床垫公司 Tuft & Needle 负责开展客户服务，她说："你可以购买外观相似且价格相似的裤子，但人们多次回购我们的衣服，因为他们知道如果遇到问题，Bonobos 会为他们解决。人们关心的不仅仅是衣服本身。在那个办公室里的我们，每个人的资历和学历都完全超过成为客户服务代表需要的资历和学历。我旁边的同事是刚从普林斯顿大学毕业的一个女孩和刚从巴纳德学院（Barnard College）毕业的人。"

直到 2014 年，沃比帕克的呼叫中心团队一直在纽约的公司总部工作。该总部曾经在曼哈顿下城历史悠久的帕克大厦中，这可能使它成为世界上最昂贵的呼叫中心办公空间。即使沃比帕克在田纳西州纳什维尔成立了第二个客户服务团队，有 300 名员工，沃比帕克仍在其位于纽约市春街的新市区总部保留了约 50 名呼叫中心员工，凸显了客户服务对于公司成功的重要性。

科琳·塔克（Colleen Tucker）刚从康奈尔大学获得心理学学位，就入职沃比帕克了，是沃比帕克于 2010 年年初雇用的第一批员工之一。那时公司开始出售眼镜，四位创始人都在布卢门撒尔的公寓里工作。她被任命为运营助理，但是她花费了大量时间来回答客户的电话、查询电子邮件、处理退货以及向美国 UPS 快递公司交付订单。塔克承认，她当时之所以接受这份工作，是因为在 2008 年金融危机之后，她找不到工作，并且与父母住在一起。她回忆说："当时经济状况不佳，看起来我好像并没有机会获得其他工作邀约。"

她记得在沃比帕克工作的早期，有一次布卢门撒尔赤着脚举行员工会议，还有一次公司收到一位客户投诉。她忘了客户具体有什么不满意的地方，但她很清楚地记得一位创始人对她说的话："给他们免费眼镜。"塔克回忆道："他只是清晰地说了这句话，这向我们表达了一个意思，创始人非常在意顾客的感受，他们不太关注短期成本，而是会从长期角度来看待事情。他们给了我们自主的权利，让我们可以向顾客说出真相，真诚地向他们道歉，而且不用模板化的话术。"

呼叫中心的另一名员工帕特里克·马洪尼（Patrick Mahoney）在宾夕法尼亚大学获得了哲学、政治和经济学学位，毕业后在华尔街工作了两年。尽管他的薪水和奖金每年超过 10 万美元，但他不喜欢那份工作，所以辞职了。然后，他以每小时 15 美元的薪酬标准在沃比帕克接电话，即每年约 3 万美元。他承认：“我的父母以为我绝对疯了。”那是在 2012 年，当时沃比帕克还是一家很小的公司。但是马洪尼买了一副沃比帕克眼镜后很喜欢，他想做点和创业相关的事情。

大多数人认为呼叫中心的工作低人一等。但是马洪尼不这么看。他说：“‘呼叫中心’根本不是我对它的描述方式。我们本着客户至上的态度。这就是为什么我讨厌‘呼叫中心’这一叫法。我们把这个工作表述为‘为了惊喜和欢乐’。”他回忆说，一位住在纽约的顾客在某个星期五打来电话，她听起来很愤怒，原因是她订购的眼镜没有按时送达，她一直指望戴上这副眼镜参加周末举行的婚礼。马洪尼追踪了物流，发现包裹已经到达市区另一头的配送中心，而且要等到周末之后才会被交付给顾客，于是立即拿起那位客户想要的眼镜离开办公室，乘出租车将眼镜亲自送到客户的公寓。马洪尼回忆道：“她仍然可以拿到为婚礼准备的眼镜，这完全超出了她的想象。那时我想的是，当时客户体验很差，因此不管付出什么代价我们都要送到。”

马洪尼在呼叫中心的同事包括其他著名大学的毕业生，其中许多人在几个月或一年后获得了晋升。马洪尼被调任财务和战略团队，之后进入哈佛商学院攻读 MBA。但是他的许多同事都留下来继续工作。2019 年，沃比帕克有大约 12 位高级经理是从客户服务部门一步步晋升上来的，如科琳·塔克。

有些同事借鉴了他们在沃比帕克学到的知识，并创立了其他 DTC 品牌，或者在这类公司担任高级职位。马洪尼在沃比帕克工作期间，另一位从布朗大学毕业的呼叫中心工作人员斯蒂夫·科里（Steph Korey）被提拔，管理公司的供应链团队。2015 年，她和沃比帕克的另一位已离职的同事珍·鲁比诺（Jen Rubio）一起创办了远行，这是一家直接面向消费者的行李箱公司，4 年后的市值超过 10 亿美元。

在沃比帕克，创造良好的客户体验不仅仅在于快速接听电话和回应投诉，有时还要善于运用奇思妙想。沃比帕克早期提供验光单片眼镜，50 美元起。它的销售量不大，每年只有几百片，但是拥有单片眼镜的时尚年轻城市人感到沃比帕克和他们是同类，对沃比帕克有很强的认同感。2012 年 4 月 1 日，冒出了一家新网站，居然卖狗眼镜，因为创始人说，眼镜店的狗眼镜和人用眼镜一样都太昂贵了。有人认为这很过分，直到其他人指出日期：4 月 1 日，愚人节。这是沃比帕克的经典玩法。这个创意来自两名员工，他们注意到在谷歌搜索中沃比帕克常常被拼写为 Warby Barker。布卢门撒尔解释说："这让顾客有机会窥视我们在工作之余是什么样子的。"

这种想法就是，不断寻找使客户与公司联系的方法，并使他们与公司的互动尽可能轻松、无缝、愉快和有趣。布卢门撒尔说："我们经常引用'幸福等于现实减去期望'的说法。那么，我们如何不断创造出超越客户期望的现实，让他们满意呢？"

尽管听起来有些棘手，但是沃比帕克与大多数线上原生品牌一样所做的大多数事情都是由数据驱动的。每种镜架款式因为不合适需要进行调整的退货百分比是多少？哪些处方不适用于某些镜架，因为需要矫正的度数太高会使镜片看起来会太厚？需要用新处方才能购买新眼镜的客户占多大比例？在线结账流程的哪个环节，潜在客户会感到受挫并放弃购买？这些数据点都提供了改善客户体验的机会。

布卢门撒尔解释说，这对我们与陆逊梯卡之类更大的已建立市场地位的竞争对手进行竞争至关重要，"我们所做的一切都需要做得更好。如何才能做得更好？要做出明智的决定。如何才能做出明智的决定？要获得数据并进行分析。"

最初，沃比帕克销量增长的两大推动力就是其在家试戴计划和网站上的虚拟试戴功能。但是很明显，两者都存在令客户困扰的问题，并且都需要改进。

沃比帕克于 2010 年首次开始销售眼镜时，仅提供 27 种不同样式的镜架，如果算上一些镜架不同的颜色，总共约 40 种样式。由于选择有限，顾客可以轻松挑选其中 5 个让沃比帕克寄给自己，以便在家中试戴。但是随着沃比帕克增加更多的镜架样式，到 2016 年，不同颜色的眼镜大约有 240 种样式，尚不包括处方太阳镜。顾客在线浏览产品的时间越来越长，一些人望而却步。为了改善体验，沃比帕克决定测试，找到缩小选择范围并使顾客更容易、更快捷地选择 5 个镜架的方法。

最初，沃比帕克策划了精选的先试再买盒装，预先选择了 5 个镜架，然后寄给不想花时间在许多样式中进行选择的客户。盒子中眼镜的款式和颜色的因素仅是由客户提供的几个变量决定的，包括性别和面部宽度。电子商务和消费者洞察高级总监埃琳·柯林斯（Erin Collins）回忆说：“那真的没有用。我们进行了测试，发现结果并没有吸引更多人在家试戴。因为我们没有足够的信息来提供良好的建议，也因为人们喜欢掌控自己的选择。我们允许顾客提供更多的资料和信息，但顾客并没有积极响应。”

因此，柯林斯和她的团队决定尝试更复杂的测试，类似于虚拟发型屋用来帮助确定新客户的染发组合以及三爱文胸来确定合适的文胸尺寸的测试。她说：“为什么我们不多问顾客更多问题，然后提出 10 ～ 15 条建议？顾客最终还是选择 5 个镜架，但是我们来缩小他的选择范围。”

为了确定哪些问题会让大多数人参加测试，而且公司可以把试戴镜架给他们寄到家，柯林斯的团队在几个月内进行了数十次在线 A/B 测试。他们尝试了各种问题组合，还选择了不同数量的镜架让顾客从中选择，然后研究数据。

他们最后仅提问 7 个问题，其中 5 个是用于确定如何提供镜架建议的问题。

1. 你在找什么风格？男士风格或女士风格。
2. 你的脸型是什么样的？窄、中、宽或不确定，跳过这个问题。
3. 你喜欢哪种形状？圆形、矩形、正方形、猫眼形或无首选项。
4. 你喜欢哪种颜色？明亮、中性、黑色、黄褐色、水晶、双色或无首选项。
5. 你喜欢哪种材料？醋酸纤维、金属、混合材料或无首选项。

其他两个问题有不同的目的。你上一次的眼科检查是什么时候？旨在订购验光眼镜之前提醒你是否需要重新进行眼科检查。你还需要推荐太阳镜吗？目的是公司向你同时出售两副眼镜。

最棘手的问题是脸型。柯林斯解释："谁会知道自己的脸庞大小？一般人都不知道。"在确定最佳问题的一项测试中，沃比帕克以询问帽子尺寸为例，问用户说你戴帽子通常感受怎么样？答案一般是"通常太紧"和"通常太大"。沃比帕克很快就不再问这个问题了，因为许多人说他们不知道或不回答，还有人说："我真的从来不戴帽子。"替代这个问题的最终测试中有三张不同脸型的图片，每张下面有简短的文字介绍，以帮助顾客选择。

沃比帕克在2017年1月推出测试后，要求“先试再买”的人数开始上升。测试结果还额外具有帮助公司改善选择镜架款式的好处。有很多客户说他们的脸窄，人数超出了公司的预期，因此沃比帕克的设计师增加了大约 6 种适合狭窄脸型的款式。

沃比帕克对虚拟试戴功能的改善更难。这个功能背后的想法很简单：顾客在访问沃比帕克网站时上传脸部照片，然后选择要虚拟尝试的镜架，再将其叠加在自己的照片上。沃比帕克的大多数在线眼镜竞争对手都使用类似的软件，因为顾客希望在购买之前能先看到他们戴上某副镜架什么样子。

然而，沃比帕克在 2010 年开始销售眼镜时使用的虚拟试戴技术存在局限性。他们做不到让镜架叠加在脸部照片上时正确缩放，部分原因是所上传照片的大小不同。结果，图像经常被扭曲。这是沃比帕克在开始线上销售时增加了在家试戴服务而不是仅依赖于虚拟试戴功能的原因之一。

沃比帕克继续提供虚拟试戴服务，直到 2015 年，决定停止使用该功能并将其完全从网站上删除。因为他们了解到，使用虚拟试戴功能最终购买眼镜的比例比没有使用这个功能而最终购买的比例要小。柯林斯说："这个功能不仅没有帮助还会更麻烦。因此，我们进行了全面的战略讨论，并决定我们宁愿没有任何功能也不能要这个功能。删除这个功能之后，我们发现几乎不影响转化率。因此，对我们来说这个功能就是不好的。"

尽管如此，调查显示仍有一些客户还想使用这个功能。因此，在苹果公司于 2017 年年末推出相机功能更先进的 iPhone X 之后几个月，沃比帕克就开始研究新的改进版虚拟试戴功能。新款 iPhone 配备了苹果公司声称的真实景深（TrueDepth）相机，该相机可以收集一个面部上的 3 万个数据点，从而可以在捕捉面部图像时更准确地绘制比例。图像可以旋转，但仍然能以适当的比例显示。柯林斯说："3D 建模以及 3D 渲染和设计的质量比以前提高了无数倍。"

沃比帕克的工程师团队开始研究名为 Blueprint 的增强现实产品，当将镜架叠加在用 iPhone X 拍摄的实时脸部图像上时，可以创建逼真的可视化图像。经过大约 6 个月的工作，工程师团队发现 Blueprint 在看起来逼真以及表达比例上很擅长，但是要用技术显示不同镜架的颜色很难。当团队向一组用户展示早期版本时，通常得到的回答是"我没感觉，我想看颜色"。由于缺乏内部专家，柯林斯决定请外部 3D 艺术家合作，专门研究可以准确描绘颜色的技术。她说："我们与他们反复合作，经历了许多次迭代，并测试了员工和用户的多种不同脸型。"

经过大约 1 年的研发和大约 12 个版本，沃比帕克于 2019 年 2 月推出了新的虚拟试戴功能。该功能可以从 iPhone X 捕获客户的面部实时图像，并允许客户快速、无缝地浏览数十种不同的镜架以查看试戴效果。客户甚至可以往多个方向移动脸部，并查看镜架各个角度的外观，比如侧面。尽管新的虚拟试戴功能仅能在 iPhone X 上实现，但它立即受到欢迎的一部分原因是它提供社交媒体共享功能，因此客户可以问朋友认为自己喜欢的镜架怎么样。

布卢门撒尔指出：“我们很早就发现购买眼镜是非常具有社交属性的一件事。在美国，人们平均每两年购买一次眼镜，因此并不像经常购物时那样得心应手。你需要寻求朋友或伴侣的建议，而且我们发现人们在‘在家试戴’期间会拍摄自己的照片并发布在社交媒体上，请朋友评价。这也有助于品牌的病毒式传播。”

沃比帕克还找到了解决更棘手的问题的一种技术解决方案。这种问题就是：某人爱上并订购了某款镜架，但她的验光单要求的镜片不适用于该镜架。可能出现的问题是：镜片可能太厚，或者视线不够清晰，因为镜片的尺寸不合适而无法对准眼睛的中心。

通常情况下，配镜师靠主观经验判断什么样的镜架能用，什么样的不适用。但是如果配镜师搞错了，客户就会退还眼镜，他必须选择新镜架并重新下单。这对客户来说很麻烦，而对沃比帕克来说，这笔费用很高。

因此，以后遇到这个问题不能再碰运气。商店运营经理科里·弗雷德里克（Corey Frederick）表示，通过收集和分析数据，可以得知每款镜架被使用某种处方的顾客不满意地退回的频率，“我们掌握了数学原理，算法使用了你验光单中的视力度数，并且当你选择了不适合的镜架时它会知道。我们可以告诉你该镜架是太宽还是太小，尺寸和样式可能看起来不错，但不符合你的验光单的要求。”发生这种情况时，订单顶部会以红字弹出警告。

有时，提供良好的客户体验对沃比帕克来说，意味着不做一些事情，或者直到认为自己可以做得很好时才做。渐进式镜片，也称现代双焦点镜片，约占美国销售的所有眼镜的一半。但是沃比帕克经营了 4 年之后，直到 2014 年才开始提供渐进式镜片在线服务。原因是渐进式镜片更难正确调试。它们需要精确测量眼睛中心相对于镜片的位置，因为你会看到穿过镜头的一部分的远处物体和穿过另一部分的近处物体，并且每一帧的中心都不同。

在线销售眼镜时，很难做到正确地校准。高级客户沟通经理卡基·里德（Kaki Read）解释说："每个镜架在每个人脸上的样子都不一样，因此通常必须亲自进行测量。"沃比帕克一直未提供渐进式眼镜，直到它开发出新技术，使在线验光师有信心引导客户，使顾客正确完成订单，而且退还眼镜的比例不会很高。

当涉及客户体验时，沃比帕克不会因为细节太小就不去衡量。沃比帕克为了确定客户在其某家商店购买眼镜时，销售人员花费多长时间输入所有信息，他们使用计时器来计算在哪些步骤可以加快速度。布卢门撒尔说："试戴眼镜可能很有趣，因为这是一种社交体验。结账的流程却很烦琐。客户做出购买决定后，就想尽快离开了。但是我们还需要知道你的住址、电子邮件地址、账户信息以及你的身份。我称这些为低价值的互动，而为你找到合适的镜架则是高价值的互动。"

在检查数据时，沃比帕克发现了一些步骤花的时间过长，比如输入客户的电子邮件地址。布卢门撒尔说："这事太明显了。为什么我们不创建一个按钮，比如为 @ gmail.com 创建一个按钮，而不是输入 @ -g-m-a-i-l。这超级简单，而且容易，对吧？是否我们因为做了这件事就成为一家市值达 1 000 亿美元的公司？不。但是，如果我们做 10 亿次这样的事情，那么我们就会做到。"

谁能成为品牌赢家

进 攻 方：沃比帕克眼镜。

防 守 方：实体眼镜店。

战　　场：眼镜市场。

进攻方式：和顾客建立强连接。

赢家策略：1. 人们希望能摸到和感受到产品，因此在家试戴计划可以消除顾客的迟疑，让他们不再对网上购买眼镜持怀疑态度。

2. 如果你能提供超出预期的体验，比如去创始人家里，或者更重要的是，见一见创业公司内部的场景，这会带来对话和连接，品牌可以借此机会和顾客建立关系，就好像人类可以彼此建立关系一样。

3. 和好产品同样重要的是创造一种好的顾客体验，这种体验可以培育忠诚度，一个忠诚的顾客在社交媒体上进行口碑传播会带来更多的顾客。

4. 将客户服务视为利润中心，是对品牌的投资。客户是流量和销售的最大推动力，让顾客感到高兴对公司是有利的。

BILLION DOLLAR BRAND CLUB

How Dollar Shave Club, Warby Parker, And Other Disruptors Are Remaking What We Buy

第 8 章

物流创新，让交付的每一个环节都更快：

静快运与柔谐

科技的翅膀

译者导读

这一章，我们将暂时离开品牌五花八门的表达和产品各美其美的表象，深入到商业世界的深层，即现代供应链，或者说是物流业。物流业犹如数据化、自动化且精心编排的生态系统，也如同一个热带森林，这里有海量的商品、庞大的仓库、无数的货架和众多的物流业工人。如今，这里还有为人类默默工作着的机器生命体——电子臂和机器人。这是一个奇异新世界。

随着 DTC 品牌销售规模的迅速增长，消费者购物行为向线上的转移以及这些品牌对交货速度、准确性和成本的孜孜以求，美国的物流行业在 10 年中迅猛发展，当然中国的物流行业近 10 年更是保持了每年 40% 以上的平均增长率。

卢卡斯机器人（Locus Robotics）的故事，是物流行业伴随着 DTC 品牌发展的故事，也是一家名为静快运（Quiet Logistics）的物流公司被逼无奈下长出了科技的翅膀一路开挂的故事。其背景却是亚马逊 20 年来潜心打造其电商交付竞争力和基础设施的故事。

电子商务品牌这一轮狂飙猛进的背后是现代化物流行业的新一轮升级换代，从多对一的物流模式向点对点的物流模式的彻底转变，简直就是一场推倒重来的变革，这场变革早就从亚马逊开始了，到今天还远远没有结束。随着规模和竞争的加剧，物流企业从软件升级，到硬件升级，再到掌握机器人技术（软硬件的整合），不断面对竞争和变革挑战。物流行业从被动地被电子商务改变发展到主动插上科技的翅膀，本章就是对这一发展历程的素描。

被称为“仓储世界爱彼迎”的柔谐（Flexe）的故事则讲的是，在物流需求增长的同时碎片化需求的出现，如何使得短租仓库网络平台成为可能。

物流行业的升级换代带来了电子商务品牌在交付速度、成本优势上的进步，两者如同双轮互相驱动，彼此增进，从而建构一个新的繁茂的热带雨林般的商业生态世界。

某个星期一的下午 5 点 1 分，纽约布鲁克林的一位网上购物者在电脑上点击了“购买”按钮，订购了两条 Bonobos 的裤子：蓝色周末军士款直筒长裤和灰色弹力水洗斜纹裤。

包裹第二天就送到了他家门口的台阶上。这是怎么发生的？

旅程始于一个庞大的仓库，这个仓库隐藏在波士顿西北 64 千米的田园风光中。它看起来跟大多数仓库一样，有上百条明亮的过道，过道两旁是一排又一排的货架。但是，在这迷宫般的仓库里，有几十个卢卡斯机器人在无声无息地滑行，每个机器人约有 1.5 米高、45 千克重，有圆形的底座和细长的脖子，但没有手臂，差不多相当于一个高大、时尚版的 R2-D2[①]。这些机器人只做一件事，而且是

① R2-D2，是电影《星球大战》系列中的一个机器人角色，常被简称为 R2，在正传电影中由肯尼·贝克（Kenny Baker）扮演。R2-D2 是少有的几个出现于所有《星球大战》系列电影的角色。——译者注

要高效地做这件事：拣出电子商务订单中的货物并送出门，越快越好。

在 Bonobos 电子订单到达仓库的几秒钟内，仓库的电脑系统将其分配给其中一台机器人。整个仓库里散布着 70 万种不同的货品，但机器人却毫不犹豫地根据算法按最佳路线，到达摆放着正确尺码和颜色的裤子的货箱前。

当机器人到位时，工人会拿起客户订购的那条裤子，并将其放入机器人搬运着的方形手提袋中。在其他很多仓库，工人每天得步行 8 ～ 16 千米，边走边拣选货物。有效率的工人每小时可以拣选 50 件货物。但是，在这个仓库，机器人在各个货架间穿梭，工人们则散布在仓库各个关键点上。机器人与人工拣选协同工作，一台机器人每小时可以拿取多达 200 件货物。

约一个小时之后，下午 6 点 5 分，机器人取到了裤子，同时为了优化行程，它沿途也被分配取了许多其他货品。1 分钟后，机器人将裤子运送到包装站，工人将它们整齐地叠放入一个包装盒里，然后迅速装到在仓库货柜装卸台口等待的美国 UPS 快递公司的货车中。然后，裤子被送到附近的地区 UPS 快递公司分拣中心，再转移到另一辆 UPS 快递公司的货车发往纽约，然后在旅程的最后阶段也就是“最后一千米”，这些裤子将和目的地都是布鲁克林邮编 11208 的其他货物一起被装入一辆棕色的 UPS 快递公司的货车。

星期二下午 6 点 23 分，包裹被放在顾客的前门台阶上。购物者在 Bonobos 买裤子是免运费的。运输成本是 12 美元，由商家承担。

每天，这样的事情在美国各地的仓库中发生数百万次。10 年之前，在如此短的时间内将如此多的商品运到如此多的家庭，还是一件不可能的事儿。为了实现它，现代供应链已演变成高度自动化且精心设计的生态系统，在这个系统中，每个小时、每一分钟都至关重要。这是在线购物者从没享受过甚至从没想过的快速寄送服务，除非他们订购的东西晚到了或者丢失了。但这恰是 DTC 品牌从速度到准确性再到成本，孜孜以求的目标。

在马萨诸塞州仓库中工作的机器人是静快运部署的第二代机器人，静快运由两名致力于创建未来自动化仓库的行业资深人士于 2009 年创立。最初，他们使用另一家公司的机器人，但居然被草草告知不再为他们提供服务。静快运的未来岌岌可危，两位创始人在没有制造机器人技术经验的情况下，成立了一家名为“卢卡斯机器人”的新公司，手忙脚乱地打造更好的机器人。而现在，他们将自己生产的机器人出售给世界各地竞相实现自动化的其他仓库。

卢卡斯机器人是如何被投入制造的，是更宏大变革故事的一部分，也是席卷整个物流世界的激烈竞争的一部分。曾经，仓储分拣是非常烦琐的工作，仓库工人需要耗时、费力地装卸板条箱，如今它已日益成为计算机科学博士推动的行业，这些博士编写算法并为交付流程的每一步开发最前沿的技术。供应链管理已成为美国大学各专业中发展最快的专业之一，每年有超过 1 万名学生选择这个专业。

2019 年，物流行业仅在美国就运送了大约 180 亿个电子商务包裹，带来了超过 1 800 亿美元的收入，比 10 年前增长了许多倍，而且这一数字有望继续增长。同时，顾客对于在线订单送货时长的容忍度下降了。在电子商务的早期，如果顾客在下订单 5 ～ 7 天后收到货，那么他会很高兴。现在，如果物流还花费这么长时间，顾客会想是不是出了问题，并且甚至可能不再从这家在线零售商的网站买东西。从物流行业 1 800 亿美元的收入中分一杯羹的诱惑，导致了一场疯狂的竞争，使得物流的每一个环节对消费者而言都更快、更便宜或更好了。

有些初创企业专注于帮海外制造商将货箱运送到美国港口；有些初创企业则专注于将货物从码头运送到仓库；有些企业则聚焦于制造机器人和建造高度自动化仓库，以便在接到订单之后最高效地处理；有些企业则开发可帮助卡车司机填满车厢的智能手机应用程序，或是网购者可跟踪订单进展的应用程序。许多企业在解决“最后一千米”的问题，这个问题越来越重要，因为送到顾客家门口的包裹数量呈指数增长。甚至有些初创公司专门发展“逆向物流”业务，顾客可以在线轻松退回他们不想要的商品，这种情况占所有在线购买的 5% ～ 30%。这类企业有 40 多家，其中包括卢卡斯机器人公司。

用技术重塑仓库运作方式

布鲁斯 · 韦尔蒂（Bruce Welty）和迈克尔 · 约翰逊（Michael Johnson）以前都是技术员，他们自 20 世纪 80 年代以来便从事物流业务。韦尔蒂在科罗拉多大学攻读数学和计算机科学，毕业后他运用自己的专业技能编写管理仓库运营的软件。1987 年，他创立了一家名为全点系统（AllPoints Systems）的公司，并与一些投资者以及约翰逊结为伙伴。韦尔蒂在波士顿学院寻访专才时结识了约翰逊。

那时，仓库管理刚刚走出传统、落后的时代，开始兴起，以前的管理员手工记录跟踪库存，工人们在仓库里用手推托盘搬运车和叉车将货物运进运出。

全点系统及其他竞争对手开发的仓库管理系统软件，极大地提高了仓库管理的效率。仓库第一次可以做到全面进行计算机化处理，从跟踪库存到标出每个货架上所存储商品的具体位置。这项新技术使工人能够在最短的时间内找到合适的货盘，并能确保卡车满载，而且在运送时走最佳的路线。沃尔玛知名度上升且成为美国最大的零售商，部分原因是沃尔玛斥资数十亿美元改善了其物流网络。

虽然物流行业使用了新软件，但是物流业务的本质没有改变，仍然是向零售商店运送货盘和货箱。用仓库领域的话来说，这是一项多对一的业务，大量产品流向单个商店。

许多知名客户应用了韦尔蒂和约翰逊的全点系统，其中包括玩具反斗城（Toys “R” Us）、永备电池（Eveready Batteries）和五月百货公司（May Department Stores）。在 20 世纪 90 年代中期，他们也开始瞄准在线零售商。

1996 年，韦尔蒂开始对一家新兴的在线图书零售商特别感兴趣，这家公司就是亚马逊，韦尔蒂决心将其发展成全点系统的客户。他给亚马逊打了无数个电话，但从未得到回应。他回忆说：“我甚至飞到西雅图，想找到他们的一处仓库，直接找仓库负责人。但是根本找不到，所以我找到一位 UPS 快递公司的司机，问他，‘嘿，这儿附近有亚马逊的仓库吗？’，他说，‘哦，有啊，就在那儿。’就这样，我走进亚马逊的仓库，跳上了货柜装卸台，在仓库里徘徊，四处找人。”

全点系统从未获得与亚马逊的合作，但它确实签订了一份合同，为西雅图的另一家著名初创企业建立一个当时最先进的仓库，它就是在线零售商“药店在线”（Drugstore.com）。

这个项目意味着韦尔蒂和约翰逊要重新审视仓库的传统运作方式。他们需要将大量的小包装产品送给位于不同地点的众多顾客，而非将大量的货盘或货箱送到相对较少的商店。要有效地解决这个问题非常复杂，因为许多订单都可能同时订购了不止一种产品，比如牙膏、漱口水、洗发水和洗面奶。这要求快速找到各个产品，然后确保每个包裹都打包了正确的产品并送到正确的地点。

通过全点系统，药店在线于 2000 年建立的自动化仓库使用了一系列输送机。工人从货架上取下产品后，输送机会穿过仓库，将订单要求的产品运送到包装台。它在当时已经非常先进了，但仍然需要大量的人工劳动，并且输送机损坏或减速时容易出现问题。

在建立成功的生意之后，韦尔蒂和他的合伙人们想寻找新的方向，他们在 2001 年以 3 000 万美元的价格出售了全点系统。之后的几年，他们辗转于投资和咨询业务，韦尔蒂后来听说有一家名为“基瓦系统”（Kiva Systems）的初创企业，这家公司正处于仓库机器人的早期开发阶段。基瓦系统是由 Webvan 的前高管创办的，Webvan 是一家在线日用百货店，但后来破产了，部分原因是其仓库的自动化程度较低。

韦尔蒂的第一反应是“我不信。仓库中的机器人？根本不可能成功”。但是他和约翰逊听到更多此类消息，他们开始好奇了。基瓦系统的机器人在 2005 年左右由一些大型零售连锁店，例如，史泰博公司（Staples），应用于其自有仓库中。韦尔蒂说服了一位前客户，偷偷将他带到运用基瓦系统机器人的仓库中。他回忆道：“我完完全全被镇住了。这是我见过的最酷的事情。”

韦尔蒂和约翰逊知道，要建立一个专注于电子商务的新型仓库很困难。

韦尔蒂解释说："每个人都说可以送货到家实在太好了。但是，天哪，为了这一点，一切都得推倒重来。事实上，那时将东西送到顾客家里而不是商店，以单件成本计算可不只是贵一点点，而是贵得离谱。二者所有的出发点都不一样，包括软件、存储、包装。因此，我们需要一个真正的解决之道。"

他意识到，重新改造仓库需要能实现技术突破的基瓦系统，因为"它们会解决很多问题"。于是，他和约翰逊创建了一家名为静快运的新公司，专为电子商务公司运营仓库，并于 2009 年年初成为首家使用基瓦系统机器人的独立仓库运营商。静快运很快就建立了快速廉价运货货物的声誉。根据尺寸、重量和距离的不同，它可以按低至 6 ～ 8 美元（包括 UPS 快递公司或联邦快递的费用）的价格将顾客订购的东西送到家里。这跟几年前在线零售商为此支付的费用相比，节省了 50% 以上。

一家仅在线上经营时装、家居用品的零售商 Gilt Groupe 等初创企业以及 Bonobos 都成为静快运的早期客户。Music Parts Plus 发现，将其仓库业务转至静快运后，发货的错误率几乎下降为零。在此之前，大约有 10% 的客户可能会收到他们从未订购的产品。

自静快运 2012 年成立以来，男士三角内裤和内衣的一家在线零售商一直将其仓库业务外包。其创始人布赖恩·伯杰（Brian Berger）表示，由于静快运使用的技术越来越先进以及公司自身销量的增长，其总体运输成本已从收入的近 16% 下降到 10% 左右，平均交货时间也下降了。他说："从一开始，他们就帮助我们考虑了包装之类的问题以及如何最快最多地将我们的产品放在他们的仓库中，以实现最高的效率。"

尽管从仓库行业的标准来看，静快运相对较小，但《商业周刊》（*Business week*）、美国消费者新闻与商业频道（CNBC）、英国广播公司（BBC）和《60

分钟》（*60 Minutes*）的记者以及许多其他商业出版物经常将韦尔蒂称为行业先驱。随着公司业务的蓬勃发展，位于马萨诸塞州威尔明顿的首个约 1 800 平方米的小仓库很快就不够用了，他们开始扩大空间，最终在附近的德文斯镇（Devens）扩建了 3 个新仓库，总面积超过约 7.4 万平方米。

静快运甚至成为基瓦系统公司的展示窗口，基瓦系统的负责人经常请潜在客户参观静快运的仓库，亲眼观看机器人的运行情况。这一招很有效，证明了韦尔蒂和约翰逊对仓库改造的愿景是正确的。韦尔蒂说："我们当时想，这很酷。基瓦系统肯定是希望拿我们的仓库去炫耀。"

即使他们仍在增长，但是像所有创业者一样，他们一直在关注和担心更大的竞争对手可能发起的威胁，而亚马逊就是最大的威胁。亚马逊的业务发展已经远远超过了其作为在线图书零售商时的规模，它正迅速建立一个"仓储帝国"，以分销其网站上出售的各种商品，并为电子商务公司提供物流服务，而这些公司正好也是静快运的目标客户。

在 2011 年秋季的董事会会议上讨论竞争格局时，韦尔蒂告诉同事们："如果亚马逊收购了基瓦系统，我们就完蛋了。"后来，约翰逊回忆说："所有人都笑了，说，'那永远不会发生。哈哈，那不是很有趣吗？'"

几个月后，在 2012 年年初，基瓦系统带着几个神秘的人来静快运参观。访客在仓库里待了大约一个半小时。陪同访客参观的约翰逊回忆说，"他们非常专心致志，我可以看得出他们在思考，在试图搞懂所有东西。当他们第一次看到我们的仓库时，他们说，'哇，这么简单啊。'然而，这不是一间普通仓库。他们会思考，那些其他仓库里都有的东西去哪儿了，怎么一辆叉车都看不见？"

这批访客离开后，约翰逊突然想到：这些人可能是亚马逊的人吧。

他猜对了。刚开始，他和韦尔蒂为亚马逊关注他们感到自豪，但很快就面临由此而来的困境。韦尔蒂说："几个月后，我们得到了一个坏消息，亚马逊非常喜欢他们所看到的机器人，因此决定购买基瓦系统。接着，一年之后，我们得到了一个更糟糕的消息，他们将在几年后停止为我们的基瓦系统机器人提供服务，所以我们不得不寻找新的机器人。"

韦尔蒂和约翰逊感到不安。他们围绕自动化仓库建立了整个业务模型，基瓦系统的机器人对业务至关重要。从最初只有 10 个基瓦系统机器人开始，到最后他们的仓库已经安排了 200 个基瓦系统机器人。为了寻找替代方案，韦尔蒂飞赴世界各地，拜访各家开发机器人的公司。但是，即使这样做了，他和约翰逊也仍然担心：如果静快运决定使用另外一家的机器人来替代基瓦系统机器人，但是亚马逊又收购这家公司，那该怎么办？他们岂不是再次陷入困境？

亚马逊的物流创新

亚马逊创始人杰夫·贝佐斯（Jeff Bezos）出于对物流的狂热痴迷，收购了基瓦系统。亚马逊为了使在线购物者彻底改变习惯，从而在亚马逊购买任何东西和一切东西，它要让在线购物者的体验非常棒，要让在线购物就像去实体店买东西一样容易，或者比去实体店更好、更便捷、更便宜。有比在一两天内将订购的商品免费送货到家更便捷或更便宜的服务吗？

当然，亚马逊不是第一个将物流视为竞争优势的零售商，也不是第一个以在客户希望的时间和地点送达商品为出发点来建立业务的零售商。在亚马逊售出其第一本图书的 100 多年前，西尔斯罗巴克公司（Sears Roebuck）、与蒙哥马利沃德公司（Montgomery Ward）都利用物流成为 19 世纪晚期的零售巨头。购物者浏览他们寄来的商品并订购目录，可能要等好几周才能收到商品，但这足以使两家零售商赢得顾客的忠诚度，尤其是那些居住在农村地区的顾客，因为他们面临的状况是货物品种有限、当地零售店的价格更高。

亚马逊推动物流创新的原因很多：仅在 2017 年，亚马逊送达了 50 亿个包裹，远超其他任何一家公司。亚马逊在美国各地建立了庞大的仓库网络，使配送中心离世界各地的客户更近，从而加快了货物的运送速度。在 21 世纪初期，亚马逊只有几个仓库。随后，它开启了修建仓库的狂潮。到 2019 年，它在美国运营了 390 个各种类型的仓库和物流设施，其中 50 多处设施的面积至少 9 万平方米，占地 1.3 万平方米，另外还有约 31 万平方米的仓库用地已纳入计划。如果将其所有仓库并在一起，将覆盖曼哈顿岛大约 1/4 的面积。

亚马逊曾因为仓库工人工作劳累、筋疲力尽而成为舆论焦点。尽管亚马逊现在仍然受到批评，但关于亚马逊的新闻中却极少提及仓库工人的工作条件。由于安排了 20 多万个各种类型的机器人、配备了高度自动化的输送机系统，大部分的拣选和搬运工作都是由机器而不是人工完成的。亚马逊正在测试新的仓库自动化设备，例如，将货物从传送带上取下并打包的机器，并继续开发小型无人机用于空运包裹。

亚马逊对建造配送中心花费数十亿美元仍不满足，还把资源投入到供应链的每个环节。为了减少对传统货运巨头的依赖，亚马逊正在一步步建立长途卡车车队。亚马逊在城市中心区域建立了垂直仓库，这些区域的在线购物者非常集中，因此通过 Prime Now 计划，可以在两个小时或更短时间内收到包裹。当然，此计划针对经常订购的商品。

为了缓解因包裹运送量急剧增加而造成的交通拥堵问题，亚马逊正在尝试使用亚马逊储物柜，这是一种邻里自助设施。亚马逊可将货物放到客户家附近的 7-Eleven 便利店等地点的安全储物柜里，然后客户自取，而不是将包裹送到客户家门口。

亚马逊还在尝试不同的方法来加快“最后一千米”的快递服务。在启动“柔性亚马逊”（Amazon Flex）项目之后，人们可以在闲暇时间当司机帮亚马逊送货来赚钱。亚马逊还帮助那些更有野心的司机建立本地加盟送货业务，他们被称为亚马逊送货服务合作伙伴。而这得益于亚马逊先进的物流技术，同时因为启动业务所需设备产生规模经济，所以这些司机可以享受折扣。亚马逊还在测试一种“人行道”送货机器人，其大小与冰柜的大小相同，可以将货物从路边送到客户的家门口。亚马逊首席财务官布赖恩·奥尔萨夫斯基（Brian Olsavsky）表示，仅在 2019 年第二季度，亚马逊就花费了 8 亿美元，“将两日达免费送货计划升级为一日达免费送货计划”。在 2019 年夏季，联邦快递表示它计划停止在美国向亚马逊提供地面送货服务以及在美国国内的特快货物空运服务，这表明联邦快递越来越将亚马逊视为竞争对手，而不仅仅是客户。

亚马逊的零售竞争对手也在疯狂地进行反击，他们挖走亚马逊物流部门的一些高管。2016 年，塔吉特百货（Target）挖走了阿瑟·瓦尔德斯（Arthur Valdez）。瓦尔德斯在亚马逊的 16 年职业生涯中逐渐崭露头角，成为负责供应链和运输的副总裁。亚马逊状告瓦尔德斯，称他加入塔吉特百货违反了竞业禁止协议。此举凸显了亚马逊非常看重有丰富经验的物流人才：瓦尔德斯在亚马逊的年薪超过 100 万美元。

许多物流和供应链初创企业获得了数十亿美元的风险投资，目的是复制亚马逊的物流创新。供应链专家蒂姆·拉塞特（Tim Laseter）说："亚马逊是物流行业的庞然大物。"他在弗吉尼亚大学商学院任教，并密切关注亚马逊的发展。他说："亚马逊拥有一个难以匹敌的网络，其整个思维方式是依靠技术，随着时间的推移越做越好，因此它将是成本最低的承运人。"

静快运，开发自己的仓库机器人

在物流行业，并非只有布鲁斯·韦尔蒂和迈克尔·约翰逊担心亚马逊购买基瓦系统所带来的威胁。亚马逊宣布将停止向外部销售基瓦系统机器人后，大约有 12 家公司竞相开发配备机器人的高度自动化仓库，以便从电子商务的增长中获益，并填补市场空缺。

2013 年秋天，韦尔蒂花了一个月的时间拜访了德国、英国和日本的机器人公司，但找不到适合仓库工作的机器人。他说："我记得返程时对约翰逊说，'我们应该制造一个机器人，而不是买别人的。'"

约翰逊的第一反应是"你疯了"。韦尔蒂争辩道，他们比许多机器人公司更具优势。他们以前在仓库中使用过基瓦系统机器人，了解基瓦的局限性，也知道下一代仓库机器人应该具备哪些新功能。韦尔蒂说："很久以来，其实我们已经逐步列出了一张长长的单子，记下了我们不喜欢基瓦系统机器人的地方。那么，为什么我们不来解决这些问题呢？"

基瓦系统的主力机器人看起来并不像大多数人认为的机器人那样。它们看上去像巨型的橙色瓢虫，蹲在轮子上，0.6 米宽、0.7 米长、0.3 米高。它们接到产品订单后，会沿着仓库中的标记移动到相应货架的下方，货架上摆放着存放该产品的箱子；然后它们将整个箱子运送到仓库工人所在的工作站，仓库工人从基瓦机器人运来的箱子里拣出产品，然后基瓦机器人将箱子送回原处，再继续去搬运另一个箱子，以便工人拣取下一个订单的产品。

工序听起来很麻烦，但它大大提高了生产率。机器人负责走动，而不是仓库工人。它们确切地知道从哪里拿到产品，不会因为忘记每件产品的存储位置而浪费时间去搜索。但基瓦机器人的速度很慢。此外，为基瓦机器人改造仓库可能会花费大量时间和金钱。

韦尔蒂和约翰逊想要移动速度更快的机器人，它们要像人一样，沿着无限可能的路径自主导航，而不必遵循标记的路线。他们希望机器人的制造成本便宜。他们希望新机器人比基瓦系统机器人更灵活，他们可以根据仓库要发货的订单数量，增加或减少运营中的机器人数量，因为夏季和冬季假期之间的差异很大。他们希望仓库在几周内就能使机器人启动并运行，只需在整个仓库中布置好条形码，而不用安装特殊的货架或其他设备。

尽管任务艰巨，但韦尔蒂说，“自基瓦系统成立以来，技术已经有了很大进步，传感器更好，而且也便宜许多了，软件也改进了很多。我们可以购买这些配件，而不必从头投资和制造。因此，我们有信心可以制造出更好、更快、更便宜的机器人。”

他们首先购买了价值 300 美元的机器人爱好者玩的套件，基本上就是一堆机械零件、一个电动机和一个电子控制面板。他们捣鼓了一番，看看是否可以编程，使其前进和后退。之后，他们又购买了一种更为复杂的机器人套件，并尝试了无线通信等功能。

最初，该项目是静快运的一部分。然后，随着开发成本的增加，他们设立了独立的卢卡斯机器人公司。一开始由韦尔蒂、约翰逊及其支持者投资700 万美元，后来风险投资者又投资了 5 900 万美元。

虽然仓库机器人听起来稀松平常，但是卢卡斯机器人公司却很顺利地为仓库机器人项目招到了机器人科学家。曾在基瓦系统和另一家机器人公司工作的迈克·萨斯曼（Mike Sussman）于 2014 年年初入职，担任卢卡斯机器人公司的硬件工程主管。他解释说："我总是喜欢从无到有，创造一些东西。这是一个存在巨大需求却未被满足的市场，这个市场在蓬勃发展，而正确的解决之道还没有找到。"不久，一个由大约 12 名科学家和工程师组成的团队成立了。

他们很快发现，最大的障碍是编写向机器人的"大脑"，即计算机芯片和电路，发送复杂指令的软件，以及向机器人内置的最新型摄像头和激光传感器发送代码的软件，这样才能让机器人在不碰到东西的情况下四处巡游。

团队花费了 1 年的时间对机器人进行编程，它们才可以在拥挤的仓库中顺利漫游。韦尔蒂回忆道："想想走在曼哈顿的大街上，你必须不停地进行大量的快速计算，以免撞到其他人。这还是很搞笑的。然而，就在你以为自己编写的软件代码正确无比时，这些机器人就会高速运行撞向彼此。"

在此期间，从另外一家工业机器人公司跳槽到卢卡斯机器人担任首席机器人科学家的布拉德利·鲍尔斯（Bradley Powers）有时连续工作三四天，一直待在公司研发实验室。公司研发实验室位于马萨诸塞州威尔明顿。他说："你会迷失于时间之中的。机器人看到他们不认识的东西，就会迷路并走到错误的地方。"解决该问题涉及浩繁的工作，包括编写算法、测试机器人、重写算法、进行更多测试，如此周而复始。

总而言之，在准备好让机器人进入仓库之前，开发团队制造了大约 12 个原型机器人。仓库工人称为装电池的卢卡斯机器人，没有机械臂。它们有一个低矮的圆形底座，或称为“主体”，由四个轮子支撑。底座上装着漂亮的细长“脖子”，或称为“电枢”，“脖子”所连接的平台可容纳多达 3 个塑料箱，用于从仓库货架上拿取货物和搬运货物。“脖子”的顶部是“脸部”，这是一个用颜色编码的电脑屏幕，显示机器人将拿取的下一个货物。

2015 年下半年，经过广泛测试，静快运的仓库中安排了一些卢卡斯机器人。它们的表现甚至超出了预期。在两三个小时内，仅与一个工人协同工作的机器人，就成功完成了 2 个工作人员需要 8 个小时完成的订单数量。

几个月后，约翰逊带着几台卢卡斯机器人参加物流行业贸易展览会，以期引起人们的注意。卢卡斯机器人公司设置了摊位，让机器人可以四处走动并模拟收集仓库订单。他记得当时自己很紧张，希望能有 50 个人会驻足在他的展位前参观。最终，将近 500 人来参观了他们的展位，其中包括来自沃尔玛、亚马逊和敦豪快递（DHL）的高管。约翰逊回忆说：“直到那天展览会结束即将闭馆那一刻，人们还站在展位前问，‘你能告诉我它们的工作原理吗？’”

2018 年 5 月，卢卡斯机器人公司接待了来自美国专利局的审查员团队。公司申请了几十项专利，其中十几项已经获得了批准。韦尔蒂说：“我们在物流领域申请了非常多的专利。他们很少遇到同一家公司一下子申请这么多专利。他们想要参观一下。谁会想到搞仓库的家伙们可以制造机器人呢？”

自从亚马逊和基瓦系统切断供应之后，卢卡斯机器人在一年中帮助静快运扩展了业务。到 2019 年，它的业务已扩张到西海岸，并运营着 18 万平方米的仓库，而且计划到 2021 年使这个数字翻一番。如今，它的客户数量翻了一番，达到 60 多家，并增加了行李箱初创企业远行以及在线床垫品牌 Tuft & Needle 等品牌客户。

由于美国仅约 10% 的仓库安装了机器人，因此韦尔蒂和约翰逊相信他们对卢卡斯机器人的赌注将获得回报。卢卡斯机器人公司的首席执行官里克·福克（Rick Faulk）说："亚马逊在这个行业展开了军备竞赛，而卢卡斯机器人是这场军备竞赛中的军火商。亚马逊是我们最好的营销部门，而且他们做得非常棒。"

卢卡斯机器人公司面临很多竞争。它的主要竞争对手之一，是一家自主移动机器人初创企业 6 River Systems，其于 2019 年年底以 4.5 亿美元的价格被 Shopify 收购。但是，卢卡斯机器人公司被公认为行业领导者之一。它以每月 1 000 美元的价格出租机器人，这样不想支付 3 万美元购买机器人的仓库业者可以负担得起。

敦豪快运是第一批客户之一，这是一家大型包裹运输公司，这家公司对 6 台卢卡斯机器人进行了大约一年的测试。敦豪快运北美业务副总裁阿德里安·库马（Adrian Kumar）说："我们是一家以指标为导向的公司，我们发现使用卢卡斯机器人可以大大提高生产率，增幅是原来的两倍。"于是，敦豪快运迅速扩大到使用 100 多台机器人。

不过，静快运公司拒绝了一家潜在客户，韦尔蒂说："那家公司就是亚马逊。他们给我们打电话，但我们拒绝了。""为什么要做可能有益于亚马逊的事儿呢？"他反问道。

静快运正在与亚马逊展开另一场战斗。2019 年 5 月，静快运被两家大型房地产公司以约 1 亿美元的价格收购，其中之一是瑞联集团（Related Companies），它是曼哈顿价值数十亿美元的哈德逊广场的开发商。韦尔蒂说，我们的使命是通过在大城市建造垂直仓库来跟亚马逊对着干，这样就能做到当日交货，就像庞大的竞争对手亚马逊所做的那样。而且，他自然非常希望新仓库中使用的都是卢卡斯机器人。

柔谐，仓储世界的爱彼迎

在加利福尼亚州洛杉矶以东约 48 千米处，坐落着空荡荡的大仓库，面积约为 1.5 万平方米，占地近 30 个足球场。仓库里有 80 千米的输送系统，仓库外是可容纳 1 000 辆大型拖车的停车场。这个仓库是凯马特公司在 1980 年建造的，凯马特于 2004 年收购了西尔斯罗巴克公司。30 多年来，仓库里一直堆满了各种商品。

但是到了 2017 年，随着凯马特和西尔斯的运势渐蹇，仓库中几百条走道两旁约 4.5 米高的金属货架上变得越来越空空荡荡。零售商不再需要像以前那么多的商品，因为购物者现在都是待在家里网购，而且常常从其他在线零售商那里购物。

一年之后，仓库里的许多货架都上满了新货。但不是给凯马特和西尔斯商店的商品，而是为十几家电子商务公司供货的商品。这些商品之所以会汇集到这个仓库，皆是因为“仓储世界的爱彼迎”。这个说法可能是对其最好的描述，而它是卡尔·西布雷赫特（Karl Siebrecht）智慧的产物。

西布雷赫特在西雅图的一次鸡尾酒会上遇到一位朋友的朋友。这位朋友卖酒吧用品，出售搅拌棒、小玻璃杯、杯垫等。他的生意进展顺利，但他不得不支付经常闲置的仓库空间的费用。这是因为，虽然企业的销售由于季节性等原因而波动，但是大多数仓库仍要求客户承诺至少一年的固定空间使用面积。对于无法预测其销售增长速度的初创企业，这个问题更为突出。

这让西布雷赫特开始思考。作为一名多次创业者，他正在出售自己的第二家数字广告软件公司，同时在考虑下一步该怎么做。他想道：要不开一家经营仓储业务的公司，针对酒吧用品公司这样的企业，为他们找到闲置的仓库空间？如果他做这项业务，那么双方都会受益。仓库可以通过填满空置的货架来赚钱，而消费品公司可以在无须签订昂贵的长期合同的情况下，在他们需要的地点按他们所需要的时长得到他们所需面积的仓储空间。另外，这个想法很容易向客户解释。就像爱彼迎一样，它将旅行者与想出租自家房间的房主匹配，西布雷赫特的公司将收取一定的费用，以使任何一方都能轻松找到合适的另一方。

对于电子商务创业者来说，还有另一个优势。如果西布雷赫特可以建立一个足够大的仓库网络，那么一家初创企业可以承担得起在美国全国范围内战略性地配置两三个，甚至更多的仓库点，从而加快物流速度，凭借其在美国的仓库网络，比亚马逊更具竞争力。西布雷赫特解释说："一家初创企业面临的基本挑战之一是，向客户发货的最短时长以及仓储和物流成本。"

因此，他创立了柔谐。尽管西布雷赫特看起来似乎根本不用担心，但说服足够多的仓库来加入他的仓库网络比他预期的要难。因为除非仓库数量达到临界点，否则仓库网络并不够大。他解释说："仓库是一个老派的行业，完全不在时代前沿。"仓库管理者的一个典型反应是：反正我们总是能找到客户，为什么我们要向柔谐支付 10% ～ 15% 的佣金？西布雷赫特的回答是：我们会为你找到客户，如果我们不能为你带来更多收入，你不用花任何成本。

第一年，西布雷赫特在家里的地下室工作，开始和仓库管理者签订合同，他的小团队也创建了一个将客户和仓库空间进行匹配的网站，还开发了软件，使网络中的所有仓库都可以使用该软件来提供相同水平的服务和质量。毕竟，即使电子商务初创企业只是对极少数仓库有不良体验，也可能将仓库网络中的每个仓库都拖下水。他在两轮早期风险投资中设法筹措到了 2 100 万美元，最初只专注于在西雅图和洛杉矶寻找仓库合作。因为这两个城市都是西海岸的主要港口，而且是拥有大量仓库的中转枢纽。

西布雷赫特说，对其发展最有帮助的是亚马逊日益强大的力量。这与卢卡斯机器人的情况一样。他说："在过去的几年中，迫切需要进行变革，这让我们无所适从。"柔谐从 2015 年其仓库网络中仅有几十处仓库，发展到 2019 年的 1 000 处仓库，遍布美国的 575 个城市和加拿大的 40 个城市。西布雷赫特指出，这个数字远超亚马逊的物流设施总数，近 400 处。

柔谐的网站看起来与爱彼迎的网站很相似。如果你是一家在洛杉矶寻找仓储空间的公司，请登录柔谐的网站，然后网站上会弹出一个地图，显示不同大小和不同位置的仓库，包括由凯马特和西尔斯的母公司 Innovel 在安大略市拥有的约 1.5 万平方米的仓库。

在 2016 年年末，陷入困境的零售巨头 Innovel 正在出售仓库，由于销售下降，它不再像以前那样需要大量仓库。Innovel 总部位于芝加哥郊区，其高级经理瑞安・戈雷基（Ryan Gorecki）说："我们当时有很多空置的空间。"他停顿了一下，补充强调："我们的很多仓库都是这种情况。"那时，他在同事的桌子上发现柔谐的宣传小册子。

戈雷基很感兴趣，马上给柔谐打电话。他立刻就被“仓库网络”这个概念吸引了，但高管们一开始对此表示怀疑，他们说：“请记住，我们是一家老牌公司。”正如西布雷赫特所说的，要签约这样的公司非常困难。戈雷基设法说服了高管们，告诉他们做这件事没有成本，更何况他们正处于困境中。他们仅把少数几处仓库加入柔谐的仓库网络，很快就产生了明显的收益。于是，Innovel 迅速追加了二三十个仓库，将闲置的仓库空间填满，并每年得到数百万美元的新增收入。

柔谐在安大略市仓库的早期客户，包括在线床垫零售商卡斯珀和 Lull、家庭实验室（hOmeLabs）牌迷你冰箱和其他小家电的制造商莫霍克集团（Mohawk）、在线医疗设备商店 Vive，还有户外电子零售商 Kangaroo。这个仓库中最小的客户是 Cargo，该公司向优步和来福车（Lyft）司机出售装满薄荷糖、润唇膏、牛肉干、糖果棒、能量饮料和阿司匹林（便利店携带的小票物品）的盒子，然后司机再转售给乘客，赚一点儿外快。Vive 占用的空间约 4 600 平方米，而 Cargo 最初只占用不到约 93 平方米，后来扩展到约 230 平方米。以往的大型仓库是不可能向单个客户提供如此小的仓储空间的。戈雷基指出：“当我们考察一些电子商务客户时，我们会问他们有何增长潜力。一家初创企业可能当前只需要 46 平方米，而一年之内就可能需要 1 900 平方米了。”

柔谐的竞争对手是大型承运人 UPS 快递公司。为了填满自家仓库网络以及其他公司仓库中的闲置空间，UPS 快递公司推出了内部创业项目 Ware2Go，基本上完全复制柔谐的模式。Ware2Go 网站的承诺是“随时扩展，随你所在”。

对于柔谐及其投资者来说，UPS 快递公司可疑的跟风举动证实了他们已经进入了一个潜在的巨大市场。2019 年，柔谐从风险投资机构筹措了 4 300

万美元，其总融资额增加至 6 400 万美元，可以扩展业务和抵御竞争对手。

西布雷赫特说，“不服来战。在我们开始这项业务后，我发现自己开始对着卡车、飞机、轮船和火车发呆。物流系统比金融系统还庞大。无论何时何地，它都在你的眼前，但你从未真正注意到它。”

谁能成为品牌赢家

进 攻 方：静快运与柔谐。

防 守 方：亚马逊。

战　　场：仓储物流市场。

进攻方式：快速、廉价地交付货物。

赢家策略：1. 从一开始，就帮助客户考虑了包装之类的问题以及如何最好地将客户的产品放在仓库中，以实现最大效率。

2. 制造出更好、更快、更便宜的机器人。同时，机器人系统要更灵活，可以根据仓库要发货的订单数量，增加或减少运营中的机器人数量。

3. 为仓库找到客户，如果不能为仓库带来更多收入，那么他们不会花费任何成本。

BILLION DOLLAR BRAND CLUB

BILLION DOLLAR BRAND CLUB

How Dollar Shave Club,
Warby Parker, And Other Disruptors
Are Remaking What We Buy

第 9 章

销售大战，从与自己竞争开始：Tuft & Needle 床垫与卡斯珀床垫

译者导读 巨头的挣扎

提起DTC品牌，就不得不提起一个品类：床垫，或者确切地说，泡沫床垫这个品类。2012—2017年的床垫大战，也是一个无比精彩的商战故事。在看完了剃须刀、文胸、隐形眼镜、眼镜这些“小个头”商品的DTC品牌逆袭传奇之后，不妨来看看床垫这个“大家伙”是如何被搬到线上，颠覆整个行业并造就一批商业英雄的故事。

早期的DTC品牌的诞生都有一个有趣的现象：几乎都是从“仇恨清单”开始，创始人出于“革命”的心理，向他们最不满的商品、品类和行业发起挑战。他们带着电子商务这把利刃，一刀刀刺入巨头的身体。作者多次用歌利亚这个比喻，正是要展示给我们这样一幅以弱胜强的战斗画面。

这一章特别值得品味的是舒达席梦思（Serta Simmons）这样的行业巨头在传统业务和创新业务中的徘徊、挣扎。迈克尔·特劳布（Michael Traub）作为舒达席梦思的首席执行官，其实很早就意识到了竞争的迫近，也听到了消费者的心声，明白行业存在的问题，但是，该如何是好呢？买一家公司？还是自己孵化一个创新业务？怎么孵化？在组织上如何安排？该拔高到怎样的战略高度，是否可以战略性亏损？这些问题本身比如何回答难多了。而对布赖恩·墨菲（Brian Marphy）这些受命者而言，要意识到竞争的惨烈和速度的重要性，还有大公司政治的干扰，这些在产品创新之外非常不同的挑战。

问题永远都不是问题，对问题的应对才是问题本身。

从舒达席梦思对这些问题的回答和一系列行动，我们可以管中窥豹，看到大公司面对创新的种种尴尬处境。这一章，是写给他们看的。

如果你随便走进美国任何一家床垫商店，凝视展示的一张张床垫，深吸一口气，你将经历一种最令人困惑和烦人的购物体验，购买汽车的体验与之相比都算轻松愉快。

你可能事先已经做了准备，在网上研究了一些床垫，但这不大有用。因为你将在床垫商店看到太多系列和价格的床垫，这些都是故意用来迷惑你的。

在加利福尼亚州卡尔弗城（Culver）一家商业街的坐与卧门店（Sit'n Sleep），有 134 张床垫可供出售，价格是 500 美元到 11 000 美元，丝涟（Sealy）某一型号的床垫售价为 993.99 美元；舒达席梦思 5 种不同型号的售价分别为 1 382.99 美元、2 659.99 美元、5 978.94 美元、7 598 美元、11 396 美元，等等。在商店里你只有几分钟的时间躺下来试一下床垫，而你把床垫买回家，在床垫上睡几个晚上以后才能真的知道它是否适合你。如果这时候你不喜欢新床垫，就当钱打水漂儿了吧，坐与卧门店只允许你换床垫，而且将向你收取相当于 20% 货款的“补货”费。

你说你想比较 15 分钟车程内任何 6 家床垫商店的床垫价格，或者将之与在网上研究时看到的价格进行比较？好吧，祝你好运。其他零售商提供同一制造商生产的许多相同的床垫，但它们的名称可能不同。让你糊涂是他们故意为之的，因为零售商可不希望你能够比较价格，他们的销售人员是拿佣金的。长期以来控制着美国床垫市场约 70% 份额的两家公司舒达席梦思和丝涟几乎对半分了这 70% 的份额。他们很乐于合作，这种合作关系让他们和零售商都很满意，双方都能获得最大的利润，并为挣佣金的销售人员提供最高的收入，销售人员每天卖几张床垫就可以有很可观的收入。

约翰·托马斯·马里诺（John Thomas Marino）和他的妻子于 2010 年在旧金山湾区的一家床垫商店，以 3 000 多美元的价格购买了泰普尔（Tempur-Pedic）泡沫床垫。对于刚从宾夕法尼亚州立大学数学和计算机科学专业毕业的马里诺来说，床垫是他有史以来买过的最昂贵的东西之一。他记得自己走了很长的路，到了几家商店并试图比较价格，但发现这是不可能的。最后，他不得不休假两天等待床垫到货，因为送货人员没有在预定的日期送货。马里诺说："这是一场噩梦，是我一生中最糟糕的经历之一。"而且他和妻子睡过这张床垫之后都不喜欢，但是由于商店严格的退货政策，他们还是留下了床垫。

大约 18 个月后，即 2012 年春天，年仅 27 岁的马里诺和来自宾夕法尼亚州立大学当时只有 24 岁的好朋友戴希·帕克（Daehee Park），正在一家初创公司开发一款应用，马里诺说这个应用相当于"一个购物的 Pinterest"，他们意识到自己的购物经历很糟糕。马里诺回忆道："我们是软件专家，希望跳脱出软件去解决真正的问题。我们决心从自己亲身经历的问题开始。我们花了大约两个星期列出了让我们不满的所有内容。"其中潜在生意机会之一是在线销售按顾客需求定制的维生素包，后来有人抓住这个直接面向消费者的想法，启动了创业。“但是我们一直来回讨论床垫。这是我们所有想法中最无聊的事情，之所以反复讨论床垫，是因为我在 2010 年购买床垫的可怕经历。”

于是，两人掏出一本拍纸薄（Legal Pad），写下了一张“仇恨清单”，在纸上填满了每个人都不喜欢的关于购买床垫的问题以及解决这些问题的方法。马里诺承认道，“这不是火箭科学般的高科技。该清单包括一直在推销的销售员、加价幅度高、运送和退货费用昂贵以及令人困惑的太多种类床垫的展示。”

马里诺和帕克同意各投入 3 000 美元，并开始拟订计划进军年产值 160 亿美元的传统床垫行业。事实证明，发起这次“攻击”的不是一两家初创企业，而是数十家初创企业。如果说许多消费品类别的进入壁垒已经下降，那么床垫行业的进入壁垒早就已经崩溃了。销售竞争无所不在，根深蒂固的老牌企业即使试图模仿新手的战术，捍卫自己的地盘也变得越来越难，同时成长中的新手颠覆者要想在一个竞争激烈的市场中获利也变得非常艰难。

早在 2012 年，谁也无法预计上网购买贵重物品的人会很多。在网上买剃须刀只要几美元，就算客户不喜欢这个剃须刀又怎么样呢？但是，对于几百美元的床垫，你即使在实体店短暂地体验一下都可能最后仍不满意，更何况在网上都没有机会躺下来试一下。那还会有人在网上购买床垫吗？

这就是马里诺和帕克想要回答的问题。于是，他们在还没有生产产品之前，先利用编程技能进行测试。他们成立了一家公司，名为 Tuft & Needle。然后，创建了一个虚拟的网页，页面上显示了一张床垫的照片，并表示提供快速、免费的送货和退货服务，还有一个按钮，客户可以单击按钮下单，他们以此来测试是否有人会刷信用卡下单。马里诺解释说：“我们的一些朋友是初创公司创始人，他们曾告诉我们，如果有不认识你的人想给你钱来买你的产品那就证明你可能选对了。”

2012 年 6 月的一个晚上，在线测试上线了。马里诺前往帕洛阿尔托市中心的库帕咖啡厅（Coupa Café）喝咖啡。谷歌联合创始人谢尔盖·布林和已故的史蒂夫·乔布斯等技术名人都曾来过这里。帕克打电话给马里诺，说他已经买了一个谷歌搜索广告，希望能吸引网站的访问者。15 分钟后，马里诺又接到帕克的电话，帕克对他说："老兄，我们刚卖出去一个。"

马里诺说："我从椅子上跳了起来，非常大声地说'中奖了！'，旁边聊天的人们停了下来，四周一片安静，他们都转过头看着我，咧着嘴点了点头。'硅谷世界'里的人们都知道发生了什么。"马里诺补充说，由于他们还没有要销售的产品，所以不接受信用卡付款。

在线测试取得了成功。马里诺和帕克决定将公司设在菲尼克斯（Phoenix），那里的成本较低，而且雇用人员更容易。马里诺解释说："在硅谷工作的人，要么是在最顶尖的 20 家公司之一工作的工程师或设计师，要么就是企业的创始人。让其中任何一个人退出并加入一家没有资金的床垫初创企业可不现实。"

他们首先必须弄清楚如何制作床垫。他们切开了马里诺在 2010 年购买的那张床垫。两人经过一番研究，得出结论，床垫的材料主要是泡沫和织物，仅这些东西就卖几百美元。

由于泡沫床垫的兴起，马里诺和帕克选择了一种技术上易于生产的产品。几十年来，床垫市场一直是由沉重、笨拙的内部弹簧线圈制成的床垫主导。它们制造工艺复杂并且运输费昂贵。后来，一种新的床垫材料问世，它基于美国航空航天局艾姆斯研究中心（Ames Research Center）在 20 世纪 60 年代开发的“黏弹性”记忆泡沫，旨在提高飞机座椅和靠背的舒适性与安全性。该材料具有适应身体、吸收压力然后弹回其原始形状的能力。最初的制造过程既困难又昂贵，但随着时间的推移，技术得到了改善，1991 年，一家瑞典公司推出了泰普尔瑞典床垫。

泡沫床垫曾经是一种小众产品，部分原因是它以高价出售，在接下来的 20 年中，泡沫床垫销售额持续增长，约占床垫市场总销售额的 30%。由于泡沫成为一种商品，许多美国生产商都可以生产，泡沫的价格下跌。但是优质泡沫床垫的零售价仍然很高，主要原因是床垫公司的合并限制了价格竞争。泰普尔在 2013 年收购了丝涟，而舒达席梦思在 2012 年被私募股权公司安宏资本（Advent International）控股。随着床垫行业巨头 Mattress Firm 吞噬了竞争对手并发展到 3 500 多家门店，曾经高度分散的床垫零售商之间的竞争也大大降低。

为了找到制造泡沫床垫的制造商，马里诺开车走遍了美国东海岸和西海岸，他敲开供应商和制造商的大门，但许多人根本不理他。他说：“他们可不想与一个行业颠覆者合作，因为我们会彻底颠覆他们正在提供产品的行业。”最后，他找到了一家制造商，但是对方告诉他：“我们不能为你制造床垫，只能提供泡沫。但是我们会教你怎么做床垫。”

有了这些生产知识，马里诺和帕克便与康涅狄格州一家制造商联手，后来没有成功。然后，他们找到加利福尼亚州比尤纳维斯塔（Buena Vista）一家小型家具制造商。他们是一家家族企业，生产泡沫沙发垫，一直在追求产品的多元化。泡沫床垫对一家提供免费送货服务的线上初创公司来说还有另一个优点：压缩后的泡沫床垫可以装入体积较小的盒子中，并且运费成本低至 50 美元，而内置弹簧床垫的价格是其两三倍，弹簧床垫要被平放，需要两个人操作才能完成送货。比尤纳维斯塔的工厂没有压缩床垫的机器，因此最初压缩是手压完成的。用一个商用的真空吸尘器从泡沫中吸出空气，同时一名工人或马里诺跪在床垫上使劲压，将床垫变小并塞入盒子中。

Tuft & Needle 公司并不是第一家在线销售床垫的公司，尽管包装是其战略和品牌形象的核心，但是它也不是第一个提出盒中床（Bed-in-a-box）创意的公司。位于田纳西州约翰逊城（Johnson City）的 BedInABox 公司于 2007 年开始主张这种差异化策略。BedInABox 公司首席营销官梅利莎·克拉克（Melissa Clark）感叹道："我们是一家小型家族企业。我们的竞争对手把我们的事业发展到更高的水平，做得非常出色。"她是公司创始人的女儿。

2012 年 10 月，Tuft & Needle 公司自筹资金，没有筹集任何风险投资资金，便开始销售床垫。最初的床垫种类非常单一，只有 12 厘米厚，两张单人床的价格为 350 美元。与沃比帕克和美元剃须俱乐部不同的是，Tuft & Needle 公司最初并没有引起太多关注，销售也没有增长。马里诺承认："起初退货相当多，但我们不断进行产品迭代，直到后来客户满意度很高，我们开始获得推荐。"

随着它提高了床垫的质量，Tuft & Needle 公司从在自己的网站上销售床垫扩展到在亚马逊上销售床垫，亚马逊买家的高度评价使它不必花费太多的广告费就出售了更多的床垫。

然而，并非只有马里诺和帕克认为床垫行业存在黑幕，需要进行颠覆。2012 年 9 月，在 Tuft & Needle 公司开始销售床垫之前，某个人在博客上发表了一篇简短的文章，只有 800 字，标题为《我们需要一家卖床垫的沃比帕克》。作者在文章中直言不讳："床垫行业烂透了。它由少数几家无缘无故地获得谷歌式高利润水平的大型企业控制。床垫制造商通过结合寡头垄断的市场结构、简单粗暴的销售技巧和不透明的产品命名习惯，获取的利润远远超过了他们为消费者提供的价值。”

大约在同一时间，纽约的勒勒·希波风险投资的投资家本·勒勒去逛商店想买床垫，他是沃比帕克的早期投资者之一。他回忆说：“我进了一家大品牌的商店，那里简直是令人毛骨悚然、怪异且缺乏个性。”勒勒委托咨询师埃利奥特·皮尔斯（Eliot Pierce）研究床垫市场以及创办一家在线床垫公司所需的资金。2013 年 5 月，皮尔斯给勒勒的报告题为《睡眠者的牢笼》（*Sleeper Cell*），明确了最突出的问题是找到制造商，但得出的结论是：“有机会在床垫领域创建一个令人瞩目的新品牌。”他在报告中还确定了其他收入来源，比如销售枕头、床单和睡眠头套。该报告非常有先见之明地提出了 DTC 床垫初创企业的未来潜力，但对收入的预测却十分保守，它预计销售额增长缓慢，到 2017 年才能达到 1 500 万美元。

勒勒坚信床垫行业可以像眼镜行业一样被颠覆。他回忆道：“我对外宣布‘有人对创建床垫公司感兴趣吗？告诉我’。”一个已经在做床垫初创项目的创业者团队 Duke’s，给勒勒打了电话。该团队的负责人菲利普·克里姆（Philip Krim）于 21 世纪初在得克萨斯大学读书时就曾在网上出售廉价的无商标床垫。勒勒说：“他们进行的研究基本上与我们的相同，但是信息更为丰富。他们对于价格定位很清楚，比如应该在 1 000 美元左右而不是 500 美元或 2 000 美元左右。”

2014 年 2 月，勒勒·希波风险投资成为这家新创业公司 160 万美元种子投资的领投人，该公司更名为卡斯珀。它的成长过程与 Tuft & Needle 公司相同：它从单一泡沫床垫型号开始，价格不超过同类大品牌价格的一半，提供 30 天免费试用、免费送货和免费退货，并且如果客户不喜欢购买的床垫，公司会将它捐赠给慈善机构。马里诺回忆起国际睡眠产品协会（International Sleep Products Association）在新奥尔良召开的一次会议上碰到了卡斯珀的几位创始人，那时卡斯珀刚刚发布产品。他说："我和他们一起参加聚会。我告诉他们，'我们将颠覆这个行业。'"停顿片刻之后，他补充道："我们最终会成为彼此的对手。"

2014 年 4 月，卡斯珀开始大肆宣传产品，得益于一场精明的媒体攻势，它引起了《纽约时报》、彭博新闻社和许多其他媒体的报道。到 2014 年年底，有关卡斯珀的文章总数达到 158 条。卡斯珀第一个月的销售额就超过了 100 万美元，差不多是 Tuft & Needle 在 2013 年全年的销售额。卡斯珀有独特的市场营销策略，宣称在卡斯珀网站购物不仅可以避免去床垫商店体验痛苦，而且让购买床垫变得很有趣。客户开始在 YouTube 上发布视频，视频展示了他们从包装盒中取出卡斯珀泡沫床垫，等它膨胀变大后，跳到上面。YouTube 上还有其他有趣的视频，显示送货员将卡斯珀床垫盒放在自行车上，就可以保持平衡。订单增加的速度非常快，有时甚至库存不足。

为了培养商誉，并避免在线上受到不良评论或投诉，克里姆回忆道："我们会给顾客打电话道歉并提出免费给他们使用充气床垫作为不能及时交货的权宜之计。我们与成百上千的客户达成了协商。亚马逊多次关闭我们的交易，因为我们买了太多的充气床垫，他们认为我们购买它们是为了转售赚差价。"

同时，在菲尼克斯相对默默无闻的 Tuft & Needle 公司稳步增长，销售额从 2013 年的 100 万美元增加到 2014 年全年的 900 万美元，它用改进版的 24 厘米床垫替换了原来的 12 厘米床垫。新款不仅更厚，而且采用了科学家们配制出的更好的泡沫来制造，使用感更舒适。尽管该公司起初的媒体报道很少，但后来终于开始受到关注：2013 年 12 月骇客新闻（Hacker News）

在网上发布了一篇关于它的帖子之后，2014 年 1 月《财富》杂志发表了一篇报道，标题是《是的，与床垫界的沃比帕克见面》。仍未筹集任何外部资金的马里诺和帕克接到了风险投资家的电话，要求注资，但两人都拒绝了。马里诺说："他们实际上有两个独立的风投机构，如果我们不让他们参与进来，他们会找到其他愿意的公司。其中一个风投机构最终投资了卡斯珀。"

线上床垫销售大战才刚刚开始。但是，就像曾经面对美元剃须俱乐部和 Harry's 剃须刀的吉列一样，大公司还不了解它们面临的真正威胁。

舒达席梦思的内部颠覆

迈克尔·特劳布在 2014 年 9 月被任命为舒达床垫公司总裁时对床垫业务一无所知。他在经营博世（Bosch）和塞曼多尔（Thermador）家用电器的北美业务多年之后，努力与时俱进，适应日益加剧的床垫市场竞争局面。他向新同事们提出了一个问题：我们应该如何看待这些在网上销售床垫的初创公司？

他问他的执行团队："卡斯珀是谁？ Tuft & Needle 是谁？" 当时，所有初创企业的年销售额可能总计不到 5 000 万美元，肯定低于 1 亿美元，或远远低于市场份额的 1%。这些人回应他："不要担心他们。他们是一群疯子。他们的床垫很烂。人们将在几年内意识到这一点，然后不再购买他们的东西。"

舒达席梦思的高管坚信他们的床垫质量是上乘的。该公司拥有约 50 名科学家和技术人员，他们不断测试和开发床垫材料。在亚特兰大郊外的实验室里，研发负责人克里斯·丘恩格洛（Chris Chunglo）喜欢带参观者参观并展示他最喜欢的一些测试设备。有一台机器使用一个切成两半的保龄球来模仿人坐上床垫，模拟 10 万次在床上睡觉相当于十几年的磨损。另一台机器类似一个巨大的六面擀面杖，称为“滚轮”，可以往复运动，在床垫上按压 12 万次，以模拟人们多年的睡眠对床垫的磨损。最后是一个高科技人体模型，可以对其进行调整，以模拟不同的体重和身体类型。当一个人躺在床垫上时，一个嵌入了 2 000 个传感器的垫子会生成所有压力点的地图。丘恩格洛还有一项“泡沫压缩恢复”测试设备已获得专利，可测量床垫根据被施加的重量或压力恢复到其适当形状的速度，例如，当一位睡眠者在晚上改变睡姿时，床垫有多快恢复其适当形状。他还有一个人体模型，可以测试人体紧贴在床垫上散发出的热量和湿度。

丘恩格洛的办公室外面悬挂着一块牌子，上面写着“泡沫语者”，他认为不是所有的床垫泡沫都是一样的。他解释说，关于泡沫床垫最常见的抱怨之一是，当睡在泡沫床垫上时它们会变热。为了提供更舒适的体验，最好的泡沫内嵌有所谓的相变材料，可帮助保持均匀的温度。他解释说：“当你上床睡觉时，你的身体通常会很温暖。然后慢慢觉得不那么热，材料在身体热时会吸收热量，然后在身体变冷时将热量释放回去。”

丘恩格洛断言：“大多数新玩家都找泡沫供应商，寻找具有特殊感觉的泡沫，却从不真正知道实际的物理性能。他们不了解这些成分之间如何相互作用以及它们如何影响一夜安眠。我们一直在测试所有竞争对手的产品。”对于如何看待这些初创企业，他实事求是又轻蔑地说：“卡斯珀床垫非常普通。”

尽管丘恩格洛如此判断，但是从销量的增长来看，购物者似乎对卡斯帕以及 Tuft & Needle 等公司生产的床垫非常满意。因此，2015 年迈克尔·特劳布成为舒达席梦思床品的负责人之后，管理这两家公司旗下的所有知名品牌，委托第三方研究了床垫行业的线上初创企业。调查得出了公司内部许多人都不愿承认的结论："我们发现大多数客户都没有退货。他们喜欢这些床垫。他们不想去床垫商店和销售员打交道。"特劳布说："这是一个非常自满的行业，简直是过时的，而且发展方式是僵化的。没有人认为新企业可以找到进入市场的方法，因为行业的进入门槛很高。行业内的人都傲慢自大。我们听到消费者的声音，所以我们必须解决问题。"

特劳布决定舒达席梦思不能冒着忽略 DTC 品牌这股品牌趋势的风险，因为这可能意味着蚕食了其高价床垫的销售。为了与新贵们竞争，它首先必须与自己竞争。

特劳布和他的助手们认真考虑是否购买一家初创企业，但他们否定了这个想法。他解释说："这些公司的价值不高，知识产权很少。"取而代之的是，他们的重点是发布自己的盒装一体式床垫产品以及讨论是为这款产品注册一个新品牌，还是使用公司现有品牌名称。他坦言："我们进行了很多次激烈的辩论。"一些管理者认为品牌应该包含任何新的 DTC 床垫产品，而不是将研发和营销费用转移到一个新品牌上，因为这样做可能会减少他们原来品牌的销量。最后，特劳布否决了这个想法。"我们决定从一个新品牌开始。我不想让舒达在跟上时代趋势的路上拖泥带水。另外，我该如何向销售大量舒达席梦思床垫的巨型零售连锁店 Mattress Firm 公司解释'我要在网上销售一个新的席梦思 Beautyrest 床垫产品，并且不由他们销售？'"

特劳布还决定，让在舒达席梦思工作多年的高管来运营这家初创公司是没有意义的。他认为，已经在公司工作的任何人都与传统的经营方式的联系太密切，不太可能具有创造性思维并与公司内部的朋友竞争。因此，特劳布委托一家猎头公司寻找一位具有企业家精神的外部高管。

猎头公司最看好的是布赖恩·墨菲，他在 20 多岁时创立了一家销售汽车零部件的电子商务公司，并将其发展成为年销售额 20 亿美元的企业。这引起了 eBay 的注意，eBay 收购了墨菲的初创公司，并由他负责 eBay 汽车公司。墨菲打趣道："我们每年在 eBay 上销售 80 亿美元的汽车零部件和汽车。我跟别人说我是美国第一大二手车推销员。"

当他接到猎头打来的电话，询问他是否有兴趣为舒达席梦思创建一家在线床垫公司时，墨菲非常疑惑。"我的第一反应是……"他停顿了一下，"床垫？我可一点儿也不了解。"

但那一年墨菲 40 岁，正在寻找新挑战，所以他决定继续听猎头说。他说："我意识到，床垫是一项每年 160 亿美元的生意，其利润率很高。"但是他表达了另一个担忧的问题。"我说的第二件事是'你说要颠覆自己，这我可不太相信你。'我不知道有哪一家公司曾经成功地颠覆自己。历史表明，像这样的内部初创公司几乎都被完全致力于颠覆行业的新公司打败。唯一能让我做这项工作的方式是，我有权力根据市场条件而不是人为条件进行竞争。不这样做我们就会失败。"

最后，他坚持认为这家电商公司的办公室要位于纽约，远离位于亚特兰大的舒达席梦思总部。否则，它就有可能屈服于母公司的传统思维方式。令墨菲惊讶的是，特劳布同意了。特劳布解释道："我们必须得干。"

墨菲在 2016 年 9 月加入公司后发现，即使有特劳布的支持，他在访问舒达席梦思位于亚特兰大的办公室时也不是最受欢迎的人。他指出："总部有两种人，真的很高兴见到我的人以及假装真的很高兴见到我的人。"他的电商业务越成功，就越会减少公司高价床垫的销售，并有可能导致整体利润率下降和裁员。但他认为，不这样做的结果会更糟。"你会将直接面向消费者的业务全部拱手相让，并损失所有相关的收入；更好的结果是你瞄准 50% 的电商业务并失去部分当前的收入。”

墨菲和特劳布知道，通过创建新品牌和商业模式与公司现有品牌竞争并不是一件容易的事。在底特律地区长大的墨菲从最近的通用汽车公司的例子中知道了这一点。1990 年，这家汽车制造商将自己的土星汽车品牌定位为“另类的汽车公司”，这是通用汽车对价格低廉、节能的丰田和本田进口产品的回击，因为这些产品正在抢夺它的市场。土星汽车品牌的目标是模仿竞争对手。土星汽车品牌最初提供的只有两款车型，而不是通用汽车已有的品牌，包括雪佛兰、别克、庞蒂亚克、奥尔兹莫比尔、吉姆西、凯迪拉克销售的很多但重复的车型。它的经销商以“不讨价还价”的定价政策为荣。在汽车行业，劳资争议比较突出，土星汽车公司试图树立管理者和工人的合作精神。尽管早期取得了一些成功，但土星汽车品牌无法达到日本企业的生产效率，同时在底特律管理通用汽车其他部门的经理们抱怨，本来可以用来改善他们品牌的数十亿美元投资被拨付给了土星汽车公司。随着时间的流逝，事后来看成立土星汽车品牌是通用汽车公司考虑欠周密的主意，通用汽车在 2010 年终止了该品牌。

墨菲在谈到舒达席梦思内部初创的电商合资企业时说：“如果这行得通，那么我们将成为哈佛商学院的研究案例。”因此，新部门 Tomorrow Sleep 成立了，追随着卡斯珀、Tuft & Needle 的脚步。新部门在曼哈顿中心区设立了一间办公室，这间办公室拥有受人尊敬的电子商务初创公司所有的必备特质：有乒乓球桌；开放的跃层空间里，各处散落的桌子上摆着电脑，凌乱的电线到处都是；一堆从附近的小餐馆买的外卖盒饭吃了一半，敞着盖子。二三十岁的员工们穿着休闲服闲逛。墨菲会穿着蓝绿色格子伐木工式衬衫和蓝色牛仔裤出现。整个气氛与卡斯珀的办公室极为相似，他们的办公室距联合广场南部约 30 个街区。

新部门的商业模式模仿了在线盒装床垫初创公司的商业模式：床垫价格是在零售店卖的知名品牌类似质量床垫价格的一半或更少。提供免费送货，可在家免费试用 100 ～ 365 天，免费退货，免运费。Tomorrow Sleep 的网站在视频中讲述了它的故事，包括工厂的幕后花絮，床垫被巨大的压机压扁，然后卷好装进一个像迷你冰箱大小的盒子。

墨菲开始接手时，他的任务变得更加紧迫。2014 年，只有少数几家在线床垫创业公司。现在数量已经增加到几十家，因为要找到制造商以及在线开展床垫业务非常容易。许多公司规模很小，但墨菲估计 2016 年他们的合并年销售额在 6 亿～ 7 亿美元，并且每年至少增长 75%。特劳布感叹道："其他行业很少出现你的供应商会成为你最大竞争对手的现象，但泡沫产品制造商很乐意向任何人出售产品。"

为了开拓细分市场并脱颖而出，Tomorrow Sleep 的首款产品是混合床垫，其上层为泡沫，底部为弹簧，合为一体。墨菲肯定和复制了在线初创企业的商业模式，如免费送货、长期在家试用和免费退货，他对利用差异化产品和在线初创企业进行竞争很有信心。他说："我对所有这些公司的不满是他们的产品所缺乏的东西。他们的产品还可以，但不是很棒。"

借助舒达席梦思研发实验室的专业知识，Tomorrow Sleep 床垫中的泡沫由凝胶状冷却材料配制而成，以抵消泡沫床垫会保留人体热量并降低睡眠舒适度的缺陷。其特大号床垫的价格为 1 200 美元，与初创企业仅有泡沫的床垫的价格相同，价格为高端品牌舒达席梦思的 1/2 ～ 1/3。为了降低制造成本，Tomorrow Sleep 床垫比舒达席梦思现有的品牌薄 25 厘米，现有品牌的床垫有 30 ～ 38 厘米。

但是开展新业务需要时间，直到 2017 年夏季舒达席梦思才开始销售

Tomorrow Sleep 床垫。它以坚固、舒适、价格合理的优良品质赢得了良好的在线评价，但是竞争更加激烈。根据墨菲的统计，在他加入舒达席梦思到推出 Tomorrow Sleep 床垫的那一年，在线床垫公司的数量增长到一百多家，包括初创公司和已经开始销售盒装床垫的现有区域性公司。他估计在线销售额已增至约 13 亿美元，占整个床垫市场的 8%。

作为较晚的参与者，Tomorrow Sleep 很难吸引人。特劳布回忆说："在我们开始销售床垫的几天后，我收到了安宏资本老板的电话。"老板问："工作进展得怎么样？现在卖了什么？有多少销售量？"他解释说这事进展缓慢，他们需要耐心等待。此外，在线床垫业务已经成为一场喧闹的、无节制的争夺战。众多看起来彼此相似的初创企业争相吸引顾客的注意力，床垫买家通常被"独立"的评论网站所吸引。如果购物者在谷歌上搜索"最好的床垫"，评论网站会出现在页面顶部。好评可以给新品牌吸引来大量客户，而差评则可能减少销售。

什么才是最好的竞争方法

马里诺回忆起，很早之前 Tuft & Needle 公司接到德里克·黑尔斯（Derek Hales）打来的电话。黑尔斯运营着一个评论网站床垫测评网 Sleepopolis，称他想对 Tuft & Needle 公司的床垫进行评论。马里诺说："我想，哇，太棒了。"在收到普遍好评之后，黑尔斯打电话给他说："嘿，我写了这篇文章，你知道如果我可以从阅读了文章点开链接并购买了床垫的顾客的销售中获得一点儿回扣，就一点点，那就太好了。"马里诺意识到这就像花钱做广告一样可以增加销售，因此他同意了所谓的联盟关系，通常从其网站上的每笔销售收入中拨出 10% 支付给黑尔斯。

马里诺了解到，床垫测评网 Sleepopolis 与其他初创公司也有类似的交易，包括卡斯珀和另一家受欢迎的品牌丽萨（Leesa）。但是购物者在阅读所谓的“独立”评论时可能想知道的佣金关系被掩埋在评论站点的角落。马里诺说：“后来我们突然醒悟过来。这些人是床垫销售员。他们是转型至网上的床垫销售员。因此，谷歌是新的床垫商店。”有太多新的一体式床垫公司以相同的免费送货和退货政策出售相同的东西，消费者已经像走进一家实体床垫商店购买床垫一样非常困惑。

尽管如此，这种合作方式还是没有被发现，直到 Tuft & Needle 及卡斯珀跻身于最畅销的新品牌之列，两家公司都决定可能已经不需要再给评价网站支付联盟费了。在停止付款之前，马里诺回忆说：“我们把他们对 Tuft & Needle 床垫的评论进行了截图，因为我知道最后会发生什么。一旦我们不再付钱，轰隆隆，我们就被差评撞倒了。卡斯珀也是如此。”

据《快公司》杂志报道，2016 年 4 月，当评论网站开始把其他床垫的评价好评率拉高于卡斯珀产品的评价时，卡斯珀起诉其中一些评价网站，包括床垫测评网 Sleepopolis，指称其虚假广告和欺骗性行为。卡斯珀的诉讼断言，床垫测评网 Sleepopolis 是“联盟运营商的秘密生意的一部分，在线床垫购物者一直试图避开那些贪图佣金的床垫销售员，而这些骗子就是线上的床垫销售员”。

黑尔斯在回应中说，卡斯珀的排名下降只是因为出现了他更喜欢的新床垫。此外，他在出庭文件中称：“在卡斯珀宣布终止联盟安排后，卡斯珀立即与我商谈，并提出如果我同意在床垫测评网 Sleepopolis 上对卡斯珀的床垫表达更积极的意见，就会以更有利于我的条款恢复双方关系。我拒绝了。”

经过反复的法律诉讼，双方于 2017 年 7 月达成和解，同月，另一个评论网站得到了卡斯珀的财政支持，买下了床垫测评网 Sleepopolis。不久之后，床垫测评网 Sleepopolis 对卡斯珀给出了更新的非常正面的评价。

床垫测评网 Sleepopolis 现在披露，当网站访客访问推荐链接并购买床垫时，它从床垫销售中获得佣金。它的评价者从大约 50 种不同床垫型号中推荐了在十几个类别中获得最高评分的前几种床垫，这些类别包括：最佳压力释放、最佳侧卧、最佳记忆泡沫、最佳乳胶、最佳伴侣、最佳散热等。它还披露，它得到了众多床垫制造商的佣金，这一事实“有助于我们保持自己的个人诚信并减少财务上的冲突”。

为了在混乱的市场中突围，新进入者不得不花越来越多的钱做广告。卡斯珀连续进行了几轮新的融资，到 2017 年，风险投资融资近 2.4 亿美元。其中一部分资金供研发实验室不断改进床垫并扩展产品线，但大部分资金用于广告。

大多数床垫公司都是私人公司，不会透露详细的财务信息。但是，在深紫创新（Purple Innovation）这家公司的文件材料中可以看到关于牌桌上的赌注增加了多少的信息。深紫创新公司是一家在线床垫公司，其股票已经公开交易，因此必须提交财务报表。该公司曾名为 WonderGel，由犹他州的两个兄弟托尼·皮尔斯（Tony Pearce）和特里·皮尔斯（Terry Pearce）创立，他们几十年来一直在为使用轮椅的残疾人和医院卧床的病人提供泡沫塑料来防止褥疮。当在线床垫业务开始发展时，他们使用泡沫材料制作和销售床垫，并通过一段病毒式传播的视频推动了市场营销，就像迈克尔·迪宾的自制视频一样。

“生鸡蛋测试视频显示，将 4 只绑在一块儿的鸡蛋扔 100 多米高，鸡蛋落到深紫创新床垫上，安全地沉入泡沫中而不会破裂。”打扮成金凤花姑娘[①]的女人在录像中说:“是的，这些鸡蛋是生的。我们没有伪造。”在6个月内，该视频在网站上的观看次数超过580万，在某一家社交媒体上的观看次数超过5 000万。

深紫创新尽管是相对较晚的后来者，但它迅速成为顶尖的在线床垫公司之一。它的销售额在2017年增至1.97亿美元，低于卡斯珀的预估数字2.5亿美元，但排在Tuft & Needle的1.7亿美元之前。不过，随着深紫创新床垫销售额的增长，其营销和销售成本猛增，在一年内翻了两番，达到7 900万美元，这与其他大型企业形成了鲜明的对比。该公司解释说，需要更高的支出，“以提高品牌知名度并推动消费者需求。”

随着广告竞赛的日益激烈，Tomorrow Sleep持续落在了后头。在开始销售床垫的几个月后，墨菲表达了对赶上快速增长的新来者的信心。他宣称:“目前，舒达席梦思拥有整个床垫市场30%～40%的份额。因此，我们的目标是让Tomorrow Sleep在直接面向消费者的市场中占据30%～40%的份额。”

但是6个月后，也就是2018年的春天，墨菲的语气显然有些沮丧。他说:“这是我见过的最具竞争力的行业，更不用说进入了。最初，卡斯珀每年在营销上花费大约2 000万美元。到我们推出产品时，他们每年花费8 000万美元。我们认为每年800万美元足以让我们站稳脚跟，但事实证明那简直是九牛一毛。”

由于销售不及预期，舒达席梦思考虑止步。经过激烈的讨论，特劳布给了Tomorrow Sleep一个宽限期。特劳布说:“我们问自己，‘会不会这根本

① 金凤花姑娘是美国一个传统的童话角色。——编者注

行不通？我们需要彻底停下来？’不，我们决定，这更像是伤风感冒般的小挫折。我们必须重新设定增长预期。我将其看作是马拉松而非冲刺。”

Tomorrow Sleep 的销售额终于在 2018 年下半年开始回升，达到每年约 3 000 万美元的水平。那年，除了价格比较高的弹簧和泡沫混合床垫之外，它还推出了一种价格比较低的纯泡沫床垫，但它仍然远远落后于卡斯珀、深紫创新、Tuft & Needle。Tomorrow Sleep 要试图缩小差距，就得大幅增加其广告支出，然而无法保证随着竞争的不断扩大，销售一定会更快地增长。由 Nectar 和 Zinus 品牌领导的从中国进口的新床垫产品每年合计销售数亿美元。亚马逊推出了自有盒装泡沫床垫品牌 Rivet，沃尔玛推出了新品牌 Allswell。

实际上，直接面向消费者的新兴企业对床垫行业的颠覆比其他初创企业对任何一个所在行业都更大。到 2018 年年底，新进入者的总销售额接近 20 亿美元，其中卡斯珀超过 4 亿美元，深紫创新达 2.86 亿美元，Tuft & Needle 达 2.5 亿美元，三家企业占总销售额的近一半。

尽管在线销售取得了令人瞩目的增长，但是由于竞争激烈，某些玩家不确定能不能获取利润。马里诺声称，Tuft & Needle 自成立之初就一直盈利，因为它必须在没有风险资本支持的情况下为大额营销预算提供资金。卡斯珀拥有风险投资公司投入的资金，优先考虑快速的销售增长，这意味着它在早几年就出现亏损，尽管卡斯珀预计在 2019 年会有微利。但是，为了在某个时候首次公开发行股票，卡斯珀需要获取更高的利润并使其股票吸引投资者，它做出了一项战略性决策：要成为一家不仅仅是床垫制造商的公司。

卡斯珀首先扩展产品线，并提供枕头、床单和床架。此外，卡斯珀试图定位为一家睡眠保健公司，与其他在线床垫创业公司差异化，用一位高管的话说是成为“睡眠界的耐克”。它开始销售售价 129 美元的格罗灯（Glow Light），这是一种带有内置陀螺仪的床头灯，可以调节光线。晚上它会“逐渐变暗，因此你可以不受打扰地慢慢入睡”，而到了早上“柔和的光线使房间充满阳光，使早晨起床变得轻松起来”。它还与另一家公司合作出售注入了 CBD（大麻中的活性成分之一）的软糖。卡斯珀说，这种每小罐 14 块口香糖的产品价格为 35 美元，具有安神镇定的功能，可帮助你在睡觉时放松身心。

由于直接面向消费者的床垫市场的竞争日益激烈，特劳布和安宏资本的老板重新考虑什么才是竞争的最佳方法：舒达席梦思是否应该向 Tomorrow Sleep 品牌投入更多的资金来赶上竞争对手？还是应该回到他最初否认的想法，购买一家成功的初创公司？ 2018 年年初，安宏资本的高管在拉斯维加斯的一次贸易展览会上与马里诺进行了会面。这次会面的时机是有利的。随着 Tuft & Needle 的竞争对手通过增加广告支出提高赌注，马里诺和帕克正在探索各种选择：包括筹集他们长期以来一直抵制的外部资本来测试和加强其营销，或者出售公司。安宏资本的高管询问马里诺对舒达席梦思的看法，他说：“我跟他们讲清楚了，对如何重新运作这些品牌并拯救它们，我是怎么想的。”

令他感到惊讶的是，他们不仅没有打击他的想法，而是建议他与迈克尔·特劳布谈一谈。他和特劳布真的碰面了，后续两人又会面了好几次。两个人十分投缘。马里诺回忆说：“他以前不是从事床垫行业的，他和我们谈论未来，和我们想的差不多。”他告诉特劳布，舒达席梦思要取得成功，不能仅仅一点点儿地颠覆，必须考虑做出重大变化，包括简化其床垫产品、使退货更容易以及改善床垫在零售店中的展示方式，就像 Tuft & Needle 与卡斯珀做的那样。这两个品牌通过测试实体零售商店来扩大产品销售的覆盖范围，这些零售店的空间明亮、通风，与传统床垫零售店相比，更类似于苹果零售店。Tuft & Needle 的零售店十分整洁，一些型号的床垫有帘布遮挡，以保护想要躺在床垫上试一下的客户的隐私。零售店的销售人员领取薪水，而不是靠销量赚佣金。

马里诺和特劳布很快达成了出售 Tuft & Needle 的协议，其中包括任命马里诺为舒达席梦思的首席战略官，任命帕克为所有舒达席梦思品牌的首席增长官。尽管双方都没有透露舒达席梦思为塔夫特支付了多少钱，但知情人士说，这笔交易的金额在 4 亿～ 5 亿美元，约为 Tuft & Needle 年销售额的两倍。因为他们从未从风险投资公司筹集资金，所以马里诺和帕克拥有公司近 90% 的股份，两人各自入账 2 亿美元，其余的则由拥有股票的员工所有。基于较高的销售额，卡斯珀的估值为 11 亿美元，但由于到 2019 年年中它已从投资者筹集了约3.4亿美元，其创始人所持股份比马里诺和帕克要低得多。

Tuft & Needle 确实向其新所有者，即舒达席梦思，做出了让步。合并后不久，它改动了在美国各地城市数百个广告牌上的广告文案，其中许多广告牌原本传达了一个简单的信息："床垫店很贪婪。你要了解真相。"马里诺和帕克长期以来一直嘲笑的那些床垫零售店，确实一直以来都是 Tuft & Needle 的灵感来源，但是这些零售店占据了舒达席梦思床垫销售的大部分。新广告牌上的信息"我们也讨厌你的床垫"和"解决国家睡眠债务危机"就显得不再那么前卫，不那么针对舒达席梦思了。

Tomorrow Sleep 很快就永久停止了。支持这项创举的特劳布在与 Tuft & Needle 合并后 6 个月就离开了舒达席梦思，除了在简短的新闻稿中援引安宏资本合伙人的话外，没有其他解释，安宏资本的合伙人说："我们相信现在是过渡的时机。"特劳布离开后不久，公司就决定终止 Tomorrow Sleep 品牌，这表明公司高管认为他的策略出了问题。

布赖恩·墨菲承认，Tomorrow Sleep 没有实现他希望的目标。虽然确实迫使舒达席梦思变得更加数字化和以客户为中心，但最终购买 Tuft & Needle 公司才是更有意义的。墨菲解释说："我们入场晚了。"如海啸一样涌来的竞争对手们更进一步加剧了问题的严重性。如果 Tomorrow Sleep 确实成为哈佛商学院的研究案例，那也不是他曾经希望的结果。墨菲总结道："大型企业更适合收购或投资行业新进的颠覆者。"在舒达席梦思老板决定收购 Tuft & Needle 公司之后不久，墨菲就离开了公司。他说："在我接受这份工作之前，我想不出任何一家会从内部成功颠覆自己的公司。现在情况仍然如此。"

谁能成为品牌赢家

进 攻 方：Tuft & Needle 床垫、卡斯珀床垫。

防 守 方：舒达席梦思。

战　　场：床垫市场。

进攻方式：从一种型号开始，价格不超过同类主要品牌的价格的一半，提供免费试用、免费送货以及免费退货服务。

赢家策略：

1. 在生产产品之前进行销售测试，如果有不认识你的人想给你钱来买你的产品，那就证明你可能选对了。
2. 采取独特的市场营销策略，宣称在卡斯珀网站购物不仅可以避免去床垫商店体验痛苦，而且让购买床垫变得很有趣。
3. 通过测试实体零售商店来扩大产品销售的覆盖范围。这些零售商店的空间明亮、通风，与传统床垫零售店相比，更类似于苹果零售店。

BILLION DOLLAR BRAND CLUB

BILLION DOLLAR BRAND CLUB

How Dollar Shave Club, Warby Parker, And Other Disruptors Are Remaking What We Buy

第 10 章

重新定义产品，做人们真正想要的东西：Eargo 助听器

DTC 品牌的革命在很大程度上确实是一场传播和销售模式的变革。但是一些品类完成这样的转化却异常困难，比如 Eargo 助听器早期的艰难历程，不免令人发问：为什么？

助听器的故事和剃须刀及床垫的故事很不一样。后者恰到好处地利用了数字时代的种种便利和优势，在产品并没有很大的改变的情况下，仅仅凭借营销方式的变革就传奇般完成了行业的颠覆。前者却更像一个传统品牌，从产品研发到营销投资，再到销售队伍和渠道搭建，几乎都完整地经历了一遍，走得缓慢而且艰难，好像“很不 DTC”。

医疗消费品因为其复杂性和受众的年龄结构而很难实现销售的线上化。同时，产品的“社交自卑感”属性也说明了一二，人们即使购买了，也不会主动推荐，更不要说炫耀了。这类社交属性偏弱、性能又偏复杂的产品，和一般的大众消费品相比，创立和成长的路径会有什么不同？

启动期大规模的营销似乎仍然无法避免，之后，搭建一整套销售体系又是必不可少的，在这些常规的动作中，该如何体现数字时代的营销逻辑呢？在社交上和经济上跨越转折点的时间成本又是多少呢？

这一章，作者落笔书写一个不那么传奇的品类和品牌，让我们边阅读边思考：这样的品类和品牌该如何做线上化，如何做消费者直达。我觉得，这些思考对于更广泛的品类和传统品牌会有更大的借鉴意义。

克里斯琴·戈姆森（Christian Gormsen）的听力非常好，但他有时会佩戴助听器。他喜欢从耳道里拔出助听器，然后展示给与他交谈的人。这是他的表达方式：“瞧，你根本不知道我戴助听器了，对不对？”

这是一个很好的话题。他说对了，对方没有注意到助听器，因为它们只有一粒花生那么大。由于技术的进步，助听器不仅很小而且几乎看不见；它们还功能强大，配有微型扬声器、麦克风和可以将声音放大到不同音量的计算机芯片，以匹配使用者的听力损失程度。

戈姆森指出，许多需要助听器的人都不戴助听器。一部分原因是出于自卑感：如果你听不清了，说明你的身体是残缺的。另一部分原因是助听器太贵了。尽管助听器的组件只不过价值数百美元，但患者通常需要花 4 500 ～ 7 000 美元才能买一副助听器。

戈姆森制造那副他并不需要却偶尔佩戴的助听器，就是想解决以上这两个问题。戈姆森在硅谷经营一家制造助听器的初创企业 Eargo，并将助听器直接出售给消费者。通过剔除中间商，Eargo 每副助听器的售价，仅是其历史悠久的竞争对手同类助听器价格的 1/3 ～ 1/2。

凭借其优雅的设计和包装，Eargo 可以说是助听器中的苹果手机。《时代周刊》和《大众科学》杂志（*Popular Science*）都将 Eargo 列入最佳新产品排行。Engadget① 称其为“心头好”；Interesting Engineering 网站将其评为“最令人兴奋的产品”之一。Eargo 的早期客户之一，亿万富翁金融家查尔斯·施瓦布（Charles Schwab）也佩戴 Eargo 助听器，他非常喜欢，所以他成为这家新兴公司的最大投资人之一。

在一片赞誉声中，一个大问题渐渐浮现出来：Eargo 在助听器行业的作为，能与沃比帕克之于眼镜行业、美元剃须俱乐部之于剃须刀行业、Tuft & Needle 与卡斯珀之于床垫行业相提并论吗？戈姆森承认：“我们正在测试传统电子商务的边界，Eargo 是一种医用产品的同时也是一种消费产品。你能将它直接卖给消费者吗？”

顾客不买单，是因为产品不够好

从许多方面来看，助听器行业是需要进行颠覆的理想对象。就像新锐品牌所瞄准的其他产品品类一样，助听器的市场规模每年达数十亿美元，呈现典型的寡头垄断局面。在美国，5 家助听器公司占据了 90% 以上的总销售

① Engadget 是一个关于消费电子产品的流行科技博客与播客。该博客曾赢得数个奖项。现在 Engadget 拥有 9 个不同网站，9 个网站由各自的员工同时运作，以各自的语言播报全球不同地方的科技新闻（摘自维基百科）。——译者注

额。这 5 家行业领导者并没有在价格上竞争，而是像吉列和舒达席梦思一样，推出了一系列型号，表面上产品有所不同，但本质上相差无几，使顾客购买助听器的体验如堕云雾。

这使消费者权益倡导者和一些听力学家感到沮丧。听力学家金·卡维特（Kim Cavitt）感到十分疑惑："智能手机价格 1 000 美元却具备很多功能，但助听器的平均价格却超过 4 000 美元，这怎么可能？"卡维特现在是医疗行业的顾问，也是一位对助听器价格高昂的现象直言不讳的批评家。

实际上助听器价格高昂与制造助听器的成本无关，而与传统的助听器销售方式关系密切。像床垫和眼镜一样，中间商切走一大块，通常达几千美元，助听器的中间商是听力诊所。消费者并不了解他们的高额费用，因为这些费用都包括在总价格内，包括测试设备以及如听力测试和调试的服务。

听力损失严重的患者可以请专家帮助他们测量听力程度，并选择合适的助听器，这些费用是合理的。但是对于数以千万计有轻度至中度听力损失的人来说，这些隐形的费用价格不菲，尤其是听力记录图和视力测试一样，通常只需一两百美元左右就能完成。对大多数患者而言，先进行听力测试然后再在线购买助听器更省钱，不过听力测试有时也不一定是必需的。助听器技术已经变得非常先进，用户可以轻松地对其进行编程，这意味着大多数患者造访听力科医生几乎没有用。医疗保健权益倡导者说，只要助听器再便宜一点，就会有数百万人愿意购买。

所以，投资者愿意将资金投入到不同策略、多种产品和价格的六七家助听器初创企业中，其中有几家已经失败了。尽管有数亿美元的风险投资，但是创业者们发现依然很难打入助听器市场。如果说 DTC 初创企业对许多产品类别的颠覆速度超过了投资人的预期，那么助听器行业即使采用了相同的商业模式，如更低的价格、产品可免费退回、产品具备知名品牌的许多重要功能，颠覆速度却慢得多。

尽管初创企业存在很多相似之处，但行业的差异仍然会给助听器初创企业造成障碍。最令人生畏的问题是：许多潜在购买者的年龄都在 60 岁以上，并且不太愿意在网上购买任何东西，尤其是复杂而昂贵的医用器械。Eargo 克服这些阻力的过程也很艰难。截至 2019 年年初，它已从多家风险投资公司筹集了 1.35 亿美元，这比其销售助听器三年半的总销售额高出好几倍。

Eargo 最早的支持者、Maveron 风险投资公司的合伙人戴维·吴（David Wu）承认："这比我想象的要费钱得多，而且难度更大。我们看到了 DTC 品牌带来的巨大颠覆，就自然而然地认为助听器行业也是一个理想的颠覆目标。因为这个行业存在太多被压抑的需求，许多人讨厌现在的助听器，因为佩戴起来不美观。事实证明，年龄层次和佩戴这类产品的自卑感，造成了很多困难。"

为了支持其"听力医疗行业是可以被颠覆的"观点，助听器的投资者以快速发展的远程牙科业务为例来佐证。不久前，如果你牙齿长得歪想让它排列整齐，必须去看牙齿矫正医生，而且至少要支付 5 000 美元，还得戴上难看的金属牙套。以 SmileDirectClub 为代表的六七家初创企业提供了同样的服务，消费者的花费却不超过 2 000 美元，颠覆了该行业。这一切都可以通过透明的塑料矫正器完成，矫正器完全按客户牙齿定制，可以通过使用家庭印模套件（At-home Impression Kit）取得印模，或在零售门店进行牙齿扫描来制成。戴上牙形矫正器 6 ～ 8 个月，可以使你的笑容不再羞怯，而且你所有的检查都可以在网上由有执照的牙医或正畸医生进行。戈姆森表示："我们花了很多心思参考 SmileDirectClub。"因为它利用技术先进的优势，来赢得买不起牙套或觉得带牙套很尴尬的顾客。

2019 年，SmileDirectClub 拥有超过 70 万名客户，年化后的年收入飙升至约 9 亿美元。SmileDirectClub 也在当年 9 月进行了首次公开募股，即使在前几个交易日其股价有所下跌，但市值仍超过 70 亿美元。正畸医生的职业由此受到很大的威胁，正畸行业公会向美国数十个州的监管机构提出了投诉。

Eargo 创始人、法国耳鼻喉外科医师弗洛伦特・米歇尔（Florent Michel）发现，他的患者经常无视他关于戴上助听器的医嘱。他们根本不想戴耳背式助听器，这是最常见的型号，别人都能看到它。由此米歇尔想到创立一种新型助听器。米歇尔喜欢钓鱼，有一次，他在钓竿上绑假蝇时想到了一个点子：如果可以制作大小和形状如同假蝇的助听器，那会怎么样呢？可以将类似于制作假蝇的微小羽状纤维插入耳朵，帮助助听器固定在适当的位置，但留下空气和声音通过的空间并且将声音放大。它会紧贴在耳朵里，别人几乎看不见。虽然市场上已经有入耳式助听器，但对于大多数患者而言，它们要么笨重而且很明显，要么价格昂贵。关键在于制造出体积小、功能强大且价格合理的产品。

米歇尔向他的儿子拉斐尔提到了这个想法，拉斐尔在 21 世纪初移居旧金山。拉斐尔获得斯坦福大学的高级工程学位和加州大学伯克利分校的 MBA 学位后，曾在多家医疗保健行业的初创企业工作。拉斐尔回忆说："开始时我把它当作在晚上和周末研究的项目，就像是出于兴趣的业余活动。" 2012 年年中，助听器研发走上正轨。拉斐尔辞职了，开始在帕洛阿尔托自己家的车库里工作。他还请来了一位朋友丹尼尔・沈（Daniel Shen），他是医疗保健行业的创业者，不仅是医生而且拥有电气工程学位。当拉斐尔游说他时，他心里想，"这可真是太酷了，这可能会改变配助听器的方式，而且真正降低成本。" 他们的研究证实了市场潜力：预估有 4 800 万美国人患有某种程度的听力损失，但只有 800 万人佩戴助听器。丹尼尔・沈说："所有这些问题，自卑感、舒适感、成本、易得性、易用性，每一样都是砸在我们脸上的大难题。我们心里却想着，哇哦，这可是个机会啊。”他和拉斐尔从此开始与他们招募的小团队一起开发产品原型。

除了他们，其他创业者也已经意识到当时具备颠覆助听器市场的条件。大约在同一时间，发明了昂贵的高端助听器的科学家创立了 iHear Medical，试图通过在线销售价格较低的产品来使市场平价化。另一家初创企业 Audicus 追求类似于美元剃须俱乐部的商业模式，用自己的品牌转售德国设计的助听器。这两家公司都以每副 1 000 ～ 1 400 美元的价格出售耳背式助听器。

但是 Eargo 并没有试图去制造最便宜的助听器，也没有努力去提供最昂贵的助听器具备的所有功能。他们希望重新定义助听器，使助听器像消费品而不是老年人医用器械，以此来扩大市场。正如丹尼尔·沈所说的，他们的目标是“如何使助听器尽可能地不像记忆中祖父母或父母所戴的米色耳后假体”。

为了成功完成这项任务，他们必须将助听器设计成几乎看不见的入耳式设备，而且为了易用，它需要像智能手机一样可以充电，不能像大多数助听器那样每隔几天就得更换小巧的电池。它还必须定价合理，这意味着必须将助听器直接出售给消费者。只有做到这些，而且不通过听力诊所，Eargo 才能针对昂贵的入耳式设备展开价格战。

在一些富有的天使投资人的资助下，拉斐尔和丹尼尔·沈在还没拿到配件之前就开始打磨各种可能的设计。他们临时拼凑了产品小样，小样个头小巧，组合了电线、塑料件和末端插入耳道的柔软细纤维。拉斐尔说：“我们使用了能在工艺品商店和家居建材零售商家得宝（Home Depot）里找到的全部玩意儿。一部分配件是我们用木头做的，另外的配件是我们用金属和塑料做的，真的只是将所有东西粘在一起，以显示它应该是什么样子。"

但是他们需要一个可行的产品原型来向风险投资人展示，说服对方提供资金。事实证明，这是非常有挑战性的，他们好几次都怀疑这根本做不到。他们花了数月时间寻找可以向他们出售微型入耳式扩音器的供应商，因为他们承担不起自己制作的成本，但是一无所获。2013 年年初，在波士顿举行的听力学会议上，他们偶然发现了一家公司正是他们求之不得的。在那天的庆祝晚宴上，拉斐尔松了一口气，告诉他的同事："现在我们可以真正开干了。"

经过近一年的努力，他们制作出了一个可用的基础产品原型，拉斐尔开始与风险投资公司会面。事实证明这推动起来很难。他解释道："当你与投资人讨论一种新的助听器时，听起来就像'这条路上死人无数'的故事。助听器的历史，就是无数人尝试并失败的历史。"

但是，拉斐尔设法引起了 Maveron 风险投资公司一些合伙人的兴趣。Maveron 是一家由星巴克前首席执行官霍华德·舒尔茨（Howard Schultz）在 20 世纪 90 年代后期参与创立的风险投资公司。Maveron 专注于消费者业务初创企业，其突出的投资案例包括电子商务的先驱 eBay 以及诸如在线服装零售商 Everlane 等一些 DTC 品牌。这家风险投资公司的网站自称"专注于颠覆现状已有 20 年"，还加了一句讽刺的话"中间商是如此的 20 世纪，太落后了"。

Maveron 当时只投资了另一家医疗器械初创企业，他们认为 Eargo 的跨界医疗保健和消费产品领域的愿景是颠覆原理应用于新产品类别的一种方式。戴维·吴回忆说："我们最大的问题是，'你认为你可以在互联网上向那些看不到的消费者，直接出售价格几千美元的助听器吗？'"尽管存在不确定性，Maveron 还是同意领投了 260 万美元的种子轮融资。

另外一个重要的连接也建立了。克里斯琴·戈姆森从他在麦肯锡管理咨询公司的前同事那里了解到 Eargo，这位前同事当时在旧金山的一家投资公司工作。戈姆森在助听器行业已经深耕了近 10 年，最初他也表示怀疑。他一开始是这样的反应："我会帮助你，但你在浪费时间和金钱。我已经看过最近 20 家助听器初创企业的创意了，但它们甚至不值得把企业介绍打印到纸上。"

不过，戈姆森在 Eargo 创始人位于法国弗洛伦特的家中与其见面，并看到助听器原型后，戈姆森开始想这家初创公司有可能成功。他回忆说："它戴起来真的很舒适，声音放大效果非常好。"此外，他认为，为轻度至中度听力损失的人提供价格合理的入耳式助听器，可能有助于克服佩戴助听器的自卑感，可以提高成功概率。但是，戈姆森也指出了早期产品原型的一个主要缺点：可充电电池在 8 ～ 10 小时后就没电了。他建议，电池需要续航一整天，否则佩戴者必须在白天拿出助听器并重新充电，这会打消购买者的兴趣。

尽管戈姆森前同事任职的风险投资公司最终没有对 Eargo 进行投资，但拉斐尔聘请戈姆森担任顾问，戈姆森还加入了这家初创企业的董事会。拉斐尔并没有因为戈姆森最初的怀疑而灰心或沮丧，而是赞赏他的坦率。拉斐尔说："当你想改变一个行业时，你必须与这个行业中拥有海量知识的人在一起。我对助听器行业一无所知。我需要一位能对我挑刺的人。"

测试产品和进行微调又花了几年时间。解决电池寿命问题非常困难，因为可以续航一整天的电池体积太大，无法放入耳道内。拉斐尔回忆说，工程师团队建议对第一代 Eargo 助听器放弃可充电电池的想法，可以选择像大多数助听器一样，使用几天后必须更换的电池。拉斐尔告诉工程师团队"不，那种助听器不能很好地满足人们的需求，必须是可充电电池。"最终，工程师想到了将两个电池组合在一起的构型，其尺寸足够小，能塞入大多数人的耳朵。这意味着助听器在连续工作 16 ～ 18 个小时后才需要充电。

为了实现弗洛伦特的想法，每个助听器的顶端都是几十个短而细的医用级有机硅的柔性纤维，它们可以使声音和空气通过，并将助听器固定在适当的位置。虽然 Eargo 助听器无法像昂贵的入耳式助听器那样进行定制编程，但它预置了四个音量设置，以覆盖大多数典型的高频声音，而这是绝大多数轻度至中度听力损失的人都难以接听到的。如果要切换设置，那么使用者只需要在佩戴助听器时轻拍两下耳朵。

说服顾客购买其需要但不愿买的产品

即使拥有创新性产品，拉斐尔和丹尼尔·沈也知道最大的障碍之一，是说服客户在线购买复杂的医疗器械。为了建立客户的信任，他们申请了美国食品药品监督管理局的审核并得到批准，证明其质量符合联邦标准。他们还招募了听力医生和助听器专家，组成一个团队，为潜在客户提供咨询，并在他们购买了 Eargo 助听器之后提供售后建议。其目的是尽可能地通过打电话或在线沟通的方式，复制在诊所拜访听力医生时通常会获得的个人建议和服务，这也是为了应对听力医生公会团体对此类在线购买有风险的批评。

2015 年 6 月，Eargo 在 Maveron 风险投资公司领投的另一轮融资中获得了 1 360 万美元的新风险投资，并开始销售拉斐尔所谓的“最低限度可行产品”（MVP）[①]，Eargo 当时开始研发第二代设备了。他解释说：“我们并不是

① MVP（Minimum Viable Product），硅谷的一个流行术语，专指一个产品具有刚好能满足早期客户的功能。——译者注

像苹果那样的大公司，我们可能得花 5 年时间才能开发出像 Apple Watch 或 iPad 那样完美的产品。”

Eargo 追随其他 DTC 初创企业的做法，提供 60 天的免费试用期。此外，如果客户想知道助听器是否戴起来舒适，Eargo 会寄送一对助听器模型，即没有工作电子组件的复制品。目标是将退货率降到尽可能最低。在助听器行业，即使是由听力医生安装的助听器，退货率也在 10% ～ 30%，入耳式助听器的退货率更高，而耳背式助听器的退货率较低。

Eargo 助听器最初收到的评论是积极的。广受关注的技术新闻网站 Tech-Crunch 称之为“未来的助听器”。*PC Magazine* 的一位评论家戴了两周 Eargo 助听器后写道：“它们纤巧、轻盈、舒适，而且几乎看不见。更重要的是，用它们听起来很棒，非常自然、轻巧、通透……在这两个星期里，没有一个人能看出我戴助听器。我好多次向别人指出它们在哪，但对方仍然看不到。”

类似的曝光已使许多 DTC 品牌，如沃比帕克、哈勃、美元剃须俱乐部、卡斯珀等迅速起步。但是，与其他初创企业不同，Eargo 做了一件其他初创企业没有做的事，说服顾客购买其需要但并不情愿购买的产品。这其实是一个额外的负担。

意识到这一挑战之后，Eargo 在互联网、社交媒体和电视上测试了各种各样的广告信息。在电视广告方面，Eargo 购买大多数广告客户不想要的剩下的廉价广告时段，比如重播经典电影的时段，这些电影的观众大多是年长者。拉斐尔说：“我们以为电视广告应该是转化客户和扩大规模的最佳途径，但实际上是社交媒体。这非常令人吃惊，因为我们没想到我们的目标客户在社交媒体上如此活跃。因此，实际上，数字营销最终效果非常好。”

为了传达不一定年纪大的人才需要助听器以及不必因为戴了助听器而感到尴尬的理念，Eargo 的营销推广通常会聚焦于四五十岁的中年人，而不是六七十岁或更年长的老年人。Eargo 的一则推广广告展示了一个滑稽的误解场景：在花园里干活的丈夫对妻子跟他讲的话百思不得其解："亲爱的，记得和修女把番茄绞死。"而她实际上说的是："记得休息前给番茄浇水。"而其他推广广告则表现了人们完全没有听懂家人所说的话。

Eargo 的营销引起了共鸣。拉斐尔说："听力损失是一种禁忌话题，因此，如果你实际上可以用幽默来开启对话，那么你就是在消除忌讳、开始对话。"关注 Eargo 的广告并询问新助听器的人数迅速增加，从 2015 年夏季的每月 2 000 例增加到当年年底的每月 10 万例。与许多在线销售的昂贵商品一样，这些人中只有一小部分最终购买了产品。但是 Eargo 前 6 个月的销售额总计约为 100 万美元，对于一直很难卖出的传统产品类别来说，这个开头令人鼓舞。

巨大的需求意味着广阔的前景，实际上 Eargo 轻松筹集了另一轮融资，来增加其广告预算并继续进行研发。2015 年 12 月，在 Eargo 前一轮融资仅仅 6 个月之后，美国最大的风险投资公司之一恩颐投资（New Enterprise Associates，简称 NEA）领投了 Eargo 的新一轮融资，其中包括 Maveron 风险投资公司在内，Eargo 再获 2 500 万美元的投资。

拉斐尔欣喜若狂。虽然开发 Eargo 助听器花了几年时间，但他努力使父亲的想法成为现实。他回忆说："每个人都非常兴奋。"

然而，客户开始退货，虽然不是一下子收到很多退货，但退货数量不断增加。克里斯琴·戈姆森回忆说，最初的正常退货率很快就变成了海啸般急剧增长的高退货率，虽然客户们称赞 Eargo 助听器在正常工作时改善了听力，而且几乎看不见，但是后来都发生了故障。戈姆森补充道："许多客户都喜欢 Eargo 助听器，他们退货时，其实心里希望能再收到一副好的 Eargo 助听器。"

拉斐尔急切地要弄清导致助听器故障频发的原因。他说："故障排除很复杂，因为你必须一直追溯到缺陷的根源，发现解决方法。"耳道中湿热、油腻和高盐，对于像助听器这样的电子设备而言可不是友好的环境。

即使 Eargo 助听器经过了精心的测试，但只有在现实环境中被人们长时间佩戴后才会暴露缺陷。一个根本性问题涉及包裹助听器电子组件的"外套"，它由一种柔软的有机硅制成，这种有机硅会随着时间的流逝而发生细微的膨胀，湿气和盐分会从耳朵渗入设备，然后导致电子设备短路。戈姆森解释道："所有部件都经过了行业标准的测试，但是测试时间足够吗？成为一个行业的新手有优势，但也有劣势。现金消耗率很高，我们花掉了所有钱去'灭火'。"

事情看起来如此糟糕，Maveron 风险投资公司的戴维·吴说："这就像莎士比亚的悲剧。第一幕，每个人都很兴奋；第二幕，一切都出了问题。"

考虑到戈姆森有行业经验，戴维·吴和其他投资者问戈姆森："我们能让 Eargo 起死回生吗？"戈姆森回答："能的。我们已经证明这是人们想要的产品。我们也证明了可以在线销售医疗产品。这些都是积极的。我们需要的是'止血'，消除产品缺陷，削减组织规模以节省成本。"

投资者们同意继续支持 Eargo，但有一个条件：由戈姆森接替拉斐尔担任首席执行官，因为他们需要具有更多专业生产知识的人来重新设计和修复 Eargo。这对从头培育公司的拉斐尔来说，是一个痛苦的消息，但他接受了投资者们的决定。他担任了战略总裁这个新设职务，并继续留在董事会。他说，辞去首席执行官一职是“非常困难的事，难以置信的困难，因为 Eargo 是我的一个孩子啊……这很艰难，但这是正确的商业决策”。

Eargo 重新设计助听器，同时不再接新订单。戈姆森利用他在行业中的关系，招募了非常了解助听器部件及其可能出哪些问题的老手。2016 年大半年的时间，都用来消除缺陷并保持基本设计不变。经过重新设计的第二代 Eargo 助听器被称为“Max”，它有更耐用的外壳包裹电子组件，以防止渗漏并保护组件不会短路。Eargo 还决定将此前自主完成的制造工作外包给一家在泰国的公司，这家公司很擅长制造和组装小型电子产品。

为了帮助 Eargo 再现生机，戈姆森通过其个人投资基金寻找新的支持者，包括金融家查尔斯·施瓦布。施瓦布曾尝试过许多不同的助听器，价格对他来说不是问题，但他从未对质量感到满意过。后来，一个朋友向他推荐了 Eargo，他喜欢 Eargo 的创意，助听器几乎是隐藏在耳朵里、可以充电、传递声音的效果良好。对于戈姆森而言更好的消息是，施瓦布并未因 Eargo 处于困境而犹豫，因为他知道颠覆一个行业所需的代价。他发现助听器行业与 20 世纪 70 年代的华尔街相似，那时他创立了一家以他名字命名的佣金低廉的证券经纪公司，而华尔街却非常排外，佣金价格居高不下，把知名大玩家的利益置于客户利益之上。成功从来没人担保，而且也得之不易。

施瓦布谈到自己公司的成功，他说：“40 多年之后看起来似乎是瞬间就成功了，但实际上花了好几年才实现。我们遇到了困难。我们不得不在技术、人员和营销上进行大量投资。这从来不是一条直线，其间也有跌宕起伏。”戈姆森回想起施瓦布对他说：“我是通过佣金打折开始改变一切的。你在 Eargo 的任务也一样。”

2017 年 1 月，Eargo 再次销售，在广告上投入大量资金，并且发现它有机会重拾失去的动力。戈姆森指出，因为老牌公司都依靠听力诊所进行营销。“整个行业的营销开支仅占收入的 2%。而我们在营销上的花费是 20% 以上。”他认为，这是 Eargo 能成功的唯一途径：“如果你想建立一个品牌，而这也是我们的最终目标，那么你就必须投资做广告，让人们意识到你的存在。”

戈姆森还引入了在消费者广告方面具有丰富经验的新营销主管。华纳兄弟公司的前电子商务副总裁朱尔根·波奎特（Jurgen Pauquet）加入 Eargo 成为首席商务官，为 Eargo 的营销建立了更广泛的网络。波奎特并没有瞄准那些可能遭受听力损失的群体，如音乐家和退伍军人等，而是建议将广告对象定为 45 岁及以上、年收入 8 万美元以上的普通受众群体，从而以有效的成本吸引更多的潜在客户。他决定将公司的广告更多地着力于助听器的情感方面，而不是在技术细节上。波奎特解释说：“最初，我们的产品镜头比较多。现在则更多地展示人们在社交场合中与朋友和家人沟通的场景。”

买助听器不是一时冲动的购物行为，客户通常经过大量的思考和研究后才购买助听器。因此，Eargo 数字广告针对的是，看了助听器有关的新闻或广告并对助听器可能感兴趣的人们。它还建立了一个由 100 多名销售人员组成的团队，可以通过电话和在线联系潜在客户，这些潜在客户观看广告，对 Eargo 很感兴趣。为了尽可能地降低退货率，戈姆森着力推动了更多手把手式的售后服务。当顾客购买助听器时，公司会通过电子邮件发送“到货前”视频的链接，而不是等着客户致电询问。在顾客买了助听器的第三天，会向顾客发送另一个视频的链接，提供有关如何充分利用助听器的小窍门；第 10 天则是另一段有关如何清洁助听器的视频；而在第 24 天，则是一个长期护理的视频。

Eargo 在开售第一款助听器两年之后，也就是在为解决设计缺陷而暂停销售一年之后，终于开始获得发展冲力。第二代助听器的销售额在 2017 年全年稳定增长，达到约 650 万美元，然后在 2018 年达到 2 400 万美元。公司 2/3 的客户是首次购置助听器的客户，平均而言，他们比典型的首次购置助听器的客户年轻 4 ～ 5 岁。戈姆森指出，这表明 Eargo 能够扩大助听器用户的市场，而无须依靠从老牌企业那里抢走客户。

Eargo 从最低限度可行的产品开始，这与拉斐尔的最初愿景一致，然后不断进行改进，扩展助听器类型，以吸引最广泛的客户群。2019 年，它推出了第三代助听器 Neo。Neo 增加了高端竞争对手已经具备的功能，例如蓝牙连接，用户可以使用智能手机对 Eargo 的设置进行编程，也可以由技术人员进行远程编程。Neo 还改善了声音放大和反馈减少功能。所有这些功能都对应着更高的价格，每副 2 550 ～ 2 750 美元，但是 Eargo 将前两种型号的价格降低了 25%，第一款型号售价为 1 650 美元。

为了加快增长速度，Eargo 在 2018 年年底像许多曾经仅在线销售的数字优先品牌一样，开始与零售商店合作。这些商店不出售助听器，但有样品供潜在客户试戴。戈姆森解释说："你可以把玩它们，可以将它们插入耳中，也可以亲身体验它们。"我们可以满足客户的需求，并且与最初可能不愿在线购买昂贵医疗器械的人们"建立起信任感"，"让他们体验到舒适感"。

由于这一转变，Eargo 赢得了投资者的信任。Eargo 在 2017 年年底从几家风投基金筹集了 4 500 万美元，在 2019 年年初又筹集了 5 200 万美元，大部分投资都来自包括查尔斯 · 施瓦布在内的 Eargo 公司现有投资人。施瓦布前前后后总共投入了超过 1 000 万美元，现在拥有公司约 10% 的股份。施瓦布说："像这样的事业是会成功的。我希望 Eargo 是赢家。"

Eargo 的市场份额仍然很小。新的数字原生品牌在短短几年内占据了剃须刀和床垫业务 15% ～ 20% 的市场，而助听器初创企业的份额仍不到 5%，与剃须刀和床垫业务相反。为了证明 Eargo 已获得的大量风险投资资金是合理的，Eargo 需要说服更多需要助听器的人来购买它的助听器，使他们佩戴助听器不影响自信，而且在经济上可以承受。在经历了所有的早期磨难之后，戈姆森预言未来会如其所愿。他自问："我们能成为从几百万美元到 10 亿美元价值的一家公司吗？"然后自答道："绝对能。我相信。"

谁能成为品牌赢家

进 攻 方：Eargo 助听器。

防 守 方：老牌助听器公司。

战　　场：助听器市场。

进攻方式：制造出体积小、功能强大且价格合理的产品。

赢家策略：

1. 不试图制造最便宜的助听器，也不试图去提供最昂贵的助听器具有的所有功能，而是重新定义助听器，使助听器像消费品而不是老年人医用器械，以此来扩大市场。
2. 当你想改变一个行业时，你必须与这个行业中拥有巨量知识的人在一起，你需要一位能对你挑刺的人。
3. 遇到困难时，在技术、人员和营销上进行大量投资。
4. 推出了手把手式的售后服务，在顾客提出问题之前，就把解决方案发送给他们。

BILLION DOLLAR BRAND CLUB

BILLION DOLLAR BRAND CLUB

How Dollar Shave Club,
Warby Parker, And Other Disruptors
Are Remaking What We Buy

第 11 章

恰当定位，不做产品做品牌：拉丹行李箱与远行行李箱

译者导读

有商业价值的『新』

这一章，通过对拉丹（Raden）、远行和蓝精灵（Bluesmart）三个创新行李箱品牌发展的对比，对同一品类下各个新品牌不同的品牌定位战略选择和结局展开讨论。

拉丹故事中的主人公乔希·尤达什金（Josh Udashkin）的品类创新理想是，在传统的行李箱品类中分化出一个类似电子消费产品的智能行李箱品类，像卖苹果手机一样卖行李箱。这个理想最终证明太不切实际了，仅仅一条航空公司的禁制令就让他们措手不及。和完美的创业成功计划相比，商业风险又快且猛，新品牌毫无还手之力。在这样的境况下，尤达什金的一连串举动显得十分顽固，毫无创业者的灵活性可言。

远行并没有选择成为一个新品类，而是在目标客户人群上进行了区隔，也就是专注于新人群和新媒介，只是把自己变成了一个“更年轻”的品牌，反倒取得了成功。这一类新品牌虽然不是那么“新”，却是有商业价值的“新”，在有效的市场需求的土壤上可以开出“新”的花朵。

在一些品类的赛道上，无数新品牌的努力，最终换来的却是“无可奈何花落去”；有时候，可能是赛道太拥挤了，进入的门槛又低，过多的供应造成价格踩踏；还有可能是太早了，新品类的分化尚未成熟，从技术到环境都并不具备条件，过于小众的消费市场不足以支撑一个品牌。

拉丹的迅速爆红和螺旋式下降的过程，也是一个典型的品牌创新失败案例，告诉了我们几个浅显的道理：差异化定位对于很多消费品类可能是一个伪命题，或者至少需要更多的外部条件，因而更难以把握成功。而在销售下滑的情况下是没有品牌成长和成功可言的，销售增长是品牌成立的前提。

2016 年 5 月，乔希·尤达什金接到了他一直在焦急等待的电话。几个月前，他创立了智能行李箱初创公司拉丹。设计精美的拉丹硬壳旅行箱的零售价为知名品牌的 1/2 ～ 2/3。

拉丹行李箱的主要卖点是精巧的电子性能：内置电池可为手机和其他小工具充电，秤可避免在办理登机手续时超重收费，蓝牙定位器可跟踪箱子，并告知你箱子何时从行李传送带上下来。

在创业者中并非只有尤达什金发现了可以改变传统行李箱业务的机会，还有一些其他的 DTC 初创企业，例如由沃比帕克的两名前雇员创立的远行和蓝精灵，也在争夺 20 ～ 30 岁的旅行者。这些消费者买不起奢侈品牌，他们想购买新秀丽（Samsonite）和美国旅行者（American Tourister）时髦、廉价的行李箱。

为了保持早期发展势头，拉丹需要一个不错的节日销售季，那时会有许多购物者在度假或购买新行李箱作为礼物。

这时尤达什金等到了他希望得到的消息：奥普拉·温弗瑞（Oprah Winfrey）选择了拉丹行李箱作为“2016 年奥普拉最喜欢的物品”之一，这种代言机会是他在拉丹出售第一个手提箱之前就梦寐以求的。尤达什金和他大约 20 名员工的小团队欣喜若狂。该消息在 2016 年秋天正式发布时，拉丹在照片墙上发布了一则帖子：“@ 奥普拉和 @ 奥普拉杂志已将我们命名为 2016 年最喜欢的物品之一！”更棒的是，照片墙的帖子中发布了奥普拉的 9 秒钟视频，她穿着红白相间有糖果和手杖图案的衣服，和微笑着的尤达什金击掌高呼：“这是世界上最智能的行李箱，史无前例的智能！”她在自己的网站上写道：“我感到太震撼了，这些手提箱具有内置的充电站、跟踪功能和重量传感器，拜拜，超重费！这是有史以来最聪明的行李，它们几乎拥有‘大学学位’。苹果绿的阴影仿佛是专为我设计的。”

这对初创企业来说是最极致的营销策略了。在奥普拉的支持下，拉丹的销售量猛增。在卖出成千上万个手提箱之后，公司很快就没有库存了，客户等候名单上超过 1 万人。拉丹公司的客户广为人知，其中包括金州勇士队的篮球全明星德雷蒙德·格林（Draymond Green）、时装设计师托里·伯奇（Tory Burch）和女演员杰西卡·阿尔芭（Jessica Alba）。2016 年拉丹的销售额约为 600 万美元。

在成为千禧一代首选的行李箱品牌的这场比赛中，拉丹似乎已准备好抢占先机。远行和蓝精灵从风险投资人那里筹集的资金比拉丹要多，但这对尤达什金和他的同事意味着，成功将更加甜蜜和丰厚，因为他们保留了更大的公司股权。品牌可以建立在奥普拉的口碑基础上，这将有助于尤达什金实现他的目标，即迅速提高拉丹的销售额并将公司卖给更大的竞争对手，从而获得丰厚的回报。

首席产品官贾斯汀·塞登菲尔德（Justin Seidenfeld）回忆说："这是一个很大的转折。"他也是尤达什金的首批员工之一。

直接面向消费者的革命催生了许多成功案例，让很多公司创始人发财致富。家乐氏以 6 亿美元的价格收购了纯天然的能量棒 Rxbar。通过新品众筹活动获得启动资金的 MVMT 电商手表公司被摩凡陀（Movado）以 1 亿美元的价格收购，创始人还有可能根据销售额增长再拿到 1 亿美元。宝洁以 1 亿美元的价格收购了 Native 除臭剂，亚马逊以约 10 亿美元的价格收购了数字门铃初创企业 Ring。时尚盒子在成立 6 年后的 2017 年进行了首次公开发行，2019 年年末的市值超过 20 亿美元。还有前文提到的，联合利华以 10 亿美元的价格收购了美元剃须俱乐部，而 EPC 公司以 13.7 亿美元的价格收购了 Harry's 剃须刀公司。

但是，由于进入壁垒非常低，许多 DTC 消费品类的产品特别多，导致了激烈的竞争。获得风投资金是一回事，当与一群产品外观看起来差不多的对手竞争时，吸引足够多的客户是另一回事。说真的，这个世界需要多少个新的箱包、文胸、维生素或宠物食品品牌？一个品类中可能会有不止一家初创企业幸存下来，但通常只会出现一个大赢家，其余的则是一些失败者。

在电动牙刷市场，有超过 6 家新进入者：Quip、Goby、Boka、Burst、Gleam、Bruush 和 Shyn 等。大多数初创企业共享类似的商业模式：短名字、自动计时器，还有一些具有两个款式（塑料款价格较低，金属款价格较高），提供订购服务，每 1 ～ 3 个月提供新牙刷和新牙膏以及通常 45 ～ 60 天的免费退货期。他们的网站甚至也有非常相似的方案。

内置计时器可确保你刷够牙医建议的 2 分钟刷牙时间，30 秒提示，告诉你何时切换清洁区域。（Goby）

每隔 30 秒，你会感到片刻的停顿，提醒你移至牙齿的另一区域。在刷满牙医建议的 2 分钟后，牙刷将自动关机。（Burst）

牙医要求进行两分钟有益健康的清洁……30 秒清洁区域计时器。（Quip）

最早进入市场的 Quip 于 2015 年开始销售牙刷，如今已成为领导者，截至 2018 年年中，已售出 100 万把电动牙刷。联合创始人西蒙·埃尼弗（Simon Enever）认为，这一数字是任何初创竞争对手的 10 倍，并估计 2019 年销售额将增长 3 倍或更多。

Quip 作为先驱者占据了早期优势，优雅的设计也让它占有先机，埃尼弗是一名工业设计师。尽管 Quip 初期并未投入大量资金，但大举投注在 Facebook 的广告上，并引起了广泛关注。彭博新闻社在 2015 年 8 月发表的一篇报道对它的帮助很大，这篇文章的标题是《Quip 是牙刷界的特斯拉吗？》

随着 Quip 越来越受欢迎，Quip 吸引了更多的投资，并将资金投入营销中。埃尼弗表示，截至 2018 年年底，Quip 已经筹集了 6 200 万美元的融资，估值为数亿美元。为了与众不同，Quip 用其中的一些钱收购了一家牙科保险公司。相比之下，Goby 大约在同一时间开始，仅筹集了 410 万美元的资金。

一些公司筹集的资金很少甚至没有筹集风险资金，却取得了成功，它们主要是依靠销售收入，例如，Tuft & Needle 公司和 MVMT 电商手表公司，但是也有许多成功的初创公司筹了很多钱来推动业务增长。卡斯珀已经筹集了近 3.4 亿美元。沃比帕克筹集了 2.9 亿美元。美元剃须俱乐部筹集了 1.63 亿美元，Harry’s 剃须刀公司筹集了 3.75 亿美元。丝华彩妆已筹集 1.86 亿美元。

丝华彩妆前总裁亨利・戴维斯说：“这有点儿像先有鸡还是先有蛋的问题，但是最成功的 DTC 风险创业公司筹集了很多钱。成功可以带来资本，资本也可以带来成功。事实证明，这并不总是低资本、劳动密集型行业。我不认为人们一开始就明白这一点。”

但是存在一个潜在的弊端：初创企业筹集的资金越多，必须获取的估值就需要越高，才能为投资者带来良好的回报。Bonobos 在筹集了约 1.28 亿美元后，以 3.1 亿美元的价格卖给了沃尔玛。虽然这肯定比亏钱更好，但对于风险投资公司而言，回报是微不足道的，他们通常希望从成功的早期投资中赚 5 ～ 10 倍甚至更多。

当然，筹集大量资金并不能保证成功。Birchbox 成立于 2010 年，是早期的 DTC 订购模式创业公司之一。它不生产产品，而是以每月 10 美元的价格向客户寄送一些美容产品的样品。Birchbox 迅速成为风险投资的宠儿，吸引了柯尔丝滕・格林的先行者创投，勒勒・希波风险投资等的投资。到 2016 年，它已经获得了近 9 000 万美元的融资，总估值约为 5 亿美元。

但是随着客户的新鲜感过去，其增长停滞不前，开始采取裁员措施以降低成本。最终，最早的支持者之一维京环球投资公司（Viking Global Investors）出资 1 500 万美元购买了多数控股股权，纾困了这一局面，这意味着该公司的估计总价值已降至约 3 000 万美元，还不到融资总额的 1/3。

新进入者出现在行业需要新思维时

拉丹的乔希·尤达什金和许多其他新电商品牌的创始人一样，对他决定推出的产品几乎一无所知。他是加拿大人，拥有法律和 MBA 学位。他以前在纽约一家律师事务所做律师，工作很不开心。后来去了加拿大一家鞋业公司从事国际业务开发工作，他在许多次的旅行中注意到行李箱看起来很无趣，而且几十年来没有太大变化。

2014 年夏天，他刚过完 30 岁生日不久就辞去了这份工作，花了几个月的时间研究行李箱市场。他经常在酒店大堂工作，因为可以免费使用 Wi-Fi 网络，而他负担不起办公空间的租金。尤达什金说："我最初的想法是把行李箱看作是消费类电子产品，就像你走进苹果零售店看到的那样。市面上有大量的行李箱，但是客户对保修、质量、价格和设计感到困惑。几乎没有哪个品牌的行李箱是 28 岁的男孩或女孩旅行时想要带上的。"可能这个行业，正如他后来告诉一家网站记者的："虽然我不想太狂妄，但是事实上行李箱这个品类真是太烂了。"

在拉丹之前，行李箱行业的最后一项重大创新实际上发生在几十年前。1970 年，马萨诸塞州一家行李箱公司的高管伯纳德·萨多（Bernard Sadow）提出了一个想法：将 4 个轮子放在行李箱的狭长侧面上，并将皮带绑在一个角上水平拉动箱子。萨多申请了"滚动行李箱"专利，他在专利申请中提到："随着旅行在近期迅猛增长，行李箱出现了许多问题。以前由搬运工来搬运行李箱，在街道旁的某个地点装卸以方便运走，而如今的装卸地点是大型候机楼，尤其是航空候机楼，增加了行李搬运的难度……这项发明的目的之一是提供一种行李箱，旅行者自己以最少的力气和时间来搬运这种行李箱。"1972 年，萨多获得了一项美国的专利。多年后，他在接受《纽约时报》

采访时说："这是我最好的创意之一。"他没有提到这个创意后来被许多其他更好的创意超越。

美国西北航空公司（Northwest Airlines）的飞行员罗伯特·普拉思（Robert Plath）在 1987 年提出了一种更好和更轻松的方法来拉动行李。他在行李箱底部安装了两个轮子，并增加了可伸缩的手柄，因此行李箱可以直立拉动。他将这种想法称为 Rollaboard，并以此为产品命名。普拉思最初在自家车库工作并将行李箱出售给飞行员和乘务员，他退休后创立了一家新公司。最终，大多数行李箱上的两个轮子变成了 4 个，这就是几十年来人们对行李箱的重新思考和改进所能达到的最高水平。

还有智能手机、平板电脑和笔记本电脑，它们似乎总是正好在你上飞机之前就没电了。长期以来，大多数飞机都没有电源插座或充电端口，这意味着当你着陆后确实需要打电话或查看电子邮件时，电池就已经没电了。

那时，尤达什金和其他许多企业家在大约同一时间提出了类似的想法：为什么不在行李箱里装充电器，甚至装上其他电子产品呢？当然，你可以单独为你的智能手机等电子设备购买便携式电源，但是如果装在行李箱里，你将永远不会忘记它，因为它会随身携带在行李箱中。痴迷于小工具的千禧一代是最可能使用此功能的客户，恰好他们也最有可能正在选购他们第一件像样的行李箱。

其他行李箱公司还没有意识到这种新的变化，比如给行李箱装上轮子，这正好是对尤达什金有利的。戴维·西本斯（David Sebens）说，新进入者是在行业需要新思维的时候时出现的。他曾在多家大型行李箱品牌公司工作，后来成为拉丹等许多公司的顾问。他说："行李箱行业很无趣。百货公司卖行李箱的区域一般都在三楼最后面的角落。他们可以加入点儿趣味了。"

尤达什金知道他需要努力开发产品原型。因此，他向与行李箱制造商途明（Tumi）和新秀丽合作的人们寻求建议，并从节拍耳机[①]招募了一位工业设计师。在开发阶段，乔治·库劳里斯（George Koulouris）曾在拉丹短暂工作过，他回忆道："尤达什金的主要灵感来源之一是节拍耳机。尤达什金说节拍耳机占领了耳机市场，这个市场相当大而且没有大品牌。他也想创建新品牌，占领行李箱市场。"

拉丹团队开始研究一种包括电池充电器的行李箱设计，充电器可以拆卸，不过只有在打开手提箱并将里面的东西都拿出来，才能拆下充电器。它还有一个用于称量携带物品重量的传感器和一个蓝牙定位器，可以将行李箱与智能手机配对。

2015 年，尤达什金用初始款行李箱获得了 210 万美元的初始风险投资。然后，他的团队尽快将产品商业化，以避免落后于其他由风险投资机构支持的智能行李箱初创企业。

显然，行李箱市场已经人满为患，诸如路易威登（Louis Vuitton）和日默瓦（Rimowa）之类奢侈品牌的行李箱售价都超过了 1 000 美元，而无名的中国进口行李箱售价都在 100 美元以下。尤达什金和他的同事得出结论，对于拉丹来说最有效的方法就是以中等价格出售优质产品。他们认为，在行李箱内设置电子设备，这将有巨大的价值，并可以让拉丹从中获利。

尤达什金为了使行李箱外观兼具耐用性和时尚性，采用高级聚碳酸酯制作外壳，这种材料不怕拍打并且耐刮擦。在轮子方面，该团队选择了日本制造的 Hinomoto 微调轮，这种轮子以能够轻松旋转和滑行而著称，并且不会

① 节拍耳机（Beats），现在是由苹果公司拥有的耳机公司。——编者注

被机场行李员扔来扔去摔坏。贾斯汀·塞登菲尔德说，他是外包专家，被拉丹任命为产品负责人。

拉丹团队决定将随身行李箱的价格定为 295 美元，将较大的托运行李箱的价格定为 395 美元，如果你各购买一件，则价格为 590 美元，可享受 100 美元的折扣。他们计算出的定价比市场上同等质量的行李箱要少 1/3 ～ 1/2。塞登菲尔德说，按这样的价格，几乎没有任何多余的利润空间可以犯错。拉丹选择了中国台湾制造商，每个行李箱成本约 100 美元，运输和仓储费用为 40 ～ 50 美元，营销预算为每笔订单 100 美元；除此之外，还有诸如工资和其他间接费用之类的支出。

拉丹团队曾希望在 2015 年年底开始销售行李箱，但事实证明这一目标过于乐观。它选择的制造商为一些知名品牌生产过旅行箱，但没试过制造电子产品，因此花了一些时间来学习如何有效地制造内置电子设备的拉丹行李箱。

拉丹及其竞争对手蓝精灵和远行分别在 2015 年年底、2016 年年初的几个月相继上市，拉丹的旅行箱定价居中。库劳里斯说，在发布会之前，尤达什金和其他高级经理更专注于与蓝精灵竞争，而不是远行。蓝精灵具有类似的电子设备，而远行仅有为设备充电的电池。库劳里斯说："我清楚地记得围绕远行进行的对话，拉丹的团队因为远行行李箱只有一个电池而没有其他电子设备，没把它放在眼里，'他们不知道自己在做什么。'"

最初，拉丹的计划是只在网上销售，但尤达什金最终决定采取多渠道战略，在曼哈顿时尚的苏活区（SOHO）王子街（Prince Street）开设一家快闪店，并在布鲁明戴尔百货（Bloomingdale）和梅西百货（Macy's）等一些零售商店销售他们的行李箱。

拉丹即使没有花很多钱做广告，也有了一个良好的开端，这要归功于媒体的报道。《纽约时报》刊登了一篇引人注目的报道，其中有一张尤达什金的照片，他戴着墨镜，穿着时尚的衬衫和牛仔裤，摆着潮人时髦的姿势，站在快闪店里一整面墙的白色拉丹手提箱旁边。尤达什金说："我们在最初的60天中售出了1万个行李箱，大家都对我们的行李箱充满了新鲜感。"

拥有光明前景的拉丹在2016年3月筹集了第二轮风险投资，不过数额相对较小，仅为350万美元。这符合尤达什金的想法，他不希望筹集太多的风险投资，以避免投资者最终会介入并影响他的决策。他解释说："他们希望获得10倍的回报，而且在达到目的之前，他们会紧盯着你提高收益。作为创始人，我的所有权可能会被稀释。我读了相当多有关创始人的故事，他们创办了一家企业，但最后他们只获得了很小的一部分利益。"

实际上，尤达什金向他的团队明确表示，他想提高销量，然后在理想情况下，将拉丹迅速转手给更大的行李箱制造商。尤达什金说："我们谈到的好结果之一是像'新秀丽收购拉丹'这样的结果。"你从风险投资机构获得的资金越多，就需要把价格抬得越高才能使投资者满意，但这更可能会打消买方的兴趣。

尤达什金的战略看上去很明智，自从拉丹在人人觊觎的奥普拉榜单（Oprah list）上榜后备受瞩目，2016年下半年销量猛增。拉丹公司负责数字营销的市场顾问布赖恩·奥尔斯顿（Bryan Alston）回忆说："这真是令人难以置信，在两三天内，我们卖光了所有库存，这可不得了。"但是这也有一个不利之处。在行李箱行业，从向制造商下订单到产品交付可供销售需要几个月。奥尔斯顿说："有很多人想买一个拉丹行李箱，但实际上我们已经卖完几个月了。而在这几个月，他们就会买远行、蓝精灵或其他品牌的行李箱。事实上，在旅行旺季，几乎每个人都在旅行，拉丹却卖光了所有存货，这导致他们在黄金季将生意拱手让给别人。”

远行看起来尤其从中受益。它的两个创始人在沃比帕克工作期间相识，当时珍·鲁比诺担任社交媒体主管，斯蒂夫·科里负责供应链，科里在沃比帕克学习了如何采购优质材料。远行使用了优质零件，包括高档聚碳酸酯、Hinomoto 车轮和 YKK 拉链，这些通常被认为是市场上最好的零件，并提供终身保修。而且远行的价格低于拉丹的价格，最初的价格是随身行李 245 美元，较大的行李箱 295 美元，各买 1 件则需 475 美元，并用一个精炼的口号巧妙地宣传了品牌：“头等舱行李箱，和蔻驰[①]一个价。”而且远行经常提供 20 美元的折扣，增强了价格优势。

尤达什金为了树立拉丹高档品牌的形象，反对打折。营销顾问奥尔斯顿表示，他提交了案例研究，认为拉丹由于不能提供销售折扣的激励措施而失去大量销售。奥尔斯顿说：“是否打折是我们遇到的最令人沮丧的争论之一。然而拉丹就是没有折扣。争论到此为止。”

这两个品牌在生意方式上的另一个差异是：拉丹将自己的行李箱定位为高科技产品，远行却将自己定位为一种生活方式品牌。作为该策略的一部分，远行发行了旅行月刊，客户可以在杂志上找到自己喜欢的目的地的建议。远行品牌营销高级副总裁塞莱娜·卡瓦里亚（Selena Kalvaria）表示：“与我们在同一时间推出的一些品牌非常专注于车轮和拉杆。我们也喜欢这些东西，但这并不是让你的品牌与你的顾客产生情感连接的东西，也不是你的顾客会想要在餐桌上谈论的东西。”

---

① 蔻驰（Coach），是美国一个中档价位的皮包品牌，这里指付出中等价位的皮包的价格可以买到高档的行李箱。——译者注

远行于 2017 年夏季开始除了销售行李箱，还销售一系列低价配件，从较小的包和背包，到剃须和美容工具包、服装袋和皮革行李牌等所有物品，不一而足，价格从 30 美元到 195 美元。卡瓦里亚解释说："这使远行还能够多占领顾客的壁橱，并进一步占领他的心智。我们如何努力与产品圈保持联系并持续构建品牌，以便继续成为旅行的代名词？行李箱仅仅是开始。其他一切都将源自于此。"

拉丹采取了不同的策略。拉丹的首席技术官蒂博·勒·康特（Thibault Le Conte）说："当时，我们认为提供配件不是重点，而是策略。"但奥尔斯顿说，事实证明，远行的举动更加明智。他指出，拉丹的大多数顾客都是一劳永逸的购物者。他们买了一个手提箱之后，再也没有回购，因为很少有人需要多个行李箱，所以拉丹不能获得顾客重购。这意味着每笔订单的营销成本很高。奥尔斯顿说，广告支出超出预算，通常要花 100 美元做广告来吸引每个客户，有时甚至高达 200 美元。而远行通过销售配件，可以从每个客户那里获得更多收入，并有效降低每 1 美元销售额的营销成本。奥尔斯顿说："远行找到了增加销售量的方法。我们只拥有一种昂贵的产品，而他们能够从顾客身上获得更多的顾客终生价值。老客户大部分都不回购了，如果每个月或每天都要发展新客户，以代替老客户，那营销成本就太高了。"

远行策略的重点是创建生活方式品牌，而不是仅仅出售有高技术含量的产品，这是先行者创投的柯尔丝滕·格林同意领导对其第一轮风险投资的关键。格林解释说："远行正在融入一代人的时代精神和他们四处'游牧'的生活方式。客户在购买一种身份，好像通过他们购买的物品在告诉别人，'我是一名探险家。'"

格林对远行的投资很像她早先对美元剃须俱乐部下的赌注，在这项投资中，剃须刀不如迈克尔·迪宾改变男性仪容修饰的愿景对她来说更重要。这个策略在远行的运作效果很棒。2017 年 5 月，随着销售额的增长，它又筹集了 2 000 万美元的风险投资，当时的融资总额达到 3 100 万美元，是拉丹所筹集资金的 5 倍以上。

2017 年秋季，拉丹、蓝精灵和远行都在争夺地位，期望在这个休假季能取得好成绩。尤达什金和他的团队决心不重复前一年的错误，当时他们卖光了存货，把生意机会让给了竞争对手，所以增加了生产订单以确保有足够的库存。

应对致命打击的正确方式

2017 年 12 月 1 日，传来了不祥的消息。美国一家航空公司宣布，从 2018 年 1 月中旬开始，它将“不再允许所谓的‘智能行李箱’或带有不可拆卸锂离子电池的智能行李箱作为托运行李或随身行李。因为功能强大的电池可能会在飞行过程中过热并可能引发火灾。”美国航空公司（American Airlines）也发布了类似的公告。

对于蓝精灵来说，这实际上是一个致命的打击，它在品牌快速启动后已经严重下滑。它已将自己定位为奢侈品牌，行李箱的价格分别为 499 美元和 599 美元，与高档行李箱制造商途明和日默瓦的低端产品的价格相似。蓝精灵业务发展负责人克里斯·富尔顿（Kris Fulton）说：“公司领导人一直认为他们可以依靠成为市场上最好的智能手提箱产品，依靠客户明白这一点并产生浓厚的兴趣去购买。”但是销售额落后于远行和拉丹，后两者的行李箱价格便宜。富尔顿说，许多顾客要么无法分辨出差异，要么不认为蓝精灵的行李箱值更高的价格。

对于蓝精灵来说，更大的问题是无法取出其电池充电器。这意味着顾客乘飞机旅行时无法使用蓝精灵行李箱。

行李箱行业顾问戴维·西本斯说，蓝精灵应该预见到这个问题。他指出，早在 2015 年，在中国上海浦东机场，使用带电池充电器的行李箱旅行的旅客，就被告知要将其从行李箱中取出。他补充说：“当上海浦东这样的大型航空枢纽开始这样做时，你应该特别要注意了。无视提醒的企业为此付出了代价。”

拉丹也面临航空公司法令的挑战。与远行不同，它的手提箱中的电池可以取出，但只能在打开时从内部取出，而当行李箱完全装满时，再取出就非常麻烦。拉丹的客户开始在社交媒体上抱怨，因为在通过机场安全检查时要打开行李、取出电池和重新打包行李耽误时间而误机。

奥尔斯顿说：“当我带着拉丹行李箱旅行时，总是遇到这个很麻烦的问题。我总是得停下来，机场人员不得不检查我的手提箱，看看里面有什么，因为他们认为电池是炸弹。拉丹收到的许多评论都是同样的意见。客户们说，‘我爱拉丹旅行箱，它很棒，但是给手机充电的便捷性不能抵消被保安拦截带来的不便。’”拉丹的广告进一步加剧这个问题，在广告中始终强调其技术功能。奥尔斯顿指出：“当我们测试许多不同的广告信息时，最重要的信息是技术。”

在这三家智能行李箱初创企业中，远行的定位最适合处理这个问题。由于它进行市场营销的定位是生活方式品牌，因此并未主要被认定为高技术含量的行李箱。而且它在几个月前对行李箱进行了重新设计，这对解决问题更重要。像拉丹一样，远行的初始设计只允许使用行李箱附带的一把小螺丝刀从行李箱内部取出电池。但是早期的客户告诉远行，他们应该要让电池拆卸更容易，远行听取了客户的意见。2017 年 8 月，它改变了设计，使电池可以轻松地从外部弹出而无须用户打开手提箱。你只需按下电池，它就会弹出。

对于购买了老款行李箱的客户，远行指派了一支工程师团队来开发一种快速修复套件，对这些行李箱进行翻新，使客户在不打开手提箱的情况下电池也可以弹出。远行免费提供了这些维修服务并为此付出了巨额费用，虽然没有透露具体数字，但由于它在 2017 年年中筹集了 2 000 万美元的额外风险投资资金，它能够承担这笔费用。拉丹却不能这么做，因为销售下降，公司现金短缺。康特回忆道："远行能支付巨大的维修成本，而我们做不到。"

拉丹发现自己处于螺旋式下降中。尤达什金承认："我们的利润率翻了一番，但销售额下降了一半。我们没有筹集到足够的资金来开发产品。"

像远行一样，他的团队花了几个月的时间重新设计，可以使电池弹出，而无须用户打开手提箱。但是由于尤达什金将风险投资的比例降至最低，拉丹需要出售足够多的库存来产生现金，以便向亚洲制造商订购重新设计后的行李箱，但是在航空公司发布警示之后销售老款行李箱是很难的。

拉丹过去的营销费用一直都比远行少，现在它没有钱增加广告来销售旧库存。只能通过削减多达 50% 的薪水并解雇员工来节约手头的现金。尤达什金在 2017 年大部分时间都没有薪水，后来他试图筹集更多的资金，但在销售额下滑的时候，他无法实现这一目标。

康特感叹："我们有产品原型，但问题在于确保生产。当你有成千上万的老款产品未出售时，你是不会订购一万个新的行李箱的。"而且老款行李箱一直在增加仓储费用，耗尽了拉丹不断减少的现金储备。康特说，在

2018 年 2 月，为筹集现金，拉丹讨论是否以每个行李箱大约 80 美元的价格出售其全部老款存货，价格甚至低于制作和运输成本，但是这个方案没有通过。除了减薪外，拉丹的员工从曾经几十人减少至不到十人，士气暴跌。康特指出："一年前，你就在奥普拉的推荐清单上。一年后，你掉队这么厉害。这是真的吗？实在想不到。"

3 月，《连线》杂志（*Wired*）将拉丹列为精明旅行者的"高科技装备行李箱"的首选产品。然而，那时候拉丹和蓝精灵都在为维持生存而努力。5 月 1 日，蓝精灵在公司官网上发布了苦乐参半的消息："在探索了向前迈进的所有可能的选择后，公司最终被迫关闭运营。"蓝精灵的知识产权和技术已出售给 Travelpro，Travelpro 是 30 年前由发明了 Rollaboard 手提箱的退休飞行员罗伯特·普拉思创立的。向蓝精灵注资超过 2 000 万美元的投资者空手而归。

仅仅两周后，拉丹宣布它也将倒闭。尤达什金告诉美通社："很不幸的事情还是发生了，然而我希望这一切都没有发生过。鉴于法规的不确定性以及这些老款行李箱带来的负担，智能行李箱并不是一项可行的业务。"

这种说法并不完全正确。拉丹和蓝精灵可能并不可行，但远行却在蓬勃发展。在拉丹和蓝精灵破产之后不久，远行透露，除了已经雇用的 150 名员工外，未来 5 年还将创造约 250 个工作岗位，以获得美国政府 400 万美元的税收减免优惠。2019 年 5 月，它已经筹集了总计 1.56 亿美元的风险股权资金，估值达到 14 亿美元。它预计，随着进一步扩大产品范围，包括服装和保健品，其全年销售额将翻一番，达到约 3 亿美元。

箱包行业顾问戴维·西本斯在被问到为什么这家公司能成功但竞争对手却失败了时，说："远行的人知道，在一个产品创意和一个品牌之间存在本质的区别。产品的创意历经更迭，品牌却让企业存活下来。远行的两位女性创始人真的非常聪明。”

尤达什金并没有放弃行李箱业务。他接受了联合利华旗下的豪华旅行箱品牌日默瓦的高管职务。至于拉丹本身，丹佛（Denver）的一家私募股权公司 Stage Fund 正在尝试该品牌是否可以复兴。Stage Fund 专门购买陷入困境的公司，它以约 10 万美元的价格收购了拉丹的资产，包括约 4 000 件未售出的手提箱，所有的钱都偿还给拉丹的债权方。拉丹的支持者包括勒勒·希波风险投资和卡斯珀的创始人，后者亲自投资了这家初创企业，他们冲销了向拉丹投入的 560 万美元。

然后，Stage Fund 公司将行李箱处置给一家清算公司，价格低于拉丹的制造成本。拉丹的 56 厘米随身行李箱曾经卖到 295 美元，而今在网上花 79.99 美元就可以买到。

但是这个品牌可能将继续生存下去。Stage Fund 公司的创始人兼首席执行官丹尼尔·弗吕登伦（Daniel Frydenlund）的父亲曾为新秀丽和美国旅行者工作过。他表示，他的公司正在寻找行李箱制造商以合作重新推出拉丹。唯一的区别是：“这是一个很酷的外观漂亮的箱包，但是我们进行了重新设计，可以轻松弹出电池。这玩意儿就是阿喀琉斯的脚跟①。”

① 这里是指老款行李箱电池的设计是拉丹的致命缺点。——编者注

谁能成为品牌赢家

进 攻 方：远行行李箱。

防 守 方：拉丹行李箱与蓝精灵行李箱。

战 场：智能行李箱市场。

进攻方式：创建生活方式品牌，而不是仅仅出售有高技术含量的产品。

赢家策略：

1. 找到增加销售的方法，提供除行李箱以外的一系列低价配件，使远行能够多占领顾客的壁橱，并进一步占领顾客的心智。
2. 重视早期客户的意见，并对产品设计进行适当的调整。

BILLION DOLLAR BRAND CLUB

How Dollar Shave Club, Warby Parker, And Other Disruptors Are Remaking What We Buy

第 12 章

新型门店，从线上走回线下：邻里百货

DTC品牌的精髓

译者导读

百货商店零售时代黯然落幕，新品牌迅速崛起，开始各自建立属于自己的独立王国，此刻正是新旧两个时代交汇的时点。

作者在这一章，描述了纽约曼哈顿苏活区的“DTC共和国”这片新品牌线下店聚集区，特别是丝华彩妆零售门店里的场景，分析了丝华彩妆和其他数字原生品牌开设线下门店的背景和深层原因：用更低的成本与顾客建立更深和更广泛的联系，从而获得数字时代最为宝贵的资产，即顾客数据。

很多人，甚至消费行业的资深人士，如前面提到过的舒达席梦思床垫的高层们，对DTC品牌都有一种误解，以为DTC只是一种创新的分销模式，而忽视了与顾客之间的无缝连接才是DTC品牌的精髓所在。这些新品牌的线下门店究竟有什么特点，让它们与传统品牌零售店区别开来呢？那就随着作者的笔触，去看看丝华彩妆、Bonobos裤业、Tuft & Needle床垫……

线下开设的零售店必然会成为新品牌与顾客建立“直接对话”的合适场地，对话建立关系，关系创建信任。线下场景更能创造顾客与顾客之间社交的机会，社交场景进一步推高品牌声浪，浪浪叠加，销售自然增长。线下零售店的开设，仿佛是电商新品牌的成人礼，奠定了品牌的品牌资产价值，使它们更有能力迈入波涛汹涌的市场大海。

另一个有趣的故事是关于马克·马辛特（Mark Masinter），一位参与过苹果实体店建设的实体零售店专家，如何抓住时代机遇，从帮助电商新品牌开设实体零售店而建立自己的事业，即邻里百货新品牌零售集合店的故事。从某种角度看，这正是新时代的百货商店，只不过，换了外衣和内胆。

新型门店，从线上走回线下：邻里百货

2018 年圣诞节前几周，位于曼哈顿中城第五大道的罗德与泰勒百货（Lord & Taylor）旗舰店的橱窗全部被打理完毕。长久以来，当纽约人和游客经过橱窗时，他们都会不禁驻足凝视，由衷赞叹。因为橱窗里陈列着精心制作的生动作品。但是，在这个假期展示的不是这些。

这次完全不同。玻璃橱窗上贴满了花哨的红黄色标语。一扇玻璃窗上贴着醒目的标语："店内商品全部打折！"另一扇窗上标出了重点："关张。清货！"在这座意大利文艺复兴时期风格的建筑内，罗德与泰勒百货曾是世界上最宏伟的商场之一，而现在每根巨大石柱上都贴满了标语。珠宝展示柜台边写着"5 折"和"3 折"的标语。打折标语的数量比购物者还多，而在过道上闲逛的寥寥数人则给这座建筑平添了一丝仿佛在陈旧衰败的博物馆里的感觉，这是一座荣耀时代可悲的纪念碑。

化妆品柜台的女售货员昆西回忆起她小时候来这家商场，仍然能感觉到那种影响力。她回忆道："我记得奶奶带我来过这里。那时在罗德与泰勒百货买东西可真是一件大事。我女儿出生时，我记得我姨妈在罗德与泰勒百货购买礼物。她一定破费了不少。我还记得这儿的橱窗陈列，它们特别漂亮。然后，我来这儿工作，那时我可开心了。”

但她不会在那里工作很长时间了，因为商场很快要关闭了。这家商场在1914年2月开业时吸引了7.5万名来客，顾客被商场7楼音乐厅的管风琴音乐深深震撼，而今它以8.5亿美元的价格被出售给了WeWork，即一家专为科技公司和创业者提供模块化办公空间的初创企业。罗德与泰勒百货计划在2019年1月关掉这家商场，这让像昆西这样的员工对自己的未来忧心忡忡。她心事重重地说:“只要找到工作，其他都好办，找工作是我最关心的事儿。”

她可能已经考虑过投靠那个所谓的“DTC共和国”，从商场往南走约3 000米就到了。在以曼哈顿苏活区为中心的不到2.5平方千米的区域内，至少有15个DTC品牌开设了实体零售店，而这些品牌之前一直宣传实体零售业是20世纪的老古董。

从拉斐特街（Lafayette Street）366号的远行行李箱店出发，在附近街区稍微绕一下，再来到南面仅10个街区之遥的丝华彩妆旗舰店的整条路上，都不超过邮编10012或10013的范围，你会经过Showfields，这是一家展厅业的初创公司，曾专为仅做数字化业务的品牌服务，比如炊具品牌Made In和宠物食品品牌“农夫之犬”；往前走几分钟就是床垫品牌卡斯珀；而在两三个路口外，沃比帕克和家具品牌Burrow的门店紧邻；从那儿不用走多远，就是另一家床垫初创企业丽萨、家居装饰品牌One Kings Lane和服装品牌Everlane。而Everlane的创始人迈克尔·普雷斯曼（Michael Preysman）于2012年曾在接受《纽约时报》的采访时说过:“我们要是开实体零售店的话，就先把我们公司关了。”

再往前走就是定制服装品牌 Lively，拐角处就是鞋子品牌 Allbirds。接着是女装品牌 ModCloth、Indochino 和男装品牌 Bonobos 裤业以及运动服装品牌 Outdoor Voices。当你走到拉斐特街 123 号的丝华彩妆旗舰店时，映入眼帘的是建筑正面幕墙上垂下的巨大的丝华彩妆旗帜，几乎可以肯定店内非常拥挤。在这 280 平方米的店内的顾客人数，常常比在罗德与泰勒百货那几万平方米全部楼层上的顾客还多，即使是在罗德与泰勒百货那最后萧条的假日打折季时。

罗德与泰勒百货曾经开启了百货商店零售的盛大时代，它的四家餐厅、现场音乐和红玫瑰私人购物服务将购物化为一种体验。丝华彩妆和其他数字原生品牌也试图在电子商务时代，像罗德与泰勒百货一样创造极致的购物体验。几乎所有数字原生品牌的绝大多数客户仍在网上购买商品。但即使电子商务飞速发展，约有 90% 的零售商品还是以传统的方式出售：购物者走进商店，取走货架上的物品。许多初创企业发现虽然成为一个电商品牌很好，但是如果他们想成长得更大更快，仍然必须出现在人流聚集之处。

在你走进丝华彩妆的门店之前，可能会遇到一个不寻常的场面：一群十几岁至二十几岁的丝华彩妆粉丝们站在人行道上自拍，然后迫不及待地把照片发布到照片墙上。发完照片后，她们才会走上涂着丝华彩妆标志性粉色的楼梯去往二楼，店内正一遍又一遍地循环播放着热门单曲。购物者围着镜子试用各种样品，然后再走到公共洗手池，从脸上洗去眉笔、眼影、腮红或者蜜粉留下的痕迹。

但是，对于许多顾客来说，买不买东西几乎是完全无所谓的，甚至对于丝华彩妆管理者来说也是如此。就像在店外一样，店里的每个人几乎都在用智能手机疯狂地拍照：穿着粉色套装的女店员和男店员的照片、她们硬拖着来的男朋友们的照片（然后就有了风靡照片墙的账户 @glossierboyfriends），甚至是店里那些看上去很无聊或者迷迷糊糊的宠物的照片（同样风靡的账户 @dogsofglossier）。由顾客注册的与丝华彩妆相关的照片墙账户有成千上万的狂热粉丝，丝华彩妆的官方账户有近 200 万人关注，其创始人埃米莉·韦斯的账户约有 50 万人关注。

大多数零售商店都会利用店内的每一寸面积来展示其商品，但丝华彩妆不是这样。为了满足那些自拍迷们从不间断的拍照需求，它专设了一个用于拍照并将其发布到社交媒体上的房间。在纽约的丝华彩妆实体店，顾客们可以在布满镜子的 Boy Brow 眉笔体验厅自拍，厅里摆放着 6 支一人多高的 Boy Brow 眉笔复制品，Boy Brow 眉笔是丝华彩妆最热卖的产品之一。在丝华彩妆位于洛杉矶梅尔罗斯广场（Melrose Place）的第二家门店，它专设了“丝华峡谷”，复刻了亚利桑那州羚羊谷那起伏不平的蚀刻棕红色崖壁，这里播放着在沙漠录制的各种声音。这样的房间好像更应该出现在美术馆。通常顾客必须排队等一会儿才能进入约 280 平方米大小的店里，进去之后还得再排队才能进到峡谷厅；一位店员监控时间，以确保人们在参观完后离开。一位顾客在美国最大的点评网 Yelp 网站上评论道：“美得不像话，峡谷厅是如此宁静，空气闻起来如同天堂一般。此时此刻，我全神贯注于这种氛围，这一切按标准看真是十全十美。”

资深零售专家对丝华彩妆门店所激起的热情感到惊讶。丝华彩妆的前副总裁马拉·古德曼（Marla Goodman）还记得邀请一位曼哈顿的房地产开发商到访丝华彩妆在纽约展厅的经历，这位开发商曾经开发了主要购物胜地布鲁克菲尔德广场（Brookfield Place）。当时那个展厅是丝华彩妆在纽约的早期门店之一，位于丝华彩妆原总部所在建筑六楼的狭窄空间里。当这位开发商到达时，古德曼内心有点动摇。她说：“我当时在想这位开发商可能会在想，为什么古德曼要带我上这破电梯？我们刚刚走进拥挤的门店，这位开发商就呆住了，站着一动不动，有三四分钟没有开口。他转身对我说，从他看到的人流量来看，‘这绝对是 10 亿美元级别的生意啊’。他被迷住了。”

对于丝华彩妆的门店如何成为必去的打卡地这个问题，在丝华彩妆早期担任了 4 年总裁的亨利 · 戴维斯笑着解释说：“与其说我们是在做一家传统意义上的门店，不如说更像是在制作一种电影场景或舞台设计场景。”丝华彩妆最开始并未计划开设一家实体店，但是当忠实的粉丝开始来拉法耶特街的丝华彩妆公司办公室参观时，公司拨出了一处空间来接待他们，也方便他们现场选购化妆品。临时商店非常受欢迎，后来当丝华彩妆将办公室搬到一个更高档的地点后，仍然决定在公司原址开设一家永久性门店。

戴维斯说：“这跟卖货没有任何关系。从销售的角度来看，它取得了巨大的成功，主要是因为人们到了那儿，觉得‘太好了，我得买些东西’。我们每天在门店卖出成千上万的商品。但全部的关键在于联系，在于公司与顾客的联系，在于顾客之间的联系。”

但是，究竟为什么丝华彩妆和其他数字原生品牌要开设零售门店？DTC 品牌革命不就是意味着初创企业不再需要实体店吗？事实上，如果裁掉零售中间商，经济上不是更好吗？戴维斯重复着“联系”这个他经常使用的词儿：“DTC 其实与分销关系不大，更多的是在于联系。”

获客方式的演变

所有在 DTC 初创企业工作的人谈话时，经常使用“获客成本”这个词儿。在最初几年，也就是 2010—2016 年，大多数新品牌获客成本最低的方式，是通过照片墙和其他社交媒体平台，这些平台可以聚焦于最有可能是他们的顾客的平台用户。但是随着时间的流逝，发生了两件事。

首先，初创企业发现在找到并说服最有可能的顾客购买其新产品之后，他们还必须找到其他群体的潜在客户，但需要做更多的说服工作。这意味着，随着时间的流逝，吸引每个新顾客的成本会更高些。根据产品类别的不同，一旦 DTC 初创企业的销售额达到拐点，通常在 2000 万～ 1 亿美元，则产生每 100 万美元销售额所需的广告支出，要高于此前产生每 100 万美元销售额所需的广告支出。

其次，一旦美元剃须俱乐部等早期 DTC 品牌证明了在 Facebook 上投放广告是吸引客户的廉价方式，几乎所有其他公司都开始这样做。一方面，Facebook 限制了广告的供应量，通常只允许用户的“新闻流”中的 1/5 是广告内容，以免引起用户的反感；另一方面，随着越来越多的公司在 Facebook 投放广告，Facebook 的广告价格也随之上涨。

因此，在 2017 年左右，随着更多的新品牌在 Facebook 上投放广告以及更多传统品牌也开始在 Facebook 上投放广告，每家品牌都不得不花更多的钱来保持增长，尤其是其中许多公司盯着的是同一人群。据一些研究估计，社交媒体广告成本已经上升了 25% ～ 50%。Facebook 调整了算法，可以更精确地定位潜在顾客，从而部分抵消了这部分涨幅的影响；同时投放广告的公司在社交媒体上发布更有效的视频广告来吸引客户的注意力，也部分抵消了这一影响。因此，尽管 Facebook 和照片墙仍然是许多新兴品牌的首选广告渠道，但社交媒体渠道很少占到其营销预算的 80% 或以上。当前的比例通常为 40% ～ 60%，某些品牌的这个比例甚至更低。

在 Facebook 上投放广告的成本不断上升的同时，许多城市的实体零售成本却在下降。无他，这就是供求关系的问题。在零售商蓬勃发展、拼命开店的那几十年，房地产开发商、购物中心业主和房东都不断提高租金。但是，随着电子商务迅速发展并从传统商店抢走销售额，零售商不得不关闭数千个门店。焦虑的房东们别无选择，只能降低租金，要不就只能看着他们的房产空置，一无所得。

亨利·戴维斯说："如果你在苏活区沿着运河街走走，就会看到有大量的建筑物空置。布利克尔街（Bleecker Street）曾经有很多奢侈品店，但现在那条街都空了。"到 2017 年，格林尼治村这条街的租金从每平方米五六千美元的峰值下跌了一半。"他们极其需要能带来人气的网红店。而 DTC 品牌就有这样的能力，因为它们既独特，又不同，还极有创意。"

苏活区是许多千禧一代的首选购物目的地，其部分区域的租金价格也有所下降。当地的房地产经纪人凯伦·贝兰托尼（Karen Bellantoni）说："按平方米计算，百老汇零售空间的月租金过去约为 13 万美元。2019 年的最新签约是每平方米 2 700 美元。"虽然一些邻近街区的租金要高一些，但曾经坚持至少要签 5 ～ 10 年租约的业主开始愿意将门店短租 3 ～ 6 个月，这使得新品牌可以相对便宜地测试运营一家实体门店是否在经济上可行。而且这种现象不仅限于纽约。梅西百货、爱芙趣（Abercrombie & Fitch）、杰克鲁（J.Crew）、维多利亚的秘密、盖璞、迈克尔科斯（Michael Kors）等在美国各地关店，到处留下空空如也的门面和货架。

像丝华彩妆一样，许多数字原生品牌都在尝试重塑而非复制传统零售的体验。Bonobos 联合创始人安迪·邓恩回忆说，"2011 年，我们在总部的大厅里设置了试衣间，因为人们想看看穿上身的样子。人们试穿了裤子，然后两手空空地走了，但随后在网上下单。从那时起，我们意识到可以开没有服装的服装店，或者是不卖服装的服装店，都一样。这是意外的惊喜。"

第二年，Bonobos 在其曼哈顿办公室的五楼开设了一间占地 65 平方米的导购店。邓恩报告说，造访过导购店的顾客的平均订单额，是首次网购顾客订购额的两倍，而且复购率更高。到 2019 年，Bonobos 有大约 60 家店。为了降低成本，所有导购店的面积都很小，通常 200 平方米或更小，而且店内库存很少，仅供顾客挑选、试穿和感受面料质地。Bonobos 导购店的广告页面上写着："试一试您喜欢的任何东西，然后请从冰箱里自取一下冷饮……导购员会帮您下单，东西会直接送到您家或办公室。您离店时，将一身轻松。"

极简主义是许多这类新型门店的特色。床垫品牌 Tuft & Needle 的门店位于西雅图第一大街上，它坐落在一座非常有空间感的挑高建筑之中，离派克广场市场（Pike Place Market）只有几个街区之遥。在这家门店里，你可能会很迷惑，床垫在哪里？传统的床垫商店里堆满了几十张甚至上百张床垫。但是在 Tuft & Needle 的门店里，只有 4 张床垫，仅占全部面积的 5%～10%，而且它们被特意藏起来不容易看见，从地面一直延伸到高高的天花板的云状网型白色织物遮住了这些床垫。这种织物是用 Tuft & Needle 床垫底部透气面料做成的。你可能会感慨，这真是"美得不像话"啊。云状网型织物模拟了卧室的私密性，所以你可以躺在床垫上，而不受其他购物者和店员的影响。

跟大多数床垫商店不一样的是，你不必担心店员会从你走进店门的那一刻起就紧紧尾随着你问这问那。这些店员拿的是薪水，而不靠佣金，这也是大多数 DTC 品牌商店的另一个特色。你对床垫有疑问？没问题，他们会回答。但是，许多顾客更喜欢拿起展厅里的平板电脑自己浏览。

Tuft & Needle 的首席设计师克里斯·埃文斯（Chris Evans）表示，由于空间保持简单整洁，Tuft & Needle 门店的装修成本仅为每平方米 777 美元左右，而大多数零售商的花费是数千美元甚至更多。Tuft & Needle 的 6 家门店都使用略有不同的天然材料，有时使用木栅格或混凝土，但它们的目的都是为了在整洁的空间里构建隐秘屏障。埃文斯解释说：“传统床垫商店都被塞得太满了，仿佛是床垫的海洋，吊顶上满是灯具，感觉跟仓库一样。最开始的时候，我真的很紧张，担心我们的某些设计可能会有点儿过头，会让人们望而却步，也许我们过于前卫，但是人们喜欢透亮感和艺术感的外观，也喜欢我们对不同材质的使用方式。”

通过降低门店成本，Tuft & Needle 发现门店可以像其他营销方式一样降低成本，实现销售目标。Tuft & Needle 前首席运营官埃文・马里杜（Evan Maridou）解释说：“一家门店的租金可能要每个月 9 000 美元，但一块广告牌可是要每个月花费 4 000 美元。”Tuft & Needle 发现门店带来了乘数效应：除了曾到访门店的顾客下了订单之外，门店所在的地区及周边的网上订单也增加了。

他说：“一个品牌有门店，会让人们对网购这个品牌的东西更有信心吗？会的。网上销售量会更高，因为人们看到我们有门店。这就像有些人担心的事情，我不知道你是不是一家网上的皮包公司，如果哪天我想退货了，你是不是没有溜走。但是，如果有门店，我可以马上走进去。它使消费者更加相信你的公司是靠谱的。”为了进一步验证这个假设，Tuft & Needle 向访问公司官网的一部分人显示了其门店的位置，而同时对另一部分人隐藏门店的链接。他说明：“显然人们看到我们有门店后的在线转化率更高。”

这证实了沃顿商学院教授大卫・贝尔与达特茅斯大学和哈佛大学的同事们的研究成果。他们利用沃比帕克运营早期的详细销售数据，针对沃比帕克开始小心翼翼地向实体零售扩张对销售产生的影响进行了广泛的研究。

早期的沃比帕克除了在尼尔・布卢门撒尔的费城公寓中开了一处临时展厅外，还设法说服了一些费城的服装零售商展示他们的镜架，以便人们可以试戴，即使他们不买。贝尔及其同事得出结论：“首先，也许并不是那么令人惊奇，在这些展厅所在地点覆盖的区域，总销售额增长了约 9%……其次，我们发现在展厅所覆盖同一邮政编码区域产生的网上销售额也显著增长了约 3.5%。”他们发现，即使是临时的实体销售活动也可以促进销售。2012 年，为了提高知名度增加曝光率，沃比帕克改装了一辆校车作为在美国各地巡回展示的流动展厅。研究人员确认：“我们发现，在校车停靠过的地点，总销售额和网上销售额都增长了，这意味着快闪式门店可以提振销售额和知名度。”

沃比帕克于 2013 年 4 月在曼哈顿苏活区开设了第一家永久门店，到 2018 年年底它已拥有近 100 家门店；零售门店销售和在线销售各自约占其总收入的一半。布卢门撒尔说：“我们从来不认为必须只能做线上业务。如果在美国有 95% 的眼镜是在实体商店中出售的，而你想成为美国最大的眼镜品牌，那么没有门店你很难做到这一点。”同样，行李箱品牌远行于 2017 年在纽约市开设了第一家门店，并在接下来的几年中在其他城市新开了 6 家门店。在较早开设门店的城市，其在线销售额增长了 40%，比在其没有实体零售店的城市的销售额高出“不是一丁点儿”。

即使是文胸品牌三爱，它的联合创始人海迪・扎克曾说过，她宁愿去清理洗碗机也不会去逛街买文胸，也于 2019 年夏天在曼哈顿苏活区开了一家约 186 平方米的快闪精品“概念式”门店来测试实体零售。为了使女士们的购物体验更加愉悦，或至少尽量没有那么不舒服，三爱试图重塑店内体验，就像床垫品牌 Tuft & Needle 以及卡斯珀正在做的那样。三爱的首席创意官雷尔・科恩指出：“如果你需要帮助，不用大呼小叫，每个试衣间都有一个‘帮助’按钮，你按下按钮就可以叫‘贴身造型师’到你的试衣间。”为了增加私密性，一些试衣间还配备了“直通托盘”，托盘里有不同样式和尺寸的文胸，客户可以一一尝试，而无须与店员面对面交流。为了降低库存成本，门店只有少量精选的主要文胸款式可供购买，而其他款式可以试戴，但需要在线购买。

电动牙刷初创公司 Quip 没有开实体店。它仅有两种产品，电动牙刷和牙膏，开店没有意义。但是，它正在尝试用传统的方式来保持业务增长，在商场销售产品。在塔吉特商场的门店里，Quip 牙刷通常占据过道两端最好的货架位置，其他 DTC 品牌也是如此，如剃须刀品牌 Harry's、除臭剂品牌 Native 以及卡斯珀的枕头、床单和低端床垫。这些新品牌的总销售额对塔吉特这样的零售巨头并没有多大影响，塔吉特百货的年收入约为 750 亿美元，但它们有助于吸引那些本来可能会留在家中在网上购物的消费者。的确，即使许多实体零售商店的人流减少，但塔吉特百货在 2018 年表示，进入塔吉特门店的购物者数量的增长速度是有史以来最快的。

对于不习惯与商店分享每单销售收益的数字原生品牌来说，算好经济账并不容易。Quip 和 Harry's 在网上销售牙刷和剃须刀时，可以留下所有的收入。而他们在塔吉特百货销售产品时，塔吉特通常会抽走零售价的 20% ～ 50%。因而品牌企业在零售商场销售时利润空间较低，不过可以被在其他方面较低的成本抵消：虽然现在将产品直接送到顾客家的成本比以往任何时候都低，但将一整托盘的货品送货给零售门店的单位运送成本却便宜得多。而且，如果产品在零售门店展示得当，就会吸引路过的购物者的注意，否则品牌就不得不花更多的钱，才能在 Facebook 或照片墙达到同样的展示效果。Quip 的联合创始人西蒙・埃尼弗说："每周有 3 000 人逛塔吉特，这真是太疯狂了。他们走过口腔护理品那条通道，就会看到欧乐 B 和飞利浦的一款电动牙刷 Sonicare。在塔吉特，有机会成就一个新品牌，成为整个时代的一部分。那正是我们想要的。"

作为和塔吉特百货所签合同内容的一部分，Quip 还坚持在塔吉特商场只卖牙刷，而不出售替换刷头。客户如果要订购日常的更换刷头，埃尼弗说："客户就得登录我们的官网。"这样就能使 Quip 与顾客保持直接联系。

塔吉特百货吸引数字优先品牌，把它们的产品在塔吉特上架，只是它抵御电子商务造成的干扰的策略之一。2017 年，塔吉特百货斥资 5.5 亿美元收购了一家当日达送货公司 Shipt，并以未公开的价格收购了一家运输技术初创企业 Grand Junction。该公司开发的软件旨在实现更快捷、更高效地送货到家。同年，塔吉特百货在向卡斯珀询问有没有可能直接收购其公司后，向卡斯珀投资了 7 500 万美元。它还复制了在线服装订购初创企业的营销策略，如时尚盒子和 Rockets of Awesome，塔吉特百货的顾客现在可以注册成为其自有品牌 Cat & Jack 的客户，订购每月有一盒童装送货到家的服务。该品牌仅在其门店销售。

随着 DTC 品牌的出现，塔吉特等传统零售商必须适应不断变化的形势，不管是用复制 DTC 品牌的方式，还是与之合作，或是其他方式。零售顾问、塔吉特"未来商店"项目的前副总裁克里斯・沃尔顿（Chris Walton）表示："传统零售商试图找到真正具有变革性的东西，他们同时在很多可能上下注。"

实体零售必须不走寻常路

在得克萨斯州普莱诺市（Plano）一家邻里百货门店，购物者们几乎肯定不会注意到，从他们进入门店的那一刻起，空中的一道目光就开始追踪他们了，更确切地说，是入口上方天花板上高悬的多向摄像机以及店内四处安装的十几个其他摄像头和跟踪设备正在观察他们。这些摄像头使用面部识别软件来估算每个购物者的年龄，不过不会识别他们的具体身份。摄像头计算每人在店内走动的时间以及花多少时间浏览陈列的每个品牌：MeUndies 内衣、Allswell 床垫、Hims 脱发和维生素治疗、哈勃隐形眼镜、Primary 童装和来自十几家其他数字初创企业的产品。他们还知道哪些品牌是被购物者彻底忽略的。

邻里百货希望成为 DTC 品牌的未来零售展厅。以丝华彩妆的官网为例，它的目的并不那么执着于要出售所展示的产品，而是要让顾客接触到并感受到他们听说的新品牌，但是在顾客亲眼见到这些产品之前，他们可能会放弃购买。邻里百货为了吸引 DTC 品牌，它收集和分享的数据，也正是初创品牌在线收集并作为竞争优势的那类数据。

第一家邻里百货于 2018 年 11 月在普莱诺市开业，联合创始人马克·马辛特预计它将遍布美国，作为跨界快闪店和传统门店的连锁店，将重塑百货商店的概念。从许多方面来说，邻里百货的策略都是旧瓶装新酒。不管传统百货商店多么努力，它们大多数给人非常落伍、老旧的感觉，用老旧方式展示着同样老旧的产品。但是，作为零售门店，假设你能不断轮换几十个时髦的新品牌，每隔几个月就更换一轮，让购物者每次进店都能发现不同的产品组合，会让你喜出望外吗？你只是展示炫酷的产品，就可以吸引来想要与之共同陈列的其他炫酷产品，你好像一个策展人四处收罗展品。如果搭配得当，这家门店可能会变成一家网红店，就像受欢迎的夜总会，那里是扮酷的年轻人都想去的地方，因为其他扮酷的年轻人都去了。

在门店中央设一间休闲餐厅和一间酒吧，举办活动，比如运动塑身健身课、花道工作坊以及游戏、脱口秀、现场音乐的组合派对，你就可以成为一家有趣的网红店，跟一个世纪前的罗德与泰勒百货一样。那时人们去罗德与泰勒百货用餐和听音乐会，还有购物。马辛特说："我从不相信实体零售会失去它的重要性，但是实体零售必须不走寻常路。"

马辛特曾经在零售地产业之外鲜为人知，以前他是达拉斯房地产开发商，发迹于 1999 年，那年他 30 多岁，他在科罗拉多州韦尔（Vail）坐滑雪缆车的时候，接了一个恶作剧式的电话。电话另一端的人问："是马克·马辛特吗？史蒂夫·乔布斯要跟你通话。"马辛特骂了句脏话就挂断了电话。当天晚些时候，他接到了 Restoration Hardware 家具店创始人斯蒂芬·戈登（Stephen Gordon）的电话，这是一家快速成长的零售商，马辛特向它注资而且为其零售战略提供了建议。戈登问："嘿，史蒂夫·乔布斯有没有给你打电话，或者乔布斯办公室的人打过你的电话吗？"马辛特又骂了句脏话，还说："好了，老兄，这样没意思。"

戈登告诉马辛特确实是苹果公司的首席执行官乔布斯要找他，他想见一见马辛特，马辛特奇怪地大声问道："他为什么要见我？我对计算机一无所知。我有一台苹果电脑，但我几乎不会用它。"但是戈登坚持道："这是一个蛮好的主意。你应该和他聊聊。"

乔布斯的想法是他尚未公开透露的东西：苹果零售店。乔布斯当然会构思和指导苹果店的设计，但他希望有一名房地产专家来帮他确定这些新零售店的最佳位置。在会议上，马辛特和几个同事做了选址介绍，还特别推荐了人流密集的区域，比如购物中心。他们认为长达一个小时的会议进行得很顺利，但乔布斯却不这么认为。马辛特回忆说："他坚信苹果零售店永远不应该出现在购物中心。讨论结束时，他基本上是在告诉我这是他见过的最糟糕的展示。"但是乔布斯补充道："我会给你第二次机会。我不是鼓励你一定要再来一次，但是如果你愿意，我们可以再给你一个机会。"

事后回想起来，马辛特怀疑，这才是典型的史蒂夫·乔布斯："我认为他确实在考验我们。我们坚持了自己的立场。"马辛特后来又参加了一次会面，将建议书稍做调整，但他建议仍将购物中心作为诸多苹果新零售店的最佳地点之一。乔布斯没有参加这次会议，但是之后他明确了任务，马辛特回忆说："乔布斯给我们的任务是，去找那些在合适地点的最佳地产，但必须为他们提供在品牌上打造出非常特别的东西的机会。这一点没有商量余地。别想带回任何无法通过这个标准的东西来蒙混过关。"

马辛特参与了这个项目，苹果零售店推出后立即大获成功。马辛特因此很快便在零售业名流中广为人知，在帮助品牌制定实体战略方面树立了声誉。他后来成为沃比帕克、Bonobos 以及其他公司的顾问，包括 Tuft & Needle。先行者创投的柯尔丝滕·格林把他介绍给前两家公司的创始人之后，他也投资了这两家公司。

马辛特为电商品牌提供建议的经历强化了他的观念，即这些品牌将同时从线下和线上销售中受益。他还认识到，许多新品牌对实体零售一无所知，而且许多品牌负担不起独立开设门店的费用。他在 2016 年年末打磨应对这个情况的方案，当时他经常在周末从达拉斯市中心的家里骑行几十千米到白石湖，然后绕行几圈。他回忆说："有一天我从自行车上下来的时候，突然顿悟了。我认为需要重新定义百货商店，对于这些百货商店而言，第一位且最重要的是让这些新品牌可以实实在在地彰显自己，而且做些好玩有趣的事情。"

许多电商品牌已经尝试过开快闪店来让消费者触摸和感受他们的产品。但开快闪店通常要花很多钱，尤其是它们通常只运营一周到几个月。马辛特的想法是，在一个整洁简约、具有时尚设计感的商场中，几十个新品牌可以一起租用和共享场地，为期 2 ～ 12 个月，商场里训练有素的店员随身携带 iPad 来帮助顾客，这很像苹果零售店。马辛特解释说："我从史蒂夫·乔布斯那里学到了很多关于设计和执行设计的知识。我把这些都融入了今天所做的一切。我在构思邻里百货的时候，总是回想起从他那里得到的所有经验。"

马辛特骑自行车回家后，跳进游泳池冷静了一下，然后给 Bonobos 的联合创始人安迪·邓恩打电话，邓恩回应道："哇，这是个好主意！你跟格林谈过了吗？"于是，马辛特接着打给了柯尔丝滕·格林。格林鼓励马辛特让想法更丰富后再来找她。在二人后续的交谈中，格林告诉马辛特："你还有很多工作要做，但我想成为你的领投方。"马辛特意识到格林的参与使他获得了类似"美国农业部批准印章"，他便开始寻找可以提升他的思路并运营公司的人。

马辛特并没有雇用经验丰富的零售业高管，而是找了一个 29 岁的创业者马特·亚历山大。亚历山大在达拉斯创办了一家在线服装公司，但因生意不够红火就把公司卖掉了。亚历山大与别人共同创立的一个项目引起了马辛特的注意，这是一个非营利项目。他们在 2014 年将达拉斯闹市区高档区域的部分空置场地，打造为当地手工产品的节假日快闪店。这个项目引起了轰动，最终被达拉斯市中心的商业协会接管。尽管这个项目不太复杂，且规模较小，但它正好与马辛特的创建邻里百货的思路不谋而合。他在给亚历山大的电邮中写道："我受到你的作品的启发，我相信这个概念有不可思议的发展空间……希望有机会与你一起畅想。"

他们于 2017 年 3 月共进午餐，几周后，亚历山大向马辛特发送了一份 6 页纸的备忘录概述了他的愿景，他们现在称之为"宣言"。马辛特非常喜欢它，甚至没有征求亚历山大的意见，就把它转发给了格林。

亚历山大在"宣言"中强调使用技术来收集到店顾客的相关信息，他经营过服装初创企业，知道电商品牌如何向他们的顾客获取数据。除了收集人群分布信息的摄像头外，还会有一个邻里百货应用程序供顾客下载，顾客可以使用该应用程序来了解商店中正在轮展的品牌，了解活动信息，如乐队何时演出或品酒会何时举行以及下单购物。一些零售商已经开始测试类似的技术，但是翻新商店可能比从零开始的成本高很多。

亚历山大解释说："它还不能识别具体某个人，但是在误差范围内，我们可以告诉你到店客人的典型年龄和性别以及他们的动线和方向，还有他们所关注的品牌。我们知道 50 多岁的男性进店后大多数右转，20 多岁的女性则倾向于左转，品牌企业将拿到人们与品牌所在位置的互动热点图。比如品牌企业会知道其他三个品牌的人流量是否是自己品牌的 3 倍，就知道怎么改变产品组合并着手改变了。"

除了技术之外，邻里百货吸引数字优先品牌的是，在这些新品牌的数字广告成本越来越高的时候，邻里百货恰好为这些新品牌提供了一种低成本的测试实体店零售的方式。邻里百货商场为每个入驻的品牌提供一段时间的专柜式的展示场地，面积不超过 45 平方米。这种形式非常类似于合租，与其他志趣相投的租户一起在高档建筑物里租用带家具的公寓，而不是买下一栋大房子再花很多钱去装修和维护。亚历山大解释说："新品牌可以在我们这里以相对低风险的方式进行真正快速的迭代和实验。如果它们要自己开门店，那么它们就得在长期租约、员工、技术上大量投资，必须自己搞定方方面面。"

多亏了柯尔丝滕·格林的参与，马辛特和亚历山大没有遇到什么麻烦就在头几轮融资中筹集了 570 万美元。美元剃须俱乐部的迈克尔·迪宾也是投资者之一。在数字原生品牌的熟人圈里，格林几年前曾将迪宾介绍给马辛特，马辛特成了美元剃须俱乐部的早期投资者，而马辛特则将迪宾介绍给了亚历山大。在马辛特突然想到这个灵感后大约一年半，第一家邻里百货门店在 Legacy West 开业了。Legacy West 是一座在普莱诺市的综合性建筑物，由马辛特等房产商开发。这座建筑物有办公楼和住宅楼，还有一个全新的户外购物中心，沃比帕克和 Bonobos 的门店入驻了购物中心。

邻里百货的门店面积约为 1 300 平方米，大约是诺德斯特龙（Nordstrom）等百货商店面积的 1/10。它像一个经过翻新的挑高空间，有清水混凝土地面、约 7 米高的天花板、悬挂式轨道照明和裸露的通风管道。一些初次光临的客人面带困惑地走来走去，邻里百货创始人意识到他们应该对顾客们进行宣传教育。马辛特说："如果我们只是小型的尼曼·马库斯（Neiman Marcus）、梅西百货或者布鲁明戴尔，或是他们的复制品，谁会有兴趣光顾呢？我们本质上是新兴品牌的发现机制。"

在 20 多家最早的租户中，有一家隐形眼镜初创企业哈勃，当时它刚刚开始在线上销售。哈勃的联合创始人杰西·霍维茨说："起初，我们没有考虑零售场地，但是 90% 的零售销售并不是在网上完成的。我们这样做，是对顾客签约我们的处方配镜进行测试。"在门店刚开业的几个月，哈勃的签约率很高，但人流量却没有公司希望的那么高。挑战之一是帮助购物者理解新品牌展示的这一概念，把一系列完全不同、彼此无关的品牌放在同一个屋檐下，实在是太新鲜了，霍维茨指出："这让消费者有些搞不懂它的根本定位是什么。"

美元剃须俱乐部是早期 DTC 品牌中最坚持初心的品牌，但它也成为普莱诺市邻里百货的第二波入驻品牌。迪宾说，在 Harry's 剃须刀入驻塔吉特商场之前，他就拒绝了在塔吉特销售美元剃须俱乐部剃须刀的机会，"我喜欢邻里百货的地方是，他们使我们有机会让我们的品牌变得生动起来，更有生命力。与传统的零售商场相比，它可以提供很多空间。而在传统零售商场，你会受到很多限制，货架杂乱无章，店员也不了解你的产品。'红牛在哪儿？''通道五。''香波在哪儿？''通道二。'而邻里百货是从许多更年轻品牌的相同基因中诞生的，他们想要给你的顾客提供极致的体验，而不是只想着卖掉一个产品。"

邻里百货能否成功重塑百货商店，从而成为下一个诺德斯特龙、梅西百货或塔吉特，仍然是一个悬而未决的问题，但是它正在全速前进。第一家门店开业不到一年，投资者们又投入了 2 000 万美元用于快速推出新门店，第二家门店在曼哈顿的切尔西市场，第三家门店在得克萨斯州的奥斯汀。邻里百货可能有不少竞争对手。Showfields（自我吹嘘是“世上最趣店”）、Fourpost、B8ta（发音为 beta）和 BrandBox 等其他几家公司也追求同样的战略，提供一系列的新品牌来创建未来世界的百货商店。亚历山大意识到竞争可能会变得很激烈，他说，邻里百货的财务投资人告诉他，“我们认为你是新零售空间的麦当劳，我们愿意给你足够的资金来抵御潜在的汉堡王。”

所有这些竞争者都不难为自己的门店选址。亚历山大说：“对我们来说，充满诗意的事情是，我们正在寻址和搬入的很多地点，原来都是百货商店。”

谁能成为品牌赢家

进 攻 方：邻里百货。

防 守 方：罗德与泰勒百货等传统百货商场。

战 场：零售百货市场。

进攻方式：重新定义百货商店，成为 DTC 品牌的未来零售展厅。

赢家策略：

1. 一个品牌有门店，会让人们对网购这个品牌的东西更有信心，在线转化率也更高。
2. 门店并不那么执着于出售所展示的产品，而是要让顾客接触到并感受到他们听说的新品牌。
3. 重新定义百货商店，在这些百货商店中，第一位且最重要的是让这些新品牌可以实实在在地彰显自己，而且做些好玩有趣的事情。

BILLION DOLLAR BRAND CLUB

BILLION DOLLAR BRAND CLUB

How Dollar Shave Club,
Warby Parker, And Other Disruptors
Are Remaking What We Buy

第13章

拥抱亚马逊，建立品牌工厂：莫霍克集团

译者导读

创业算法

用人工智能驱动品牌打造，听起来是不是很酷？Aimee 软件的故事正是这样。

我们过去听到的品牌故事，不是来自厚厚的创始人传记，就是来自媒体大肆渲染的报道，总之，就是个人的热情洋溢，加上团队的艰苦卓绝，再加上赶上新时代的运气。在本书前面几章新品牌的创立过程中，我们似乎嗅到一股创业算法的味道，一门新生意的背后潜藏着一整套似乎可以掌握的规律。

到了数字时代，真的有人开始用智能算法来创立品牌。Aimee 软件和它背后的玩家莫霍克集团就背负着这样的使命：专注于通过计算机收集的数据打造品牌。从某种含义上看，莫霍克很像传统的品牌战略研发部门之于消费品工业大集团的角色，帮助大集团确定品牌和产品战略。不同的是，莫霍克的独立性！莫霍克有可能自己成为这样的大集团！正是智能商业世界去中心化的现状，让他们的梦想真的有可能变成现实。

一个连接海量的顾客和销售数据的网络，是莫霍克直接拥抱亚马逊、沃尔玛等线上销售平台的原因，这个网络的另一端连着庞大的产业生产网络，这是全球产业链数十年发展的结果。他们就是这些网上的爬虫，垂直整合信息，分层传输信息，统合生成决策，并快速执行。家庭实验室饮料冰箱和便携式制冰机的成功至少说明在一个细分市场这样的想法是可行的。

在中国，有一个比莫霍克发展更快也更知名的品牌——小米，它依靠数据驱动产业链实现品牌革新。与美元剃须俱乐部等电商新品牌相比，莫霍克和小米的故事才刚刚开始。未来，究竟什么才是真正驱动品牌的核心？那些品牌充满人性光辉和艺术魅力的故事还会吸引人们吗？数据驱动的品牌究竟如何打动消费者？这些品牌将要改变世界吗？改变的边界又在哪里？而小米或莫霍克与零售商之间的竞争合作关系也是一个充满争议的话题。

所有这些问题的答案将在未来涌现。

亚尼夫·萨里格（Yaniv Sarig）并不是因为便携式制冰机价格太高，并且顾客都被一个大玩家“敲竹杠”，才想要创建家庭实验室便携式制冰机的，那是沃比帕克创始人创建新眼镜品牌的原因。

萨里格也并没有像迈克尔·迪宾所做的那样，用一则病毒式传播的视频来发布美元剃须俱乐部产品，或者像埃米莉·韦斯创建丝华彩妆的过程一样，先建立一个受大量粉丝欢迎的博客。家庭实验室制冰机的广告也不会不断出现在 Facebook 或照片墙上，那是三爱文胸和哈勃隐形眼镜所采取的营销方式。

萨里格之所以决定卖制冰机，是因为 Aimee 软件告诉他这是一个好主意。他解释说：“我们所做的一切都因为 Aimee 和她的建议。”尽管萨里格经常将 Aimee 称为“她”并说“她”在开发新产品时具有魔力，但 Aimee 并不是一个人。Aimee 是一种计算机程序，是“人工智能的莫霍克电子商务引擎”的缩写，旨在识别有可能成为亚马逊最畅销产品的一项发明，不过许多初创企业刚开始时都故意避免在亚马逊平台销售产品。

绝大部分数字原生品牌的创建及发展都是出于创始人的热情和直觉，萨里格则不同，他和别人一起共同创立并经营莫霍克集团，他们的目标是通过计算机收集的数据打造品牌。2019 年春季，莫霍克集团仅在家电类别中就有 5 种产品名列亚马逊最畅销的 50 种产品名单，包括饮料冰箱、迷你冰箱和台面式洗碗机，还有两款制冰机。

莫霍克集团比大多数 DTC 初创企业的规模都更大，2018 年的销售额为 7 330 万美元，2019 年的目标是实现销售额翻番，2019 年是公司创建以来的第 5 年。不过大多数人从未听说过其品牌：家庭实验室小家用电器，包括除湿机、饮料冰箱、小巧型台面式洗碗机和制冰机；Xtava 美容产品，比如卷发棒、吹风机、发胶和定型霜；Vremi 小型电器和厨具，比如单杯咖啡机、锅具、刀架以及旋转式色拉脱水器。

萨里格的目标无非就是建立一个品牌工厂，这是一条由技术驱动的装配线，可以分析购物者在网上搜索什么产品，收集他们对现有品牌不满意的数据，然后为了满足消费者未被满足的需求而专门生产量身定制的产品。他解释说："我们不仅要建立消费产品公司，还要建立重复创建消费产品品牌的集团。我一直都很敬佩卡斯珀和沃比帕克的创始人，他们建立了令人赞叹的公司。无论结果是好是坏，我们都想尝试建立一个可重复的模型，迅速抓住趋势并将其快速转变成品牌，而不是像他们那样去颠覆某个产品类别，我们这么做就像在品牌工厂的传送带上生产一样更快、更有效。"

莫霍克集团办公室位于曼哈顿市区一座简朴的办公楼，这里也曾经是卡斯珀的总部。莫霍克集团自称是一家科技和电子商务控股公司。其实它并非唯一以数据科学为基础创建针对亚马逊客户的新品牌的创业公司，也不是第一家。2011 年，一位谷歌工程师辞职，回到了他的祖国中国，创立了湖南海翼电子商务公司。这家公司生产安客品牌的计算机配件和其他电子产品，包括电缆、移动电源、插头、充电器、耳机、蓝牙扬声器，这些产品主要在亚马逊上销售。这家公司在 2017 年的销售额达到近 6 亿美元。此外，其他不生产产品的技术公司也开发了类似于莫霍克集团的软件，旨在帮助消费品制造商解开在亚马逊上成功销售的密码。

但是莫霍克集团可能是这些初创企业中最雄心勃勃的企业。安克几乎只专注于电子产品，而莫霍克集团的目标是成为在卖任何产品的亚马逊上制造任何产品的品牌商。萨里格说，如果方法正确的话，莫霍克集团可以制造出它认为能大量销售的任何东西。它在中国深圳建立了一支由大约 20 名制造外包、工程和物流专家组成的团队，因此一旦其软件引擎抓住了一个机会，他们就可以在短短的 3 ～ 4 个月内生产出产品。他说："如果明天的数据表明夏威夷四弦琴是一个很好的产品，那么我们将制造夏威夷四弦琴，这完全基于消费者需求的相关数据，对吧？"

萨里格出生于以色列，是一名 40 多岁的软件工程师，他知道他的计划可能被视为古怪的东西。他打趣道："这就像从飞机上跳下来，一边降落一边织降落伞一样。"尽管其销售快速增长，但该公司在 2018 年亏损了近 3 200 万美元。虽然大多数 DTC 初创公司成立之初都会亏损，但莫霍克承认目前距离确定的成功尚远。莫霍克集团在 2019 年向美国证券交易委员会提交的首次公开募股文件中直言不讳地表示："投资者非常怀疑我们持续经营的能力。我们需要大量的额外资金来资助我们的增长战略。"莫霍克的股票在 2019 年 6 月开始交易时，投资者的热情并不高。第一周，股价较发行价下跌了约 30%，根据发行价，公司的估值大约为 1.75 亿美元，之后据此进行了一定调整。

萨里格对这种怀疑不太在乎。他承认对莫霍克集团的投资是“高风险、高回报的行为”。他指出，亚马逊的整体销售额惊人，2018 年为 2 770 亿美元，其中大部分来自初创企业。这大大支持了他的信念，说明那并不是一个不可能的梦想。

莫霍克集团借助众多新品牌快速创造销售的能力也提出了一些显而易见的问题：在数字时代创建新品牌，其中科技的成分是多少、艺术的成分是多少？品牌在多大程度上依赖与消费者建立情感联系，在多大程度上主要依靠数据来揭示并满足消费者潜藏在心中的欲望？销售出大量产品，比如莫霍克集团正在卖的产品以及不断发展中的未来的其他品牌产品，是否就是打造持久品牌？最后，如果你可以创造出一系列销量很高的产品，那么能不能识别某个品牌是否仍然重要？

莫霍克集团的早期投资者都对消费品没有任何经验，甚至没有特别的兴趣。早期投资者将这家初创企业看作是一项附加项目，其产生的收入用于资助一项更重要的尝试，即泰坦航天（Titan Aerospace）。这是一家制造大型太阳能无人机的企业，无人机可以飞行 2 万米高，并连续飞行数年。无人机的设计目的是在地球大气层边缘以下航行，并建立卫星网络，以廉价的互联网服务覆盖全球偏远地区。萨里格说：“这是一个非常棒的项目。”但萨里格并不在泰坦航天工作，他是创始人的朋友。

莫霍克集团的想法仍处于概念打磨阶段，此时泰坦航天管理层得出结论，要使无人机在商业上可行，将需要巨额投资，而这超出了其能力范围，并超出了莫霍克集团短期内能产生的现金收入。因此，2014 年 4 月，他们以约 1.5 亿美元的价格将泰坦航天卖给了谷歌。泰坦航天的两个主要投资者阿舍·德卢格（Asher Delug）和马克西莫斯·亚尼（Maximus Yaney）决定将部分利润投入莫霍克集团，让莫霍克集团专注于自身发展。

德卢格创立了多家移动广告公司，并认识到技术是如何通过自动化的方式，以低成本的营销信息来定位客户，从而颠覆整个广告行业。莫霍克集团背后的想法很相似：如果技术可以以成本更低的方式用新产品定位目标客户，那会发生什么？德卢格说："我认为这肯定会在电子商务领域发生，就好像梦想再次变成现实一样。一开始我就被这种商业模式迷住了。"莫霍克集团随后筹集了新的风险资金，到2018年它的总投资达到7 260万美元。主要投资者之一是GV，GV是谷歌母公司Alphabet Inc.的风险投资部门，该公司拥有莫霍克集团7.6%的股份。

去客户搜索产品的地方找客户

虽然大多数DTC品牌最初都是因为希望自己控制客户而避开亚马逊，但莫霍克集团选择了拥抱亚马逊。为什么要花钱营销找客户，并试图让他们到你的网站上购物？为什么不去每天都有成千上万的客户在搜索产品并花费数千亿美元的地方呢？

莫霍克集团关注的重点是亚马逊在线市场以及沃尔玛官网和eBay等其他在线市场的飞速增长。最大的传统零售商场的货架空间有限，仅能容纳数千种商品，这意味着零售商要决定陈列哪些产品以及放置在哪个过道和货架上。相比之下，亚马逊可陈列数百万种商品，任何人都可以将产品放在亚马逊无限的数字货架上。萨里格说："刚开始琢磨这件事时，我们意识到，'哇，我们正在经历的是现代经济史上最大的财富转移之一。'所有这些公司都像亚马逊一样在重塑零售业，但没有人重塑CPG公司，[①]新的CPG公司才能和

① CPG（Consumer Package Goods），零售术语，指拥有多品牌的包装消费品公司，比如宝洁和联合利华。——译者注

现在新的零售模式相契合。”

亚马逊上有那么多产品，CPG 公司的挑战在于要搞清楚究竟提供哪些产品，更重要的是，当购物者在亚马逊网站上输入搜索词时，产品如何在购物者打开的屏幕上获得主要的数字货架空间。通常，有 70% 的购物者在搜索要购买的商品时从不会翻过第一个页面。莫霍克集团创始人意识到，这都是数学问题，可以通过收集和处理足够的数据来解决问题。事实证明，亚马逊为想在其网站上出售商品的所有人提供了各种基本数据，包括亚马逊平台上每种产品的销售排名以及 100 个最常搜索的关键字。

亚马逊之所以提供这些数据，是因为它鼓励零售公司在其网站上出售更多商品，每次销售它都要收取一定费用，通常为 15%。此外，亚马逊还向在网站上宣传商品的公司收取费用，还帮一些卖家处理仓储和货运并收取一定费用，那些卖家不打算再找第三方物流公司。

“获得销售排名和主要关键字几乎可以告诉你 90% 你需要的关于产品需求的信息。”市场脉动（Marketing Pulse）的创始人之一约萨斯·卡齐尤凯纳斯（Juozas Kaziukenas）解释说：“当然，接下来还是取决于你自己，你可以造得更便宜一些、更好一些？可以有所不同吗？”为给在亚马逊上销售产品的公司提供建议，一批咨询公司应运而生，市场脉动是其中一家。

这正是应用程序 Aimee 的用武之地。萨里格花了几个月的时间编写 Aimee。为了省钱，莫霍克办公室的几乎所有家具都是用木制运输托盘制成的，包括办公桌、会议桌，甚至散落在旁边的一些椅子。但是，萨里格在 Aimee 软件上的花费则毫不吝惜。莫霍克集团雇用了 50 名计算机工程师来开发 Aimee 软件，工程师人数占员工的 1/3。办公室角落里有 4 个高科技睡眠吊舱，全天候工作的员工可以在吊舱里休息。这些工程师一直努力提高 Aimee 软件的功能，让 Aimee 软件不仅可以发现新的产品机会，还可以随时根据库存和销售情况自动提高和降低价格。萨里格说："第一个版本的 Aimee 软件与现在相比，就像是最早的一批飞机与最新的空中客车喷气客机的区别。"

萨里格在他的笔记本电脑上启动了 Aimee 软件进行演示。屏幕上显示的是在亚马逊上出售的牙齿美白产品的大量数据和图表，其中有成千上万种产品。如果在亚马逊上搜索"牙齿增白"，你会看到超过 7 000 个结果，不过其中许多都是同一产品的不同尺寸或不同型号。莫霍克尚未出售牙齿增白剂，但 Aimee 软件一直在亚马逊抓取每个产品类别的数据，以寻找未来莫霍克可能制造的那些最畅销和最常被搜索的商品。在亚马逊上约有 70% 的搜索不是搜索具体的品牌名称，比如"佳洁士美白牙贴"或者"佳洁士牙齿增白剂"之类的，而是描述性的搜索。这个事实对于创造新产品至关重要，因为它让初创品牌有机会受到关注。

萨里格解释说："我们基本上调查了几百万条消费者路径，这意味着我们把消费者搜索的过程大数据化了，我们还会查看他们在搜索时看到的内容，也就是屏幕上显示的内容。我们会将这些屏幕内容与前一天的进行比较，然后再和前两天、前三天进行比较。由此我们得知数字货架的演变情况。"

他指着电脑屏幕上的一张图，图上一条坐标轴绘制了销售总额以及每个现有品牌的销售额。他说："我们估计，目前牙齿增白产品在亚马逊上的年销售额约为 1.6 亿美元。你在图表上看到的所有这些小点都是为销售总额做出贡献的产品。"这些销售估算值是基于 Aimee 软件的相关性算法对一系列数据点进行的推断，而 Aimee 软件的相关性算法来自它对搜索次数、搜索字词的广告费率、历史转化率以及预计的平均销售价格这些数据不断进行的"机器学习"。

宝洁生产的佳洁士美白牙贴是该类别中最畅销的产品。但根据 Aimee 软件的计算，一些较不知名的品牌也属于畅销产品，有的品牌年销售额约为 700 万美元，有的年销售额约为 200 万美元。还有许多其他牙齿美白产品，每个产品的年销售额估计为 10 万美元或更少。

图上的另一条坐标轴表示一个特定品牌在相关搜索字词中出现的次数以及在数字货架或屏幕上出现的次数。这就像一个品牌在实体零售商店的许多不同购物通道上获得货架空间。品牌出现的次数越多，销售的机会就越多。如果你正在寻找填补产品空白的机会，那么可以从这个角度入手。为了确定哪个品牌做得最好，Aimee 软件会跟踪所有相关搜索并估算每个搜索所产生的销量。当然，“牙齿美白”是搜索次数最多的词语，其次是“牙齿美白工具”，再次是“木炭牙齿美白”，有几十种搜索都包括“牙齿美白”这个词语。

Aimee 软件估计，通过搜索“木炭牙齿美白”出现的产品每年在亚马逊上的销售额为 2 200 万美元。那么，这对莫霍克集团来说是一个潜在的机会吗？萨里格更深入地了解历史数据之后，说可能不会。Aimee 软件计算得出，“木炭牙齿美白”的搜索次数实际上在下降，这表明与该词相关的销售额可能已经达到顶峰。他说：“它开始失去上升动力了。但是有趣的是，牙齿美白笔正在上升。这是一种新趋势，每年有 1 000 万美元的业务正在增长。如果你有合适的供应链可以迅速推出新品牌，那么你可能会分得一杯羹。”接下来萨里格让销售和生产部门员工进行调查。

还有一个有价值的观察因素是客户对现有产品的评价，Aimee 软件通过自动浏览买家评论来衡量这个因素。客观如实的评论对亚马逊来说一直是一个挑战，因为一些卖家试图通过虚假的五星评论来歪曲事实。但是，Aimee 软件更多地关注不良评论。如果购物者抱怨质量不好，或者不喜欢这些功能，或者甚至对不同的颜色或尺寸表示兴趣，那么这将是新品牌潜在的机会。萨里格解释说："我们使用自然语言处理来解析成千上万条评论，以找到客户的任何痛点。"

如果不是因为 Aimee 软件的功能，那么莫霍克集团就不会考虑开发一系列小型家用电器。莫霍克软件工程师在 Aimee 软件添加了"顶级产品模型"功能，这个功能是为了突出值得关注的排名更靠前的商品。当萨里格和他的同事开始研究数据时，利用这个功能他们迅速注意到，在小型家用电器类别中顾客对现有产品的不良评论率很高。举例来说有以下评论。

> 购买后仅几个月，它便时不时地停止工作。
>
> 有时显示冰满了的灯会亮起，可当时其实没有冰。
>
> 我的建议是你赶紧离开这个网页。你希望花 135 美元买一个东西然后把它扔进垃圾桶吗？如果你打算这样做，请继续购买这个垃圾货！
>
> 刚使用一年半，它就停止工作了，再也不能吸水来制冰了。

这些都是亚马逊上针对某个品牌的台式制冰机的评论。在该品牌的所有评论中，有 25% 的评论是最低的差评，仅 1 颗星，另外 9% 的评论只有 2 颗星，而 49% 的评论者对它的评价为 5 颗星。根据 1 500 条评论，它的总评分仅为 3.3 颗星。

尽管该品牌某些型号和一些其他品牌的表现更好一些，但都没有很高的评价。深入研究数据后，莫霍克团队发现了他们认为客户不满意的根源。这个关键步骤是由人而不是 Aimee 软件完成的，因为莫霍克集团只有在能让生产的产品以合适的价格解决问题并吸引购物者的时候，才会追求创意。萨里格说："这个品类存在一个基本的功能性的问题，即抽水泵在几个月后会发生故障。"

其他几个因素使销售台面式制冰机的市场前景具有吸引力。Aimee 软件估计，便携式制冰机的售价在 100 ～ 150 美元，在亚马逊上每年大约有 3 500 万美元的销售额。是不是听起来很多？那是因为冰箱的内置制冰机很容易发生故障，维修费用要几百美元，所以有些人购买了更便宜的台面式制冰机，因为它的价格更低。小家电方面的技术创新相对较少，因此如果你想打入市场，几乎不需要在研发上投入很多。萨里格指出："不仅要考虑品类的市场规模，还要考虑你的产品能够领导市场的时间。比如，你一年可以卖出 500 万～ 1 000 万美元的产品，但是要连续 10 年每年都卖 500 万～ 1 000 万美元。这种品类就像是自动驾驶仪，不用费力气就能一直销售。"

莫霍克集团在中国找到了一家制造家庭实验室制冰机的制造商，并解决了竞争对手产品故障的问题后，于 2017 年 6 月在亚马逊上推出了该产品。

莫霍克集团要推出台面式制冰机面临的下一个挑战是获得顾客对新产品的关注。在亚马逊上搜索"便携式制冰机"或"台式制冰机"，会弹出超过 1 000 个结果：不同的品牌和型号、不同的尺寸、不同的颜色、不同的功能以及配件和相关的制冰产品。因为很少有购物者愿意花时间打开第 2 页、第 3 页，所以新品牌如果没有进入购物者看到的第 1 页，也就是萨里格所说的主要数字货架，那么成功的机会就会大大下降。因此，至关重要的是要了解亚马逊如何确定哪些产品可以获得最高排名，并因此出现在购物者打开的第 1 页上。

亚马逊的算法让客户最有可能购买的品牌出现在最显眼的地方，因为只有当购物者购买了他们想要的商品时亚马逊才会赚钱。如果客户能看到他们喜欢的商品，而且那些商品功能不错、价格优惠并总体获得好评，他们就很有可能购买。对于每个搜索，亚马逊会对每个产品进行打分。萨里格解释说："分数越高的产品在搜索结果中显示的位置越靠前。亚马逊的绝妙之处在于，他们让客户决定。如果你是客户的最佳选择，那么就会得到数字货架的最佳位置。"

但是，品牌企业如果要销售新产品，那么既没有销售量也没有评论。在这种情况下，当购物者搜索"台面式制冰机"时，品牌企业如何获得较高的排名从而将自己的产品推到首页上？为了增加产品销量并鼓励顾客评论，莫霍克集团在谷歌、社交媒体及亚马逊上积极宣传了数月，在每个页面的最上方被列为"赞助"（广告）产品。萨里格承认，这可能是早期花的一大笔费用。他说："我们一开始是亏损的，但我们敢打赌，如果我们在研究、制造、质量控制等方面做得很好，那么我们就有机会超越竞争对手，从现有企业手中夺得市场份额，并获得更高的排名。"

事实正是如此。家庭实验室用了不到一年的时间就成为亚马逊上最畅销的便携式制冰机，而且据 Aimee 软件估计，莫霍克集团占据了亚马逊制冰机销售总量的 1/4。2019 年 4 月，在亚马逊上搜索"台面式制冰机"时，家庭实验室在页面上排名第一，仅次于赞助产品，并且标有令人艳羡的"亚马逊最畅销产品"的标签。这个标签用橙色突出显示，表明该品牌是亚马逊最畅销产品。家庭实验室制冰机得到了 1 548 条客户评论，其中有 69% 的顾客评价为 5 颗星，有 11% 的顾客评价为 4 颗星，只有 12% 的顾客评价为 1 颗星，这与评级较低的其他台面式制冰机品牌形成了鲜明的对比。搜索"便携式制冰机"或仅搜索"制冰机"的显示结果也是一样。家庭实验室品牌在 2019 年下半年亚马逊最畅销的台面式制冰机中被边缘化，目前莫霍克集团以另一个品牌出售的台面式制冰机型号已成为台面式制冰机品类的第一名，而家庭实验室排在第四位。

莫霍克集团用同一套玩法，使家庭实验室饮料冰箱和制冷机再次取得了成功。这种制冷机是带玻璃门的能容纳 120 罐饮料的小冰箱。当人们搜索“饮料冰箱”或类似字词以及搜索“除湿机”时，家庭实验室均是排名最高的产品和最畅销产品。在窗式空调品类，家庭实验室有时排名第四位。其“日出闹钟”在该类别中排名前 10，并获得了“亚马逊心选”标签，这是亚马逊对“评价高、价格实惠、可立即发货的商品”的认可。

萨里格说：“整个家电类别市场基本上都值得争夺，因为当家电零售市场切换到线上时，所有在家电领域处于领先地位的公司都不太熟悉。而且，消费者现在正开始习惯在网上购买越来越多的大型商品，因此这是一个新生品类。”

进入市场第二年，莫霍克集团旗下各种家电的销售额就接近 4 900 万美元，约占它 2018 年收入的 2/3。该公司的其他品牌在亚马逊上也有很高的评价。Xtava 五合一专业卷发棒套装售价 39.99 美元，有近 3 000 条评论，其中 69% 的评论是 5 颗星，该品牌会在“卷发棒”的搜索首页弹出。其旗下彩色刀套装、单杯咖啡机和 15 件不粘炊具套装也显示在这些类别搜索结果的第 1 页上。

但是，并非所有莫霍克集团的产品都做得不错。萨里格说，问题不在于 Aimee 软件，而是产品质量不够好。他说：“客观数据显示，我们推出了合适的产品，并且价格合适，就能够获得良好的市场份额。但是，消费者就是对它们不满意，随着时间的流逝，他们给我们的评价就降级了。”莫霍克集团于 2015 年推出的橄榄油分配器开了一个好头，但是还是退出了市场。它在亚马逊上的整体评分下降到 3 颗星，而少于 4 颗星的评分会降低销售，26% 的评论者只给它 1 颗星。一位不满意的客户写道：“用了一周后，这东西漏油严重，漏得到处都是，完全是浪费钱。”

但是萨里格说，早期的错误证实了莫霍克集团的方法，即如果产品质量过关了，他们就能成功。当时，它决定在中国深圳建立一支外包团队，更严格地审查制造商的质量控制管理。萨里格补充说：“幸好我们是从小型产品中学到了经验，而不是从大型冰箱上得到教训。”即使现在，莫霍克在评估的每 15 个想法中，只追求两个想法能真正落地。在某些情况下，Aimee 软件发现一个值得探索的产品市场，要么是因为它发现了一个新兴的趋势，要么是因为注意到现有品牌的评价好坏参半或评价不佳，但是莫霍克集团在中国的团队发现无法在合理的价格范围内制造出更好的产品，使新品牌能够从现有品牌手里夺得一部分市场。萨里格承认，某些产品类别比其他产品类别更适合采用数据驱动的方法。目前莫霍克集团一直避开服装品类，即使服装品类在亚马逊上是一个市场庞大的类别。他指出：“时尚更难，因为它具有更多的主观性元素，而不是功能元素。奢侈品对我们来说最没有实际意义。购买奢侈品时，你购买的是品牌形象，而不是产品特性的功能。”电子科技产品也不排在优先位置，部分原因是安克公司已经控制了亚马逊的电子科技配件市场，并且因为产品周期非常短，所以公司需要在研发上花费大量资金来不断更新功能。

这样剩下的品类就是潜在产品的整个领域。莫霍克集团旗下有数十个品牌，每个品牌都是独立的，这样当某些品牌非常有价值时莫霍克集团能够将其出售给其他公司。莫霍克集团计划加快速度，允许其他消费品公司付费使用 Aimee 软件来创建新品牌，或者用于提高其现有品牌的销量。尽管该合资企业在 2018 年的销售额仅约 50 万美元，但如果莫霍克集团保持增长并证明 Aimee 软件的有效性，这一销售数字还会增加。

莫霍克集团出色的商业设计的一个潜在障碍是，亚马逊已经调整了有关用户评论的规则。亚马逊曾经允许收到免费赠品的人发表评论，莫霍克集团在推出新产品时就这样做，但是此后亚马逊改变了政策。莫霍克集团说，像其他公司一样，它的一些评论被清除了，“因为亚马逊认为评论存在问题或不真实。”现在，公司必须依靠真实的客户来发布评论，为获得这些评论，公司会联系购买了产品的客户并鼓励他们进行评论。因此，新产品可能需要更长的时间才能得到足够多的正面评价，才能进入关键搜索词的显示首页。

萨里格认为只要竞争是公平的，莫霍克集团还会继续在亚马逊上做得很好。关注亚马逊的市场顾问约萨斯·卡齐尤凯纳斯说：“时间会证明一切是否真的有效。”从理论上讲，这一切都是有道理的。但实际上，复制成功仍然是一个挑战。随着数据越来越多，还是否可以利用资本进行扩展并持续保持成功？他指出，莫霍克集团为了促进销售在营销新产品上“大量烧钱”，“我不相信他们会很快实现盈利”。其他人则更加持怀疑态度。金融网站 Seeking Alpha 在谈到莫霍克集团的亏损时指出：虽然“技术赋能消费品”这个想法听起来不错，但他们面对的市场过于多样化，并且市场的主导者是资源远比他们丰富的竞争对手。

亚马逊的自有品牌战略

的确，莫霍克集团并不是唯一雄心勃勃的企业，希望在一系列品类中打造一条稳定而且快速的在线新品牌流水线。很多企业都在利用从亚马逊收集的数据确定要制造什么样的产品。有一家公司已经推出了近 200 个品牌，远远超过莫霍克集团，他们的品牌涉及家具、皮肤护理、营养补充品、维生素等品类。此外，还有尿布和婴儿湿巾、纸巾和清洁产品、床单和毛巾、剃须刀、个人护理用品和家用产品、宠物食品、咖啡和坚果以及数十种男装和女装品牌。究竟是哪家公司打造了所有这些新品牌？正是亚马逊自己。

这件事就像亚马逊做的所有其他事情一样，公司不会向外界详细谈论。但是，人们可以从亚马逊在网上发布的许多职位招聘中找到相关线索：产品设计师、市场经理、自有品牌类别经理、产品负责人。有一则帖子说："自有品牌是亚马逊一个前景无量而且发展迅速的业务。""我们业务独特，并着迷于提高产品质量和建立客户喜欢的全球品牌。我们希望通过令人信服的价格向客户提供独特的产品来融入他们的日常生活。亚马逊强大的客户至上的信誉支持我们做到这一点。"还有一则帖子说："你想从头开始创建新品牌吗？你想发明东西？你目标远大吗？……你必须拥有强大的分析敏锐度，并习惯通过管理大量数据来得出基于指标的结论。"

亚马逊于 2009 年推出了第一个自有品牌 AmazonBasics。它从电池、计算机电缆、充电器和耳机这些电子消费产品开始，扩展到行李箱、炊具、庭院灯、螺丝刀组等各种产品。电池这个类别展示了亚马逊依靠自己声誉出售商品的能力。劲量电池广告中那个走个不停的兔子，可能是有史以来最具标志性的广告符号之一，但是自从多年前亚马逊推出自有品牌电池以来，亚马逊自有品牌电池占电池线上销售量的比例已经从 67% 升至 90%，在亚马逊网站的"家用电池"畅销排行榜前 15 种产品中，经常有自有品牌 6 ～ 8 个型号。

亚马逊于 2007 年开始悄悄出售一些不为人知的自有品牌的商品，比如 Pinzon，但它最早从 2016 年开始认真地扩大这项业务。最初几年新品牌不怎么受人关注，一些亚马逊观察家说，和那些最畅销的品牌比起来，在创造与客户的情感连接这方面，公司敏感度很低。那些畅销的新品牌包括快速增长的 DTC 品牌，比如沃比帕克、美元剃须俱乐部、卡斯珀。

亚马逊已经创建了 60 多个女装自有品牌。2019 年亚马逊最热门的服装之一被许多买家称之为"亚马逊外套"，不过不是亚马逊的任何新品牌生产的。这是由中国的小公司嘉兴子驰贸易有限公司生产的欧绒莱（Orolay）羽绒服。它在设计上强调实用性，甚至有些单调，售价为 120 ～ 150 美元，仅是加拿大鹅等高端品牌价格的一小部分，加拿大鹅羽绒服在诺德斯特龙和尼曼马库斯等百货商店的零售价通常为 1 000 美元以上。

欧绒莱夹克成为最畅销的产品纯粹是偶然，就像所有时尚品类经常会发生的情况。2018 年 3 月 27 日，《纽约杂志》（*New York*）刊登了一篇标题为《不太可能的故事：140 美元的亚马逊外套拿下了上东区》的报道。其他出版物也报道了这个故事，越来越多的女性开始购买这件外套，并贴出照片墙自拍照，夸耀自己在亚马逊上购买的羽绒服有多划算。于是，更多的购物者前往亚马逊网站，他们不是搜索欧绒莱，因为没人知道这个品牌，而是直接搜索“亚马逊外套”。由于销量一直上升，欧绒莱夹克在搜索首页上被列为“亚马逊心选”。

这家公司创始人邱凯文（Kevin Chiu）告诉路透社，2019 年 1 月的月销售额已达到 500 万美元，与 2017 年全年的销售额相同，并且他预计全年的销售额将达到 3 000 万～ 4 000 万美元。市场顾问约萨斯 · 卡齐尤凯纳斯说：“他们不卖给商店，也不通过自己的网站进行销售。他们不使用社交媒体。他们什么都不做。”他们只是在利用亚马逊本身的巨大影响力。这件外套与 DTC 品牌一样受到关注，但是所有这些都是在亚马逊上发生的。当然，这是每个在亚马逊上做生意的人的梦想。有趣的是，它比亚马逊创建的任何自有服装品牌都更成功。

甚至亚马逊创始人杰夫 · 贝佐斯在他 2018 年给股东的信中也承认，“第三方卖家[①] 正在踢我们第一方的屁股。这可不好。”但是，现在就放弃亚

---

① 这是专指在亚马逊上出售产品的企业家和其他卖家。——编者注

马逊的品牌创造机制还为时过早。怀疑论者在 2014 年亚马逊的野火手机（Fire Phone）惨败之后就是那么想的，但是同年下半年，亚马逊开始销售由 Alexa 语音识别个人助手驱动的 Echo 智能音箱，Echo 迅速成为发展最快的新的电子消费产品之一。

2018 年，亚马逊自有产品的销售总额约为 75 亿美元，其中超过 10 亿美元来自 AmazoBasics 和新的自有品牌。亚马逊在这项业务上才刚刚起步。阳光信托罗宾逊汉弗莱金融公司（SunTrust Robinson Humphrey）预测，到 2022 年，亚马逊自有品牌的销售额将增长到 250 亿美元。詹姆斯·汤普森（James Thomson）说："如果亚马逊进入我的类别所在市场，我会感到很不安。"他曾在亚马逊工作了 6 年，帮助其他公司在网站上销售他们的品牌。"亚马逊本身是成千上万个自有品牌卖家最大的长期威胁，因为它知道如何更好地在自家网站上发布产品。"

即使亚马逊的所有新品牌都不像传统品牌那样知名，但是只要在线购物者会买，公司也不会在意。在这方面，它与莫霍克集团有着相同的观点。卡齐尤凯纳斯解释说："亚马逊从根本上试图改变你的购买方式。亚马逊在说，'与其信任品牌，还不如只是搜索自己想要的东西，我们来向你展示什么是最好的。'所以，他们在说，'忘记品牌吧，有网站评论和评分就够了。'这对于品牌来说太可怕了，因为从根本上讲，它淡化了你曾经为了建立自己品牌所做的一切努力。"

更糟糕的是，一些卖家抱怨说，亚马逊不公平。尽管亚马逊与所有卖家共享一些数据，但它可以访问更详细的数据，例如，在亚马逊上出售的所有商品的实际销售数据，并利用这些数据定位其他人出售的产品。令某些卖家感到恼火的是，亚马逊有时会在这些卖家的页面上宣传亚马逊的品牌。一家精品橄榄油生产商在亚马逊卖家的在线论坛上写道："这可不是很好。如果在搜索结果页上查看我的排名，就会看到亚马逊在我的排名上加了标签，让顾客去买亚马逊的品牌橄榄油。”

雅尼夫·萨里格则表示不担心自己的生意。他指出，零售商长期以来一直在做自有品牌，模仿在他们平台销售的成功品牌并与其竞争，他补充说，在亚马逊网站上每年销售数千亿美元的商品。“亚马逊会拿走其中的一部分销售额吗？耶，那是当然了。会得到多大的份额？我还不到担心它不会为其他任何人留出空间的程度。”此外，他补充说：“基本上，亚马逊在做的事情与我们在做的事情非常相似，对我来说，这充分地表明我们走在正确的道路上。”

谁能成为品牌赢家

进 攻 方：莫霍克集团与亚马逊。

防 守 方：自有品牌卖家。

战　　场：自有品牌市场。

进攻方式：仅专注于通过计算机收集的数据打造品牌。

赢家策略：1. 建立一条由技术驱动的装配线，可以分析购物者在网上搜索什么产品，收集他们对现有品牌不满意的数据，然后为了满足消费者未被满足的需求而专门生产量身定制的产品。

2. 尝试建立一个可重复的模型，迅速抓住趋势并将其快速转变成品牌，就像在品牌工厂的传送带上生产一样更快、更有效。

BILLION DOLLAR BRAND CLUB

BILLION DOLLAR BRAND CLUB

How Dollar Shave Club,
Warby Parker, And Other Disruptors
Are Remaking What We Buy

结语

品牌新世界

站在拐点

译者导读

前面 13 章，作者带领我们穿过新品牌的丛林。现在，我们来到一片林中空地，坐下来谈谈新品牌本身。

回顾新品牌的发展历程，我们收获了一些成功和失败的案例，收获了不少的经验和认知，但要弄清楚这场革命的意义，谁是最后的胜者或剩者，似乎还为时尚早。新品牌革命本身的特质也在这个过程中被不断揭示得更为彻底和明晰：从最初零星出现的挑战者以优质低价挑战传统市场领导者，到同一行业众多新品牌集结成一股颠覆的力量和声势，再到新品牌之间形成从顾客到资本的激烈竞争……目睹了新品牌革命完整过程的杰弗里·雷德尔一语中的：成为 10 亿美元品牌的原因，都是痴迷于与其顾客不间断地进行联系。

“我们正处于品牌历史的另一个拐点，品牌的创建方式、正在创建的品牌数量以及最终促使我们购买一个新品牌并成为忠实客户与否，都在发生重大的转变。”

在品牌的新世界中，一些过去的规则或规律被打破了，用过去的方法再也不能建立过去的成功了。品牌和顾客的关系发生了本质上的逆转：这是一个产品过剩而顾客不足的世界，那些失去和顾客直接建立关系的能力的品牌将无法再续过去的好日子，而 DTC 品牌填补的正是这个需求的空白。

消费品市场的巨大规模是这个领域创业者的巨大福音，初创品牌的早期红利期也许已经过去大半，但随着品牌与顾客沟通方式的不断演变，新的初创品牌仍有大量的入场和增长的机会，无论在美国还是在中国，都是如此。对于充满勇气和数字极客特质的品牌创业者们，独角兽品牌俱乐部的大门依旧敞开着。

译者介绍

汤文静

20 余年企业渠道和品牌管理实践，曾任百胜集团战略合作高级总监；2015 年加入中国新零售创新的早期开拓者行列，曾任永辉云创联合创始人、弘章资本合伙人；现为独立顾问，为大消费行业企业提供战略和组织发展咨询。

这是一个晴朗的星期五早上。你的一天将从使用新品牌开始。你的家庭实验室牌闹钟在 6 点 15 分时将你唤醒。你离开铺着 Brooklinen 床单的席梦思床，穿上 Birdies 拖鞋走进洗手间。你用美元剃须俱乐部的剃须刀剃去腿毛，用 Prose 香波洗头。在腋下涂上 Native 除臭剂，然后戴上沃比帕克眼镜或者哈勃隐形眼镜。

你穿上 MeUndies 内裤、戴上三爱文胸、穿上 Everlane 牛仔裤、Allbirds 运动鞋，带上 MVMT 手表。你将在周末去城外，因此你要在随身携带的远行行李箱中放上两双 Outdoor Voices 的长筒袜、一包 Lola 卫生棉条以及从亚马逊买的 Coastal Blue 专属品牌泳衣。

然后，你到厨房，用 Brandless 深色烘焙咖啡豆在 Vremi 单杯咖啡机上煮了一杯咖啡，用 Great Jones 煎锅轻松煎了几个鸡蛋。你往嘴里放了几颗 Ritual 牌维生素。你为戴着 Fi GPS 智能狗项圈的腊肠狗倒了一些农夫之犬牌狗粮。这个智能狗项圈简短地说是“Fido”。然后，你用 Quip 牙刷刷牙、用丝华彩妆化妆。你把小婴儿放入她的知更鸟童车里，将一包 Mama Bear 纸尿布放到袋子里，然后在出门的路上使用智能手机设置袋鼠家庭卫士报警器。

你在网上购买了这么多品牌，而且在订购它们后的一两天内就收到了，如果你住在大城市，甚至可能是当天到货。其中有一些产品已经加入了 10 亿美元品牌的行列，而其他一些产品将在未来几年里获得独角兽的地位。一些公司将仍然是小公司，而有一些公司将会倒闭。

DTC 品牌革命始于少数几家初创企业，然后发展到数十家、几百家，现在有成千上万家，数一数有多少品牌填满了“亚马逊集市”那无尽的数字化过道和货架吧。但是，要弄清从这场革命中将出现多少真正的持久品牌，还需要一些时间。美元剃须俱乐部和 Bonobos 能否存在一个世纪或更长时间，就像吉列和李维斯那样？卡斯珀床垫会像丝涟一样长久吗？丝华彩妆能否成为 21 世纪的雅诗兰黛？

也许，导致品牌民主化的同样力量，会让新品牌更难成为主导品牌？我们可能接下来好几年、几十年都没法知道这一点，但毫无疑问，我们正处于品牌历史的一个拐点，品牌的创建方式、正在创建的品牌数量以及最终促使我们购买一个新品牌并成为忠实客户与否，都在发生重大的转变。

品牌已死

杰弗里·雷德尔说：“我没有可预测未来的水晶球，但是在每个 10 年里、每段时期中，都有经久不衰的品牌建立，所以我认为现在肯定也有经久不衰的品牌正在孕育之中。”雷德尔近距离观察了新的品牌革命。他是 35 岁之前唯一创建了两家 DTC 独角兽企业的创业者。2013 年，他与人共同创立了 Harry’s 剃须刀，Harry’s 于 2019 年以 13.7 亿美元的价格被收购；在此之前，他还和别人共同创立了沃比帕克，根据沃比帕克 2019 年最新一轮风投融资，其估值达到 17.5 亿美元。

Harry’s 剃须刀和沃比帕克的产品价位不同，剃须刀的价格是几美元，眼镜的价格是 95 美元或以上；并且有不同的购买方式，Harry’s 剃须刀的订购周期是每周或每月，沃比帕克每年一两次；但它们共享一个策略：各自都有机会以优质低价挑战根深蒂固的市场领导者，即吉列和陆逊梯卡。但是，在雷德尔看来，两家企业都能成为 10 亿美元品牌的原因，则是痴迷于和顾客不间断地进行联系。

雷德尔说：“我们让顾客感受到，他们伴随着公司的成长，早已是公司的一部分，而且我们也不是自以为十全十美的大而无趣的品牌，我们是一群在他们身边和他们沟通的人。成为一家 DTC 公司，使你有机会真正了解你的顾客。”加入 Harry’s 剃须刀的每一位员工，无论其位于哪个岗位，都必须和顾客体验团队在呼叫中心工作一天。雷德尔和他的联合创始人安迪・卡茨 - 梅菲尔德（Andy Katz-Mayfield）每个月都要花几个小时来倾听顾客的投诉或建议。

在这些投诉和建议中有一个古怪的问题，Harry’s 剃须刀成立后的第一年里大约有 100 位顾客都问过这个问题。雷德尔回忆道：“一直有人打电话给我们问，‘嘿，我可以买那个卡着刀头的小塑料盖吗？’我们的反应是，这是为什么？”Harry’s 剃须刀从寄给顾客的第一个订单开始，就会放入一个刀头盖以防刀头变钝，刀头盖是一个小小的刚性塑料片，可以紧紧地卡在剃刀架上。很多顾客扔掉了刀头盖或者弄丢了，后来才觉得如果旅行时有它该多好。这不仅是为了保护刀头，也是为了保护手指避免在伸入洗漱包时被意外割伤，有时候人们会拿错方向，一把抓在剃须刀的刀头上。一位顾客在电子邮件中写道："我经常旅行，所以刀头一直在我的旅行套件里，我想再买一个刀头。我不需要手柄和刀头套装，可以单独买刀头盖吗？"

因此，在 2015 年 Harry's 剃须刀开始以 1 美元的价格出售单独的旅行刀头套。它看起来似乎微不足道，确实也只带来了很少的收入，但是雷德尔指出它向顾客发出了一个信号，表明 Harry's 剃须刀在乎他们说的话。雷德尔说："我们想的是，这是一个使你做得更好的机会，我们发现了顾客已有的一个需求。"这有助于建立较高的客户忠诚度，而客户忠诚度是成就一个成功且持久的品牌的许多因素之一。

雷德尔还承认，用吉列、舒达或维多利亚的秘密的模式来打造大众品牌可能比以往任何时候更加困难。推出新产品变得容易了，也导致了分散化的趋势，这可能会使新品牌更难获得 20 世纪那些伟大品牌的市场垄断地位。

品牌永生

在 2010 年，人们很难想象一家初创的剃须刀公司能从吉列手中夺走可观的销售额。令人惊讶的是，不只是一家公司，而是两家公司都做到了这一点，也就是美元剃须俱乐部和 Harry's 剃须刀。到 2018 年，两家公司共同抢占了美国剃须刀总销售额的近 14%。但是，很难想象其中一家可以单独占据 25% 的市场份额，而 70% 的市场份额曾经由吉列一家控制。同样吉列也很难重回那样的市场份额水平。如果有的话，随着越来越多的剃须刀不断进入市场，比如亚马逊的 Solimo 品牌对吉列、美元剃须俱乐部和 Harry's 剃须刀所有剃须刀企业来说，长期挑战将是抵御新玩家的进入。

以前，一个受欢迎的大众市场品牌一旦稳固了，它就可以长期垄断市场。在品牌的新世界中，这已经不可能了。顾客的品牌忠诚度正前所未有地下降。一份有关 100 个顶级消费产品品牌的报告发现，近年来 90% 的品牌的部分市场份额被抢走。埃森哲咨询公司（Accenture）在 2015 年进行的一项研究发现，与 10 年前相比，超过一半的消费者在购买商品时明显地考虑了更多的品牌。英国市场研究公司舆观调查网（YouGov）和《时代周刊》针对奢侈品牌进行的一项调查发现，能够说出中意品牌的购物者更少了。原因是他们可以在网上找到太多的选择了。这项调查研究的高级顾问、品牌和市场顾问吉姆·泰勒（Jim Taylor）表示："随着人们运用数字资源将一些品牌引入同一个市场，已经很少有对某个品牌忠贞不渝的人了。这并不意味着品牌无关紧要，而是让消费者有更多的选择，更能做出更多样、更明智的选择，这主要是受技术的推动，比如通过智能手机和在线评论比较品牌。"

当然，品牌忠诚度的下降有助于推动新的 DTC 品牌的崛起。2013—2017 年，在许多新近的初创企业开始受到青睐之前，大约 170 亿美元的销售额从大型消费品品牌转移到了小品牌。未来几年，这种趋势可能会增强，这在很大程度上要归功于亚马逊销售的持续快速增长。2018 年，中小型公司在亚马逊上出售了 1 600 亿美元的商品，而在 1999 年这个数字是区区 1 亿美元，足足增长了 1 600 倍。虽然其中一些公司只是销售其他公司的产品，但也有许多公司正在创建自己的新品牌，比如莫霍克集团和亚马逊。

沃比帕克的尼尔·布卢门撒尔并没有忽视这一发展趋势。他说："开办企业的成本从未如此低，不过我认为扩大业务从未如此不易。"沃比帕克是最著名的新眼镜品牌，但其市场份额仍不到 5%。自沃比帕克在 2010 年售出第一副眼镜以来，其他初创企业已经推出了十几个新的在线眼镜品牌。

许多新来者都是模仿者，他们的商业模式与沃比帕克基本毫无二致；但也有一些新来者却是利基市场的参与者，例如：Lensabl，它按顾客最喜欢的镜架生产处方镜片，因此顾客就不必购买新的镜架了，它的口号是“我们的镜片，您的‘规格’”；还有 Pixel，它出售在镜片中带有颜料的眼镜，因此这种眼镜可以滤除计算机屏幕上的蓝光，而蓝光可能会导致眼睛疲劳；还有 Topology，它使用 iPhone 的三维扫描技术按你的脸部大小定制镜架。

有多少初创企业会成功呢？在某些人看来，不断有新品牌进入眼镜和其他类别市场，凸显出对直接面向消费者革命的狂热已存在泡沫了，就像 20 世纪 90 年代的互联网泡沫一样，风投基金同时为互为对手的品牌提供融资。但是，尽管并非所有人都能生存，但也许会有不少生存下来，有些品牌像沃比帕克，可能成为超级品牌；其他品牌则成为微型品牌。

正是因为这些原因，先行者创投的柯尔丝滕·格林在她的第一单 DTC 品牌投资的 10 年之后，正在筹措更大的风投基金来为电子商务初创企业融资。也是因为这些原因，Bonobos 和沃比帕克的早期顾问大卫·贝尔于 2018 年辞去了他在沃顿商学院的终身教授一职，转而尝试在他的新公司创立数字原生品牌。这也是亨利·戴维斯辞去丝华彩妆总裁职务的原因，他创立了一家 DTC 个人护理产品公司，该公司将致力于创建一个品牌家族，由先行者创投等投资。

正如他们所看到的，革命才刚刚开始。对于新品牌和老品牌来说，好消息是，消费品市场不是一个每年体量只有数百亿或者数千亿美元的市场，而是仅在美国每年体量就可以达到几万亿美元的市场。这给初创企业留下了很充裕的成长空间，那些最成功的企业后来成为市值 10 亿美元的独角兽品牌。毕竟，初创企业与成功的距离，可能仅仅只是一把 1 美元的剃须刀以及一则 1 分 33 秒的视频。

未来，属于终身学习者

我这辈子遇到的聪明人（来自各行各业的聪明人）没有不每天阅读的——没有，一个都没有。巴菲特读书之多，我读书之多，可能会让你感到吃惊。孩子们都笑话我。他们觉得我是一本长了两条腿的书。

——查理·芒格

互联网改变了信息连接的方式；指数型技术在迅速颠覆着现有的商业世界；人工智能已经开始抢占人类的工作岗位……

未来，到底需要什么样的人才？

改变命运唯一的策略是你要变成终身学习者。未来世界将不再需要单一的技能型人才，而是需要具备完善的知识结构、极强逻辑思考力和高感知力的复合型人才。优秀的人往往通过阅读建立足够强大的抽象思维能力，获得异于众人的思考和整合能力。未来，将属于终身学习者！而阅读必定和终身学习形影不离。

很多人读书，追求的是干货，寻求的是立刻行之有效的解决方案。其实这是一种留在舒适区的阅读方法。在这个充满不确定性的年代，答案不会简单地出现在书里，因为生活根本就没有标准确切的答案，你也不能期望过去的经验能解决未来的问题。

而真正的阅读，应该在书中与智者同行思考，借他们的视角看到世界的多元性，提出比答案更重要的好问题，在不确定的时代中领先起跑。

湛庐阅读App：与最聪明的人共同进化

有人常常把成本支出的焦点放在书价上，把读完一本书当作阅读的终结。其实不然。

时间是读者付出的最大阅读成本

怎么读是读者面临的最大阅读障碍

“读书破万卷”不仅仅在“万”，更重要的是在“破”！

现在，我们构建了全新的“湛庐阅读”App。它将成为你“破万卷”的新居所。在这里：

- 不用考虑读什么，你可以便捷找到纸书、电子书、有声书和各种声音产品；
- 你可以学会怎么读，你将发现集泛读、通读、精读于一体的阅读解决方案；
- 你会与作者、译者、专家、推荐人和阅读教练相遇，他们是优质思想的发源地；
- 你会与优秀的读者和终身学习者为伍，他们对阅读和学习有着持久的热情和源源不绝的内驱力。

从单一到复合，从知道到精通，从理解到创造，湛庐希望建立一个“与最聪明的人共同进化”的社区，成为人类先进思想交汇的聚集地，与你共同迎接未来。

与此同时，我们希望能够重新定义你的学习场景，让你随时随地收获有内容、有价值的思想，通过阅读实现终身学习。这是我们的使命和价值。